Milda Drüke, geboren 1949, hatte schon früh einen Hang zum Reisen: Nach einer kaufmännischen Lehre verbrachte sie ein Jahr in den USA, später verkaufte sie die von ihr gegründete Firma Photo Management, über die sie für Bildagenturen und Fotografen weltweit Fotoproduktionen realisierte, bevor sie zu einer vierjährigen Weltumsegelung aufbrach. Seit 1991 arbeitet sie als freischaffende Autorin und Fotografin. Ihre Reportagen und Fotos wurden in vielen Zeitschriften, unter anderem im »SZ-Magazin«, in »marie claire«, »Brigitte«, »PUR«, »Elle«, »Madame« und »mare« veröffentlicht.

Milda Drüke lebt, wenn sie nicht auf Reisen ist, in Düsseldorf.

MILDA DRÜKE

DIE GABE DER SEENOMADEN

**Bei den Wassermenschen
in Südostasien**

NATIONAL
GEOGRAPHIC

FREDERKING & THALER

Bibliografische Information Der Deutschen Bibliothek

Die Deutsche Bibliothek verzeichnet diese Publikation in der
Deutschen Nationalbibliografie; detaillierte bibliografische Daten
sind im Internet über http://dnb.ddb.de abrufbar.

NATIONAL GEOGRAPHIC ADVENTURE PRESS
Reisen · Menschen · Abenteuer
Die Taschenbuch-Reihe von
National Geographic und Frederking & Thaler

4. Auflage Dezember 2006
© 2004 Frederking & Thaler Verlag GmbH, München
© 2003 Goldmann Verlag, München,
in der Verlagsgruppe Random House GmbH
Originalausgabe © 2002 Hoffmann und Campe Verlag, Hamburg
Alle Rechte vorbehalten

Text und Fotos: Milda Drüke
Umschlaggestaltung: Atelier Seidel, Neuötting
Herstellung: Caroline Sieveking, München
Druck und Bindung: Clausen & Bosse, Leck
Printed in Germany

ISBN 10: 3-89405-218-X
ISBN 13: 978-3-89405-218-8
www.frederking-thaler.de

Das Papier wurde aus chlorfrei gebleichtem Zellstoff hergestellt.

Alles, was wir sehen,
könnte auch anders sein.

Ludwig Wittgenstein

Eins

Über den Walliser Alpen, in einem roten Hubschrauber der Air Zermatt, fing meine Reise zu den Seenomaden an. Es war Sommer. Ich war verantwortlich für die Koordination eines Shootings, einer Produktion von Werbefotos für Zigaretten. Der Hubschrauber stieg in die Leere des Himmels, flog plötzlich über Gletscher, Gipfel, stille Inseln, die bis zum Horizont im Luftmeer lagen, milchweiß beschienen von einer verschleierten Sonne, eine entrückte Realität, die lautlos sprach. Das Dröhnen der Rotoren hörte ich nicht mehr. Alles ordnende Denken war dem Staunen gewichen. Was ich sah, sank mir unablässig in den Körper, in das Bewusstsein. Das Erhabene entwaffnete mich. Niemals vorher war ich so schlicht ich selbst gewesen.

Der Pilot flog einen Bogen, und plötzlich sah ich etwas in der weißen Weite des unter uns liegenden Gletschers, etwas, was dort nicht hingehörte: das Fototeam. Ich registrierte den Baum, den ich hatte fällen und herauffliegen lassen, den Weltmeister im Motorrad-Spike-Fahren, an seine Maschine gelehnt, die uns als Requisite dienen sollte, ebenso wie die Schlittenhunde, ihren Besitzer, Art Director, Fotografen, Assistenten, Stylistin, Make-up Artist, Hair Stylist, Modelle, Bergführer. Mit dem, was dort unten geschah, hatte ich mich bis vor einem Augenblick identifiziert. Jetzt hockte unerwartet und beunruhigend eine Frage in meinem Kopf: Bin das wirklich ich?

Sie nistete sich ein, machte sich bemerkbar in den unpassendsten Augenblicken, etwa dann, wenn der Erfolg blühte, oder während der vergnüglichen Arbeit an einem Strand auf Hawaii oder in der Wüste. Sie kam nie ohne den tiefen Wunsch nach Weite, Luft, Selbstbestimmung, obwohl ich davon vordergründig gesehen doch schon vieles hatte. Ich fürchtete, diese Frage könnte mir den Enthusiasmus für meinen Beruf nehmen. Was würde ich anderes tun wollen?

So verging ein Jahr. Ich sprach mit niemandem über meine Gedanken, bis der Mann, der mein Freund war, mir von seinem Traum aus der Kindheit erzählte, den er immer noch träumte, aber nicht allein verwirklichen konnte. Er wünschte sich, einmal um die Welt zu segeln. Das passte zu meiner Vision.

Spontan beschloss ich, meine Firma zu verkaufen. Im Frühjahr 1986 setzten wir uns zum ersten Mal mit der Absicht in mein Auto, in Frankreich ein gebrauchtes Schiff zu finden. Im Sommer unterzeichneten wir einen Vertrag für den Kauf einer zwölf Meter langen Stahlyacht. Ich verkaufte bis auf Weniges alles, was ich hatte. Am 15. August 1986 stiegen wir in La Rochelle auf unser Schiff, die »African Queen«. Ende offen – wir hatten keine »deadlines« mehr.

Meine Freunde mochten es nicht glauben. Konnte eine Frau, die noch nie gesegelt war, die in Designerkostümen und auf hohen Absätzen durch die Welt lief, sich auf einem nassen Schiff wohl fühlen? Ich fand keine befriedigenden Argumente für sie. Es war eine vollkommen irrationale Entscheidung, von der ich wusste, dass sie richtig war. Ich hatte großes Vertrauen in dieses Wissen.

Unsere Weltumseglung dauerte vier Jahre und drei Monate. Ich habe meinen Entschluss auch in schlimmster Bedrängnis nicht bedauert. Unsere Yacht war einfach, sie hatte nicht die besten Segeleigenschaften und einige haarsträubende Mängel, aber sie besaß meine Liebe, sie war ein sehr besonderes Zuhause, unersetzlich; ich habe nie ein für mich passenderes gehabt. So kam ich auf das offene Meer.

Dann, unser Schiff segelte bereits unter neuen Eignern, erzählte mir eine Malerin in exotischen Bildern von den Seenomaden in Südostasien. Das alles wusste sie von einem befreundeten Professor für Ethnologie. In einer Winternacht, die schwarz und eisig an den Atelierfenstern klebte, saß ich am Tisch der Künstlerin und hörte dem Ethnologen zu. Er erzählte von den Bajos, Menschen in Indonesien, die in kleinen überdachten Booten ihr ganzes Leben auf dem Meer verbringen. Sie fürchten sich an Land, weil sie glauben, dass dort Krankheiten und Geister wohnen; deshalb betreten sie es nur, um sich mit Trinkwasser, Brennholz und Sago zu versorgen oder um bei chinesischen Händlern Seegurken und andere Meerestiere gegen Zigaretten, Zucker, Kaffee und Kerosin zu tauschen. Sind sie an Land und sehen einen Sturm aufziehen, rennen sie zu ihren Booten und segeln in schützendes Mangrovengebiet. Nur auf dem Meer fühlen sie sich sicher.

Seit unserer Rückkehr erlebte ich die Welt als Gefängnis. Es gab keinen Horizont mehr. Meine Blicke stießen gegen Wände, die Füße auf Asphalt. Ich atmete flach, als ginge ich über einen fremden Planeten mit zu dünner Atmosphäre; mir fehlte Luft, der Wind, mir fehlten die beweglichen Ozeane, die Geborgenheit meines darüber segelnden Zuhauses.

Staunend hörte ich die Geschichten über die Seenomaden. Mein tiefer Wunsch, ganz auf dem Meer zu sein, war ihr Alltag. Ich wollte ihnen begegnen, wissen, wer sie sind, wie sie sind, ob uns etwas verbindet. Neugier und Sympathie drängten mich, über sie zu schreiben, sie zu fotografieren, denn meine Neigungen waren zu meinem Beruf geworden. Deshalb fragte ich den Ethnologen, ob er mich einmal mitnehmen könne.

»Ja«, sagte er.

Meine Tasche war wochenlang gepackt; die Abreise wurde immer wieder verschoben. Dann war der Professor plötzlich weg. »Er ist in Indonesien«, sagte ein wissenschaftlicher Mitarbeiter am Telefon.

Meine Erstarrung dauerte vierundzwanzig Stunden. Am Tag darauf kaufte ich Lehrbücher und Kassetten, lernte die indonesische Sprache einen Monat lang täglich fünf Stunden. Ich wusste nicht genau, wo ich die Seenomaden finden konnte, deshalb musste ich zuerst den Professor suchen. Den fand ich in der Universität von Jakarta, der Hauptstadt Indonesiens, auf der Insel Java. Aus der frostigen Halle eines klimatisierten Hotels rief ich ihn an. Er kam sofort. Er trug dasselbe auberginefarbene, verknitterte Hemd, in dem ich ihn vor Monaten zuletzt gesehen hatte.

Wir verloren kein Wort darüber, warum er ohne mich abgereist war.

Er zeigte sich hilfsbereit und ein wenig besorgt, brachte mich davon ab, in den Norden zu reisen, und empfahl mir den Süden. Ich fragte ihn nach den Chancen, die ich hatte, von Seenomaden mitgenommen zu werden, falls ich sie fände. Er sagte: »Sei so, wie du bist«, und ging.

Hinter der automatisch schließenden Glastür wirbelte heißer Staub in der Sonne. Der Mann, der die Sprache der Bajos beherrschte, verschwand in der glühenden Stadt.

Die Route, der ich folgen sollte, um zum Meer und zu der Insel zu gelangen, vor der ich Seenomaden finden würde, sah ich mir auf der Karte an: Savu – Aru – Aikama – Lalalu. Gestern wusste ich nicht, dass es diese Orte gibt. Und morgen? Was würde hinter den Namen sein?

Trotz der schwer zu ertragenden Hitze empfand ich das heruntergekühlte Hotelzimmer als absurd. Der Zauber und das reale Gefühl für den Alltag dieses Landes gingen in dem Eiskasten verloren.

Ich flog nach Savu, nahm dort am Flughafen ein Taxi zum Busbahnhof. Es war Mittag. Der Fahrer ließ den Wagen langsam auf einen gleißenden Platz rollen. Durch das offene Fenster neben mir versuchten mehrere Männer gleichzeitig ihre Köpfe zu quetschen. Fragend schrien sie den Namen der Stadt, in die ich wollte: Aru? Aru? Ich nickte.

Fahrpreise hämmerten in meine Ohren. Ich zahlte den Taxifahrer, stieg aus, drehte mich um zu meiner Fotoausrüstung auf dem

Rücksitz. Sie war weg. Auch meine Tasche im Kofferraum war verschwunden.

Fünfzehn, zwanzig Busse standen mit laufenden Motoren bereit zum Abfahren. Der Taxifahrer fuhr durch das Flirren der Hitze davon. Die ersten Busse rollten auf die Ausfahrt zu, ihre großen Räder dröhnten an mir vorbei. Auf dem Dach eines der hinteren Fahrzeuge erkannte ich meine Kameras.

Ich rannte los, holte sie aus der Sonne, fand innen auf dem einzigen freien Sitz mein Gepäck. Der Beifahrer lachte mich freundlich an. Ich erkannte in ihm einen der Männer, die mir Fahrpreise zugebrüllt hatten. Er winkte mit einer Musikkassette. Schon sang, in maximaler Lautstärke, eine hohe Frauenstimme indonesische Liebeslieder vom leiernden Band. Der Fahrer gab Gas.

Neugierige Mitreisende knieten auf ihren Sitzen, schauten, auf ihre Lehnen gestützt, zu mir herunter; hinter mir, an meiner eigenen Lehne, fühlte ich im Haar ihre Arme, Köpfe, ihren Atem. Im Gang saßen sie auf abgestellten Kisten und Bündeln.

Sanft und hartnäckig fragten sie: Wie heißt du? Wo kommst du her? Bist du verheiratet? Wo ist dein Mann? Wie viele Kinder hast du? Wo sind die jetzt? Was machst du? Wie viel verdienst du?

Auf diese Fragen hatte der Professor mich vorbereitet und geraten, die nach Mann und Kindern mit »ja« zu beantworten, auch wenn es nicht stimmte. Indonesische Menschen können sich kaum vorstellen, warum eine Frau allein auf Reisen gehen möchte. Unverheiratet und vor allem ohne Kinder zu sein ist ihnen vollkommen unverständlich und befremdet sie – sind es doch die Kinder, die sich einmal um die Alten kümmern. Aber dieses einfache Ja machte alles komplizierter, denn nun musste ich das Leben meines Mannes und meiner Kinder erklären. Vielleicht hätte ich doch wahrheitsgemäß mit »nein« antworten sollen.

Zunächst irritierte mich etwas anderes. »Lalalu?«, wiederholten die Leute den Namen der Insel, als sie hörten, wohin ich wollte, und blieben merkwürdig still. Sie setzten sich in ihre Sitze. Der Mann neben mir sagte tonlos: »Lalalu, da darf niemand hin.« Er wechselte das Thema und wollte mehr über meine beiden Kinder wissen.

Der Bus fuhr vorbei an Reisfeldern, fuhr dahin unter ungeheuren, grellweißen Wolkentürmen; ich sah Jungen auf Büffeln reiten, Frauen in nassen Sarongs aus Brunnen Wasser schöpfen und ihre langen Haare am Rand der Straße waschen. Hühner, Hunde, Menschen und Fahrzeuge auf der Fahrbahn hupte der Busfahrer ausdauernd an. Niemand achtete auf ihn. Er stoppte, um zu tanken.

Während Diesel in den Tank floss, stellte ich mich vor der Toilette an. Drinnen war ein Loch im Boden, rechts und links davon Trittflächen für die Füße, voller Schmutz. Der Gestank würgte mich. Als die Tür zufiel, wurde es dunkel. Ein Fenster gab es nicht. Ich tastete nach Papier in meiner Tasche und bemühte mich gleichzeitig um Gleichgewicht und darum, dass meine Hose nicht auf den Boden rutschte.

Jemand klopfte. Eine laute Männerstimme forderte den Fahrpreis für den Bus ein. Es war der Beifahrer, der den Preis, den er mir im Taxi zugeschrien hatte, verdoppelte. Draußen sah ich, was die anderen Fahrgäste zahlten, und gab ihm das Gleiche. Als wir losfuhren, legte er eine neue Kassette ein. »Yesterday all my trouble seemed so far away ...«, schnulzte ein indonesischer Sänger.

Inzwischen hatten meine Mitreisenden ihre Plätze getauscht. Neue Nachbarn knieten auf den Sitzen und stellten mir liebenswürdig die alten Fragen; die Antworten kannten sie längst. Zu Lalalu mochten auch sie nicht viel sagen, bis auf zwei Sätze, die mich beunruhigten: »Es ist streng verboten, zu dieser Insel zu fahren. Niemand darf dort leben.«

Warum? Sie hatten eine elegante Art, Fragen zu überhören.

Hatte ich den Professor falsch verstanden? Oder waren die scheuen Seenomaden nur deshalb vor der Insel zu finden, weil sich sonst niemand dorthin wagte? Wie sollte ich von Aikama aus nach Lalalu kommen, wenn die Überfahrt verboten war? Und sollte es mir gelingen, ein Boot zu finden – ich stellte mir lieber nicht vor, auf einer einsamen Insel abgesetzt zu werden, ohne zu wissen, ob Bajos in der Nähe sind und ob sie mich aufnehmen.

Der Bus raste durch die Nacht; er rauschte durch schwarzen Urwald, rumpelte durch Schlaglöcher. Die Leute saßen zusammengesunken in ihren Sitzen. Sie schliefen fest. Trotz der Musik, die seit der Abfahrt aus den Lautsprechern dröhnte.

»Wenn ich sie leiser stelle, schlafe ich ein«, hatte der Fahrer geantwortet, als ich ihn darum bat, dies zu tun. Einmal hielt er neben einem großen Feuer am Straßenrand. Funken verglühten wie Sternschnuppen in einem schwarzen Himmel. Im Schein der Flammen verkauften zwei Frauen und ein Mann in Bananenblätter gewickeltes, gebratenes Fleisch.

Gegen Mittag des nächsten Tages erreichten wir Aru. Jeder Fahrgast wurden vor dem Haus abgesetzt, in das er wollte. Sie alle hatten mir geraten, im »Utan YaYa« zu übernachten.

Ich kam an, als ein junger Mann von einem Motorrad stieg. Er nahm seinen Helm ab und sagte: »Kann ich Ihnen helfen? Sie sehen schrecklich aus!«

Ich hatte vier Nächte nicht geschlafen. Mein Kopf wollte bersten vor Schmerz. Indonesien ist ein lautes Land. Der Motorradfahrer war bekannt in dem kleinen, chinesisch geführten Hotel. Er stellte einen Stuhl neben die Rezeption. »Setzen Sie sich, ich massiere Ihnen Kopf und Schultern, wenn Sie wollen. «

Ich wollte. Die Chinesin hinter dem Tresen nickte mir heftig zu und brachte Wasser. Als er fertig war, sagte er: »Ich muss eben einen See vermessen. Wenn ich zurück bin, arbeite ich an Ihren Fußreflexzonen.«

Er war Vermessungstechniker und kam aus Jakarta. Mit irgendeinem Gel hatte er Unordnung in seinen Bürstenschnitt geformt.

Ich lud ihn zum Abendessen ein.

»Kennen Sie Lalalu?«, fragte ich ihn.

»Ja.«

»Was ist los dort? Warum darf niemand hin?«

»Vor zwölf Jahren ist da ein Vulkan ausgebrochen. Die Insel wurde evakuiert. Seither untersagt die indonesische Regierung den ehemaligen Bewohnern, nach Lalalu zurückzukehren, weil sie weitere Ausbrüche erwartet. Die Leute dort waren sehr reich, sie lebten von Kopra und Palmzucker. Lalalu war die einzige Insel, auf der Bulldozer und Autos fuhren. Die gibt es in der ganzen Gegend bis heute noch nicht.«

»Die Reisenden im Bus wollten nicht über die Insel sprechen. Warum?«

»Wollten sie das nicht? Ich habe keine Ahnung.«

»Haben Sie schon mal von Seenomaden gehört?«

»Seenomaden? Was ist das denn?«

Nachts hatte es kräftig geregnet. Fünf Stunden sollte die Fahrt nach Aikama dauern; es wurden zwölf. In einer Kurve der unbefestigten Straße bremste der Fahrer den Bus plötzlich ab vor einer Masse aus Geröll und Schlamm.

Es gab eine Schaufel und viele Hände. Als die Fahrbahn frei war, sahen wir aus wie Sträflinge in einem Arbeitslager, genau so wie die Leute, die das Hindernis von der anderen Seite der Straße her abgetragen hatten. Wir fuhren weiter. Das üppige Land dröhnte vorüber. In Aikama stieg ich aus: Endstation Hafen.

Ganz in der Nähe fand ich den *losmen* Nerak, ein einfaches Gasthaus, flach und U-förmig, mit einem zementierten Innenhof. Nur einmal, während eines Foto-Shootings im ägyptischen Teil der Sahara, hatte ich in einem ähnlich dürftigen Zimmer geschlafen. Die grauen Wände nur verputzt, Platz für ein Bett, einen Stuhl. Durch eine Öffnung ohne Türblatt betrat man einen noch kleineren Raum, das *mandi*, das indonesische Schöpfbad: roh verputzt und grau wie die Schlafzelle. Ein gemauertes Becken, es reichte mir bis zur Taille, war zur Hälfte gefüllt mit Wasser; ein schmutziger roter Plastikbehälter zum Schöpfen schwamm darin. Gegenüber eine Toilette, ein *hok*, wie ich ihn schon kannte: das Loch im Boden mit Trittflächen für die Füße an den Seiten.

Ich entkleidete mich, säuberte lange das rote Plastikteil und übergoss mich mit dem kühlen Wasser. Im Nachbarraum fluchte und stöhnte ein hartleibiger Mann über dem *hok*. In die Wand zwischen unseren *mandis* hatte jemand unterhalb der Decke mehrere fünfmarkstückgroße Löcher gebohrt.

Erschöpft auf dem harten Bett, erinnerte ich mich an eine Reise nach Lissabon, auf die ich vor vielen Jahren eine Freundin begleitet hatte. Viel weiter in der Welt herumgekommen, als ich es damals war, hatte sie keine Ängste, Fremdes zu berühren, und wollte mit mir durch die engen, hügeligen Straßen der Altstadt laufen und in den Kneipen der Fischer essen. Ich sah nichts als Armut, die Abfälle, ich roch sie, ekelte mich überall vor dem Essen, nur nicht in exklusiven Restaurants oder in unserem amerikanisch geführten Hotel, das an jedem anderen Platz der Welt hätte stehen können.

Darüber musste ich jetzt lächeln. Durch meine Reisen für den Beruf und mit der Yacht hatte ich es verlernt, zimperlich zu sein. Nur eines kann ich schwer ertragen: einen Mangel an Schlaf, nicht solchen, den man freiwillig auf sich nimmt, sondern einen, der durch andere erzwungen wird. Seit ich in Indonesien war, litt ich darunter.

Die muslimischen Besitzer des *losmen* hielten sich in einem weiträumigen Zimmer ohne Fenster auf. Licht fiel nur durch einen Vorhang aus Plastikperlen in der Türöffnung. Alle Gegenstände waren verhängt mit hellen Tüchern, als wäre die Familie im Begriff, für lange Zeit fortzugehen.

Einzig ein Stuhl war sichtbar, und darauf saß jetzt der füllige Sohn der Familie in orangefarbenem Sarong mit schimmernden Goldfäden. Er stand auf, führte mich zu einem Tisch, hob das Tuch, das diesen bedeckte, und wies auf eine darunter stehende Kanne mit heißem Wasser, Tassen und Teebeutel hin.

»Ich suche ein Boot, das nach Lalalu fährt«, sagte ich.

»Nach Lalalu? Da ist schon lange kein Boot mehr hingefahren. Morgen fährt eins nach Samas.«

»Kann ich ein Boot mieten?«

»Da muss ich mal herumfragen. Aber nach Lalalu bringt Sie niemand. Da ist nichts, keine Häuser, kein *losmen*, keine Menschen.«

»Auch keine Seenomaden?«

»Seenomaden? Nein, die gibt es nicht.«

Draußen schlug ich mein Notizbuch auf. Wie nach einem Rettungsanker suchte ich nach der Eintragung, die ich in Gegenwart des Professors gemacht hatte und die ich auswendig kannte: »In Aikama das Boot nach Lalalu nehmen.« Von ihm wusste ich auch, dass ich von der indonesischen Landbevölkerung kaum Hilfe erwarten durfte. Sie betrachtet die Bajos als unzivilisierte Außenseiter, als schmutzig, peinlich, nicht erwähnenswert.

Ich ging die wenigen Schritte bis zum Hafen. Ein paar Männer standen am leeren Kai. Ihre Sarongs flatterten im Wind. Sonst war es still. Eine Weile blieb ich nachdenklich stehen im heißen Staub: Hatte ich mir zu viel vorgenommen? Wie sollte es weitergehen? Ich fühlte mich plötzlich unendlich allein.

Gegen vier Uhr morgens brüllte mir jemand ins Ohr. Es dauerte einen Moment, bis ich verstand, dass es drei Stimmen waren; nicht neben mir, sie kamen von draußen. Muezzins riefen von verschiedenen Plätzen der kleinen Stadt Aikama die muslimische Bevölkerung zum Gebet. Häufig unterbrachen sie ihren Aufruf. Dann husteten sie in ihre Mikrofone, und ihr Atem rasselte durch die Lautsprecher. Einer davon war in der Moschee gegenüber meinem Zimmer angebracht.

Vor Jahren, während eines Foto-Shootings in der Sahara, habe ich im Dunkel eines von Kakerlaken raschelnden Raums immer schon auf den Ruf des Muezzins gewartet. Seine Stimme war voll und klar. Ihr eindringlicher Klang breitete sich aus in der kalten Leere zwischen den Sternen und der Wüste.

»La ilaha illa 'llah – la ilaha illa 'llah«, es gibt keinen Gott außer Allah. Damals habe ich mit offenen Augen dagelegen und das Fremde auf mich einwirken lassen. Während der zehn Tage, die ich dort war, wurde es mir mit jedem Morgen fremder, unbegreiflicher. Ich hörte zu mit Ehrfurcht und Staunen. Diese Stimme verkörperte das absolut Andere für mich.

In Aikama dachte ich an Gotteslästerung. Ich war zu müde, um Husten natürlich oder lustig zu finden.

Es wurde Mittag. Der Wind hatte zu wehen aufgehört. Das Meer war still. Im Hafen lag jetzt ein Boot am Kai; zehn Meter lang vielleicht, die Planken weiß gestrichen. Über der Ladefläche spannte sich ein Dach aus blauer Plastikplane, an den Seiten aufgerollt wie eine Jalousie.

Männer und Frauen in Sarongs trugen verschnürte Kartons, pralle Taschen und ihre Kinder an Bord. Es gab keine Sitze. Sie suchten sich Plätze auf der Ladefläche, die Ersten vor dem erhöhten Steuerstand, wo sie sich anlehnen konnten. Ich hatte mich an den Rand gesetzt und beantwortete geduldig die mir bekannten Fragen: Woher? Wohin? Verheiratet? Kinder? Wo sind die jetzt? Was machst du? Was verdienst du? Ein Spiel. Wollte ich etwas nicht beantworten, stellten meine Zuhörer auch Gegenfragen zufrieden.

Das Boot legte ab. Sogleich rutschten die Fahrgäste zwischen ihre Säcke und Kartons, streckten sich aus, rollten sich ein. Die Frauen lagen da wie Katzen, so entspannt. Manche stillten ihre Babys. Bald schliefen sie alle. Aus den Lautsprechern dröhnte Musik. Wir fuhren nach Samas. Der Hafen war wieder leer. Wie das Meer. Ich sah nirgendwo das Segel eines Seenomaden.

Später erreichten wir kleine, unbewohnte Inseln. Lange, dunkle Rufe der Maleovögel aus dem Regenwald. Vor den Küsten leuchteten flache Stellen im Wasser in kühlem, petrolfarbenem Grün. Ein Kanu tuckerte uns entgegen, extrem lang, aus einem einzigen Urwaldbaum gebaut. Ein Mann im Heck trieb es an mit einem Außenbordmotor. Die Menschen darin winkten und lachten zu uns herüber; einige hielten bunte Regenschirme zwischen sich und die Sonne.

Als sie vorüber waren, sagte jemand zu mir: »Gleich sind wir da. Die Hütten dort – das ist Samas.«

Ebbe. Ein Ölfass schwappte im Wasser. Wir fuhren vorbei an schmutzigen Hütten, einer Anlegestelle für kleine Frachtboote, Palmen. Dann kam der Kai. Leinen zum Festmachen flogen durch die Luft, wurden aufgefangen von braunen Händen, klatschten auf das Deck. Eine Planke knallte gegen unser Boot und wurde zum steilen Laufsteg, über den wir an Land gelangten.

Die Ankommenden schlangen ihre verrutschten Sarongs fester um die Hüften. Drängen und Rufen. Lachen. Gebeugte Rücken schleppten Säcke mit Palmzucker und Reis. Es roch nach Staub, nach Kopra und Fisch.

Der Geruch der Tropen. Er erinnerte mich an meine Segelreise und machte mich träge. Ich blieb stehen zwischen den zielstrebig hin- und herlaufenden Menschen und blinzelte in die Sonne. Wohin sollte ich gehen?

Ein junger Mann fragte flüsternd, ob ich eine Unterkunft suche. Ich folgte ihm über wackelige Steine, die in unregelmäßigen Abständen in seichtem Wasser lagen; später wurde es schlammig um uns herum. Meine Tasche auf den Schultern, schaute er sich manchmal nach mir um.

Dann, wir waren auf einen trockenen Weg gelangt, blieb er stehen vor einem Zaun und öffnete eine Tür zu einer unerwarteten Welt. Staunend sah ich Blumenbeete. In der Gegend, in die ich geraten war, eine Fata Morgana.

Der Junge führte mich durch ein Haus auf eine Veranda, an deren Ende ein Zimmer auf Pfählen im Wasser stand. Ein großzügiger, lichter Raum. Ein Moskitonetz über breitem französischem Bett, eine Spiegelkommode, das angrenzende Badezimmer westlich eingerichtet, doch zu benutzen wie ein indonesisches Schöpfbad: Die dunkelrot gekachelte Wanne war bis zum Rand mit Wasser gefüllt, damit konnte ich mich waschen und die ebenfalls dunkelrote Keramiktoilette spülen. Der überflüssige Wasserkasten erinnerte mich an eine Palmblatthütte in der Wüste bei Dubai. Sie stand einsam auf einer Düne und verbarg ein Klosett mit Wasserspülung. Es hatte funktioniert.

In der Herberge »Hari Yaya« bin ich der einzige Gast. Die Sonne treibt anderen Ländern, anderen Meeren, anderen Menschen entgegen. In Samas bricht die Nacht herein. Mit ihr kommen die Fragen. Wie soll es weitergehen?

In der Meeresdunkelheit blinken die Lampen der Sardinenfischer, spiegeln sich die Sterne. Zwei Jungen paddeln langsam zwischen den Verandapfählen unter mir; ihre Gestalten bleiben im Dunkel, nur ihre gedämpften Stimmen sind zu hören. Wasser gluckst. Eine Tür geht auf.

Licht fällt in das Dunkel. Eine Frau kommt mit schleifenden Schritten, eine Chinesin mit rundem Gesicht, vollen Lippen, strahlend. Ibu Sulastri. Sechsunddreißig. Ihrer Familie gehört das »Hari Yaya«. Sie lädt mich ein zum Abendessen, und – sie hat Verbindung zu Seenomaden.

Neugierig folge ich ihr in eine Hütte am Rande des Gartens, die Küche. Hier gibt es keinen westlichen Einfluss. Verrußte Wände aus Bambus, der Boden unebene, nackte Erde. Licht aus einer Kerosinlampe und von einem offenen Feuer. Ein indonesisches Mädchen hantiert hier, Sul, sie wirft zwei große, blaubraune Landkrabben in einen Topf mit sprudelndem Wasser. Landkrabben leben in Erdlöchern neben Palmen, sind gute Kletterer, und alles, was sie in ihrem Leben fressen, ist das weiße Fleisch von Kokosnüssen. Es macht ihnen keine Mühe, einen Menschenfinger abzukneifen.

Sul zertrümmert die Panzer und Scheren mit einem Stein, zupft grobe Stücke auf einen Teller. Den Mageninhalt rührt Ibu Sulastri mit Kokosmilch zu einer Sauce. Wir nehmen die Lampe mit in den Garten und setzen uns an den einzigen Tisch. Die Luft ist warm. Die Krabben schmecken besser als Langusten.

Ich frage Ibu Sulastri noch einmal nach den Seenomaden.

»Ja, Bajos, ich habe mit ihnen zu tun. Aber bei Lalalu? Nein, da wirst du keine finden – außerdem, es wird dich niemand dorthin fahren.«

Warum, sagt sie nicht, wechselt leichthin das Thema. Ich merke schnell, gezielte Fragen führen zu nichts.

Auf einmal ein Satz wie eine Offenbarung: »Ich bringe dich morgen zu den Bajos.«

Unter meiner Haut spüre ich warm die Freude. Spontan stelle ich erneut Fragen. Doch Ibu Sulastri übergeht auch diese in ihrer eleganten Art. Sie sagt nicht genau, was sie mit den Seenomaden verbindet, lächelt nur das Wort »Geschäfte« und fängt an, mir von sich zu erzählen.

Aufgewachsen im Norden von Java, lebt sie jetzt hier in einer vom Vater arrangierten Ehe. Sie hatte versucht, sich seiner Anordnung zu widersetzen, und war nach Surabaya geflohen. Dort erreichte sie die Nachricht des Vaters: »Wenn du Pak Ino nicht heiratest, stößt dir etwas Schlimmes zu.«

»Ich habe mich nur amüsiert, ich habe nichts getan!«, beteuert sie, immer noch verletzt. Inzwischen ist sie eine Mutter von vier Kindern.

Pak Ino hatte seine schöne, nach Leben hungernde Frau an ein Ende der Welt gebracht, nach Samas.

Ibu Sulastri legt ganz leicht ihre Hand auf meinen Arm. »Ich weiß nicht, was Liebe ist. Ich respektiere Pak Ino. Er ist ein guter Mann. Du weißt nicht, wie es ist, einer chinesischen Familie anzugehören. Für eine Frau bedeutet es Gehorsam. Gegenüber dem Vater und dem Mann. Wenn sie dich verstoßen, verschließt sich dir der ganze Clan. Ohne seine Familie ist ein Chinese nichts.«

Ibu Sulastri hatte zum ersten Mal über ihr Leben gesprochen.

In dieser Nacht lag ich lange wach. Woran mochte es liegen, dass mir immer wieder Menschen, die mich kaum kannten, sehr Persönliches von sich erzählten?

Morgen würde ich den Seenomaden begegnen. War ich wirklich angekommen? Keine innere Regung wies darauf hin.

In Samas gab es nur einen Laden, in dem ich meine Gastgeschenke für die Bajos kaufen konnte: den von Pak Ino. Er hatte sanfte Augen, ein schüchternes Lächeln und eine gelbe und eine blaue Plastiksandale an den Füßen. In Regalen, die bis an die graue Decke reichten: lose Schrauben, in der Tschechoslowakei hergestellte Rasierklingen, Bleistifte, Stoffe aus Saudi-Arabien, Töpfe aus Blech. Es roch nach Kopra und Diesel. Überall Staub.

Pak Ino wusste, welche Dinge die Bajos mögen, und packte sie für mich in einen Sack: Reis, Kokosöl, Kaffee und Zucker, Zigaretten, Streichhölzer, Angelhaken und Seife. Alles, was fehlte, würde ich auf dem Markt bekommen. Ibu Sulastri brachte mich hin.

Sie war die einzige Chinesin, ich sah sonst nur in indonesische Gesichter. Entlang der Dorfstraße hockten Händler vor kleinen Pyramiden von Karotten, Bohnen, Gewürzen, Obst. Vor Sonnenaufgang hatte ich sie mit voll beladenen Kanus an der Veranda vorübergleiten sehen, nachdem sie durch die Nacht gepaddelt waren; einmal in der Woche kamen sie hierher von entfernten Inseln.

Es duftete nach Limonen. Ich kaufte Chili und rote Zwiebeln. Ibu Sulastri feilschte um die Preise, bis es mir peinlich wurde. Sie war bekannt und hatte Autorität. Manchmal traf sie ein kalter Blick.

Das Boot, mit dem wir fahren wollten, knarrte in der Morgensonne gegen den Steg, ein offener Holzkahn mit Dieselmotor, der Tank schwappte über. Bootsmann Lan schraubte den Deckel zu und verzurrte Reservekanister an den Seiten des Bootes, lief mit nackten Füßen über die ölschwarzen Planken.

Pak Ino reichte ihm mein Gepäck hinüber. Es war nicht viel. Eine kleine Tasche mit einem T-Shirt, zwei Hemden, zwei Sarongs, etwas Wäsche, Zahnbürsten, Kosmetik. Und ein weißes Schweizer Pique-Handtuch. Das war schon mit mir um die Welt gesegelt. Wenn ich mein Gesicht darin abtrockne, es einen stillen Moment lang dagegen drücke, durchdringt mich das Gefühl, in aller Einfachheit Luxus zu haben.

Lan breitete über alles eine orangefarbene Plane. Oben, auf dem Steg, Ibu Sulastri, das Gesicht bedeckt mit einer körnigen, hellgrünen Paste, selbst gemacht aus frischen Pflanzen, Baumrinde und zerstoßenem Reis. »*Bedak*«, lachte sie, »damit meine Haut in der Sonne nicht dunkler wird.«

Sie hatte kräftige weiße Zähne und trug eine alte Jacke mit überlangen Ärmeln, die ihre Hände vor Sonne schützen sollten. Aus dem gleichen Grund ging sie nie ohne Socken aus dem Haus.

Lan fuhr los auf ein Zeichen von ihr.

Das sonnentrunkene Meer. Schwärme silbriger Fische sprangen in Bögen heraus, wahrscheinlich war ein Barrakuda hinter ihnen her. Gleichmäßiges Tuckern des Motors. Wellen klatschten an die Planken, zerstoben rauschend im Licht. Hin und wieder nahm Lan das untere Ende einer durchgeschnittenen Plastikflasche und schöpfte einsickerndes Wasser zurück in die Wellen.

So kurz vor der Begegnung mit den Seenomaden spürte ich keine Vorfreude und war nicht aufgeregt, fühlte nur stillen Ernst. Ich versuchte mich zu sammeln. In der Ferne konnte ich die Inselkonturen von Lalalu sehen. Aus dem Vulkan kräuselte Rauch. Mein Ziel, dorthin zu kommen, war nicht aufgegeben. Ich hatte Zeit.

Das Meer wurde flacher. Es gurgelte um poröse, sonnenverblichene Korallenfelsen, Wind zauste die wenigen Büsche. Dann eine kleine, geschützte Bucht. Lan steuerte das Boot hinein.

Dicht vor den Felsen Hütten auf Stelzen im Wasser, zwanzig etwa, alle verbunden durch Stege aus Bambus und Holz. Darunter dümpeln Auslegerkanus mit Außenbordmotoren. Jemand verkauft Benzin aus einem roten Fass. Nirgendwo ein Segel. Ich weiß, hier bin ich falsch. Dies müssen sesshafte Bajos sein.

Im schaukelnden Boot stehend, halten wir uns fest an der Leiter zu einer Veranda, auf der ein alter Bajo vor seiner Hütte sitzt, Kasa. Ibu Sulastri kennt ihn, erzählt, warum ich gekommen bin. Er nickt. Ich solle nur bleiben, sagt er, morgen würden fünf Männer mit ihren Kanus hinausfahren, vielleicht für zehn Tage. Sicher, sie würden mich mitnehmen.

Aber auf sesshafte Seenomaden mit Außenbordmotoren bin ich

nicht vorbereitet. Enttäuscht erkläre ich, wonach ich eigentlich suche, und muss hören, dass es keine nomadisch lebenden Bajos gibt. Doch dann erwähnt Pak Kasa einen Namen: »Om Lahali«, sagt er, und dass dies ein alter Bajo sei, der zur Regen- und Trockenzeit auf seinem Boot lebe, der noch auf einem Boot geboren sei und sich weigere, in einer Hütte zu schlafen. Er hat lange nichts von ihm gehört und weiß nicht, ob er noch lebt.

Ich fühlte mich flau. Was machte ich hier? Hatte ich dem Professor nicht richtig zugehört? Zu wenig Fragen gestellt? Mich zu sehr auf seine belehrende Begleitung verlassen? Hatte ich vielleicht seine und die überschwänglichen Erzählungen der Künstlerin durcheinander gebracht? Oder hatte ich nur gehört, was ich hören wollte? Damit ich einen Grund hatte, die Stadt zu verlassen, auf das Meer zu flüchten, auf das Meer, nicht an irgendeinen Strand?

Lan steuerte das Boot aus der Bucht heraus. Wir fuhren zurück. Auf einmal war ich ohne Mut. Trotzdem, ich war überzeugt, der Professor hätte mir nicht geraten, hierher zu kommen, wenn es keine nomadischen Bajos gäbe.

Wir glitten durch die warme Nacht. Ibu Sulastri packte dicke Stücke Landkrabben aus. Lan schlug seine Machete in eine Kokosnuss.

»Trink!«, sagte Ibu Sulastri zu mir.

Am Morgen kam sie über die Veranda gelaufen mit einer Schüssel voll dampfender chinesischer Suppe. In der Luft der Duft von Zitronengras, von Ingwer.

»Was willst du machen?«, fragte sie.

»Ich suche weiter.«

»Du wirst es schwer haben.«

»Ich will es wenigstens versuchen.«

»Ich helfe dir.«

Sonne strömte über Mangroven, mit Kanus spielende Kinder, über das Dach, in dessen Schatten wir auf der Veranda saßen. Ibu Sulastri sagte: »Lan kann dich zu einem Platz bringen, zu dem Bajos kommen. Vielleicht können sie dir weiterhelfen. Die Leute, bei denen du schlafen wirst, arbeiten für mich. Sie werden für dich sorgen.« Ibu Sulastri lachte: »Ich mag dich. Du hast ein gutes Herz.«

Sie kannte mich kaum. Ich war berührt und dankbar. Es war fast eine Freundschaft, die zwischen uns entstand.

Ich liebte einen Platz am äußersten Ende der Veranda. Er hatte kein Dach. In der Nacht, als in Samas längst der Strom abgestellt war, lag ich lange dort und sah hoch zu den Sternen. Unter mir murmelte Wasser. Jemand sang. Irgendwo hier, unter demselben Himmel, mussten Seenomaden sein. Ich wartete darauf, dass eine Sternschnuppe fiel.

Zwei

Morgens hatte ich schon eine Weile am Bootssteg gestanden, als Lan kam, den Tank nachfüllte, sich an die Pinne setzte und das Boot nach Osten lenkte. Er fuhr mich durch einen sonnigen Tag zu einem Inselchen mit einer versteckt liegenden Bucht. Eine einzige, solide gebaute Hütte auf Stelzen stand darin; anders als die, die ich bei den Bajos gesehen hatte, war sie fast ein Häuschen, weiß gestrichen, mit einer Veranda, eingerahmt durch ein Geländer, alles aus breiten, dicken Planken gebaut. Lan steuerte darauf zu. Von weitem sah ich, wie die Tür sich öffnete. Ein Mann, eine Frau und ein Kind traten heraus.

Vor uns im Wasser Laufstege aus Holz, die vier große Plattformen bildeten, über der Oberfläche gehalten von blauen Plastiktonnen. Darunter Netze, die in trüber Tiefe verschwanden.

War das eine Fischzucht? Lan gab keine Antwort auf meine Frage. In drei abgeteilten Bereichen schwamm jeweils eine einzige Fischart. Im vierten Netzkäfig tauchten Schildkröten auf und unter. Über einen weiteren Käfig führte ein etwa acht Meter langer Vierkantbalken zur etwas höher gelegenen Hütte. Er war nicht breiter als mein Fuß.

Lan schwang sich meine Habe auf die Schultern, lief behende darüber; der Balken bog sich wippend bei jedem Schritt. Eine Zirkusnummer. Mir war es unmöglich, ihm zu folgen. Ich brauchte Hilfe. Die anderen schauten verwundert zu. Endlich stand ich auf der Plattform, die zur Hütte führte.

Lan tauschte ein paar Sätze mit Pak Puing und Ibu Hastuti aus, dem Paar, das für Ibu Sulastri und Pak Ino arbeitete. Dann lief er artistisch über den federnden Balken zurück zum Boot.

Darum beneidete ich ihn. Um dieses Körpergefühl.

Er schöpfte das nachgesickerte Wasser aus, wischte sich Diesel von der Hand und ließ den Motor an. Kurzes Winken. Hinter ihm schwappten die Stege auf den sich ausbreitenden Wellen. Vergoldet von der späten Sonne fuhr er zurück nach Samas. Wir blinzelten ihm nach.

Einen Moment lang wünschte ich, ich wäre mit ihm gefahren.

Pak Puing und Ibu Hastuti waren jung, etwa fünfundzwanzig; beide hatten ein klares, sanftes Gesicht, fast scheu. Sie zeigten mir einen kleinen Raum gleich neben der Eingangstür. Ein Bett, davor eine geflochtene Matte. Vom Fenster aus konnte ich über die Fischzucht hinweg zur Bucht hinaus sehen. Ich freute mich, ein eigenes Zimmer zu haben.

Im Türrahmen: Ta. Aufmerksam, ernst folgten mir seine dunklen Kinderaugen. Puing ging nach draußen auf die Brücke. Ich lief ihm nach. Rechts und links von uns schwammen träge große Juwelenzackenbarsche, leuchteten mal tiefer, mal direkt unter der Oberfläche rot auf.

Puing löste seinen Sarong und ließ ihn fallen. Er hielt sich die Nase zu und sprang in das grüne, leicht trübe Wasser; es spritzte mir ins Gesicht. Er tauchte.

Beim Hochkommen hielt er einen fetten Zackenbarsch in den Händen. Ibu Hastuti lief mit einem Blechtopf auf die Brücke. Darin schlug der Fisch um sein Leben, blieb reglos liegen, wie tot, um plötzlich wieder zu kämpfen; der Topf bebte und schepperte, dann wurde es still.

»Den hat Puing gefangen, weil du angekommen bist«, sagte Ibu Hastuti. »Er ist für dich, ich koche ihn heute Abend. Eigentlich sollten Leute in Hongkong ihn essen.«

Pak Puing stemmte sich aus dem Fischkäfig auf die Holzbrücke, setzte sich auf die Kante, ließ die Beine hängen; das Wasser rann an ihm herunter. Wir taten es ihm nach. Er sah zufrieden mit sich aus. Ich sagte ihm, wie sehr mich seine Art, Fische zu fangen, beeindruckt hatte. Sofort machte er die Bewegungen nach, mit denen er den Barsch erwischt hatte.

Wir lachten gemeinsam, und das Fremdsein bröckelte von uns ab. Und was war mit den Leuten in Hongkong?

»Die kriegen alle diese Fische hier. Leute, die in Restaurants essen und nicht zu Hause. Am liebsten wollen sie Napoleonfische. Ein Kilo kostet dort drei Millionen Rupien. Sie müssen so viel Geld dafür bezahlen, weil wir sie lebendig zu ihnen schicken.«

»Lebendig?«

»Ja, alle zwei Monate kommt ein großes Schiff und holt sie ab.«

»Und wie gelangen die Fische lebend hierher?«

»Die Bajos bringen sie uns.«

»Und wie fangen die sie?«

»Das weiß ich nicht, sie sind immer für sich.«

»Weißt du, was sie für ein Kilo bekommen?«

»Dreitausend Rupien. Aber jetzt dürfen Napoleonfische nicht mehr gefangen werden. Die Regierung hat es verboten. Jetzt müssen die Leute in Hongkong die anderen Fische hier essen, aber die sind auch teuer.«

Die Plattformen waren aus salzwasserbeständigem Holz gebaut und fest verankert auf dem Meeresboden in der ungestörten, versteckten Bucht, in der die Strömung nicht stark und der Gezeitenunterschied nicht zu groß, aber doch spürbar war. Im Wechsel von Ebbe und Flut wurde das Wasser in den Fischkäfigen ausgetauscht und mit Sauerstoff versorgt, wurden Fischausscheidungen und Nahrungsreste fortgespült.

Pak Puing stand auf, wickelte sich seinen Sarong um die Hüften, ging hinauf bis zum Anfang der Brücke, auf eine quer davor liegende Plattform mit Dach. An den Schmalseiten gab es Bretter zum Sitzen, daneben zwei blaue Plastiktonnen mit Süßwasser.

Pak Puing ging sparsam damit um, als er sich das Salz von der

Haut wusch, aus dem glatten Haar strich, aus den Augen. Der Griff nach einem Bröckchen Seife auf dem Boden. Sein Hüfttuch, er hatte es angelassen, wurde gleich mitgewaschen.

»Pak Puing, hast du schon einmal von einem Bajo gehört, der Om Lahali heißt?«

»Ja. Er kommt manchmal her, um Wasser zu holen.«

»Wer ist er?«

»Ein alter Mann, der auf einem Hausboot lebt, ein Einzelgänger.«

»Ein Boot mit Segeln?«

»Ja, mit Segel.«

Die Nacht ist angebrochen. In der Hütte verströmt eine Kerosinlampe blasses Licht. Im quadratischen Raum ein rechteckiger Tisch, sechs Stühle, ein Regal. Ein geflochtener Korb hängt von der Decke. An der Wand gegenüber brennt Feuerholz in einem Steinbecken. Ibu Hastuti stellt einen Teller mit Reis und gebratenem Fisch auf den Tisch, legt eine Gabel hin – ich soll essen.

»Allein?«

Sie lächeln, nicken freundlich und setzen sich tiefer im Raum auf die Erde. Wohl fühle ich mich nicht, viel lieber säße ich mit ihnen zusammen am Tisch. Unmöglich, so viel zu essen. Haben sie schon gegessen? Wie unhöflich wird es sein, die Hälfte stehen zu lassen?

Mehr als satt bitte ich um Verzeihung wegen der Reste, versuche zu erklären, lobe den guten Geschmack. Ich möchte sitzen bleiben, aber ein unbestimmtes Gefühl treibt mich aufzustehen; ich geselle mich zu ihnen. Sie fragen nach meinen Kindern, meinem Mann, sagen dann, sie wollten jetzt essen.

Ich gehe hinaus, sehe sie durch die offene Tür am Tisch von denselben Tellern meine Reste mit den Händen essen.

Jetzt bin ich froh, nicht mehr genommen zu haben. Wäre ich nur früher aufgestanden, der Fisch könnte noch warm sein. Ich habe noch viel zu lernen. Wenigstens wusste ich von der Regel, nach der Speisen niemals mit der linken Hand berührt werden. Sie gilt als unrein und ist Verrichtungen auf der Toilette vorbehalten. Ich bin erleichtert, darauf habe ich geachtet und sie sorgsam unter dem Tisch gelassen.

Ibu Sulastri erklärt mir später: »Sie lassen dich allein essen, weil sie höflich sind. So zeigen sie einem Gast ihren Respekt.«

Nach dem Essen kamen Ibu Hastuti und Pak Puing zu mir an das Ende der Brücke, setzten sich nah beieinander mir gegenüber auf die Bank. Wir saßen da wie im Bug eines kleinen Schiffes. Die Nacht hüllte uns ein, die warme Luft. Von der Insel trieb das beruhigende Zirpen der Grillen herüber.

Wir sprachen nicht viel. Jeder von uns schien auf seine Weise zu genießen. Ich fühlte eine tiefe, zeitlose Ruhe, Glück. Über den vollen Mond flatterten Hunderte von Fledermäusen.

»Morgen früh kommen sie wieder zurück«, sagte Pak Puing.

Wir gingen schlafen. Sie überließen mir ihre Kerosinlampe, obwohl ich beteuerte, dass ich sie nicht brauchte. Eine Weile lag ich noch da, sah eine Spinne über mir in der Ecke, ihr Körper so dick wie eine Faust. »Bitte bleib, wo du bist, ich tue dir auch nichts«, suggerierte ich ihr und blies die Lampe aus. Im offenen Fenster standen die Sterne. Dieser Friede. Wie reich mein Leben ist, dachte ich.

Als ich wach wurde, war es draußen schwarz. Sturm heulte. Etwas knallte gegen die Hütte. Pak Puing kam. Er zündete die Lampe an und sagte: »Angin barat«, Westwind.

Wir sicherten die Fensterläden, stoppten das Knallen der Tür mit einem Querbalken. Ibu Hastuti beruhigte Ta. Wir gingen zurück in unsere Betten. Pak Puing ließ meine Tür offen und die Lampe brennen.

Am nächsten Morgen regnete es. Zwei schmale Bretter führten hinter dem Haus an Land. Die Nässe hatte sie glitschig gemacht. Ich balancierte bis zur Mitte und hockte mich hin. Hier war das Klo.

Jeder konnte mich sehen, die hintere Tür stand auf. Ibu Hastuti hantierte am offenen Feuer. Pak Puing sprach mit Ta. Es plätscherte lauter als der Regen, es war mir egal, erschien mir als das Natürlichste auf der Welt. Ich sah hinunter auf die Blasen im Wasser und dachte nach über Scham.

Der Regen dämpfte alles. Den Morgen. Das Licht. Die Farben. Er strömte leise auf das Wasser in der Bucht, tropfte von jedem einzelnen Blatt an den Bäumen. Es war warm. Ich saß wieder draußen, auf dem überdachten Teil am Ende der Brücke. Ibu Hastuti kam mit kleinen grünen Päckchen auf einem Teller: warme Palmherzen, eingewickelt in Bananenblätter, und Papayasalat.

»Für dich.«

Bestand meine Suche nach den Seenomaden nur aus Begegnungen mit liebenswerten Menschen, die mich mit Köstlichkeiten verwöhnten? Ta drückte einen von den Ködern, die Puing für ihn zurechtgeschnitten hatte, auf einen Haken und dippte ihn, auf dem Bauch liegend, an einer Nylonschnur ins Wasser. Ibu Hastuti lachte. Verborgene Vögel raschelten in den Bäumen. Ich war glücklich hier. Das nahe Meer.

Alles, was ich je erlebt hatte oder erleben wollte, war von mir abgefallen. Ich fühlte kein Streben, keine Wünsche. Ich ruhte aus. Es gab nur diesen Augenblick.

Am Nachmittag drang in die Ruhe der natürlichen Geräusche ein künstliches Brummen. Jemand lenkte ein offenes Kanu mit gedrosseltem Außenbordmotor in die Bucht, es glitt langsam auf einen der äußeren Stege zu, ein Mann machte es neben einer hohen Eisenwaage fest. Pak Puing und Ibu Hastuti waren schon über den wippenden Vierkantbalken gelaufen. Ich konnte ihnen nicht folgen.

Aus der Ferne sah ich Pak Puing einen Kescher mit einem großen, zappelnden Fisch in eine der zwei Waagschalen legen, in die andere setzte er Gewichte. Er arbeitete rasch, ließ ihn in das Wasser eines der Netzkäfige gleiten. Ibu Hastuti schrieb etwas in ein Heft. Dann kamen sie zu mir herüber.

Der Mann war noch jung, seine kräftigen schwarzen Haare wuchsen nicht nur auf dem Kopf, sie bedeckten auch seine rechte Gesichtshälfte vollständig; es sah aus wie Fell – es war Fell. Etwas sehr Sanftes ging von ihm aus. Er war ein Bajo, und er wollte rauchen. Ich holte Zigaretten aus meinem Vorrat, Streichhölzer. Reichtümer.

Er konnte mir nicht sagen, wo ich segelnde Bajos finden würde. Er kannte keine. Von Om Lahali hatte er gehört, mehr wusste er nicht. Hinter ihm, am Horizont, sah ich einen Punkt, der Lalalu heißt.

Ich fing an, die Tage auf den kleinen Höhen der Insel zu verbringen, kletterte über raue Steine auf ihre seewärtigen Seiten, wartete im Schatten von Büschen auf ein Segel zwischen Himmel und Meer. Manchmal brachten Bajos lebende Fische, fuhren dann wieder davon. Sie kamen mit Außenbordmotoren oder Katintings, deren Lärm die Sinne betäubte, die Stille zerriss. Ich blieb ohne Hinweis, ohne etwas, das mich beflügelt hätte, weiter zu warten.

Plötzlich wurde ich mir der riesigen Ausmaße des indonesischen Archipels bewusst: 1 904 443 Quadratkilometer, über 17 500 Inseln, zweihundert Millionen Einwohner – ich fühlte mich winzig und fremd. In welche Richtung sollte ich mich bewegen? An wen konnte ich mich wenden? Und immer wieder die Frage: Was wollte ich von den Seenomaden? Warum konnte ich nicht, wie die meisten anderen Leute, zufrieden an Land leben? Was suchte ich auf dem Meer?

Ich hatte keine Antwort. Nur dieses Verlangen, ihm nah zu sein. Es lag vor mir wie ein Buch, das ich lesen konnte, aber nicht verstand. Versuchte ich zu viel mit dem Kopf zu erklären?

Als Mädchen hatte ich früh gelernt, dass Gefühl und Intuition als nicht intelligent belächelt wurden. Ich schämte mich und fühlte mich ein bisschen minderwertig. Damit es niemand merkte, trat ich sicher auf. In dieser Verzerrung nahm man mich ernst. Seit ich versuchte, möglichst nur zu denken, war ich eingeschränkt.

Plötzlich wusste ich, ich hatte die Welt umsegelt und war auf der Suche nach den Seenomaden, um mir selbst ähnlicher zu werden. Das Meer erinnerte mich an etwas, das ich noch nicht benennen konnte. Deshalb war ich hier. Ich wollte mich erinnern.

Ich verließ die Insel mit Har, einem jungen Bajo, der am Vormittag in unsere Bucht hineingefahren war. Ein tiefes Bedürfnis nach Fortschritt, wenigstens im Sinne von Bewegung, hatte mich dazu getrieben, anderswo warten zu wollen.

In den Tropen zu sein heißt erschöpft zu sein. Die feuchte Hitze erdrückte meine Energie, die Willenskraft. Vielleicht konnte ich irgendwo ein Boot mieten; es würde mich vor dem Stillstand bewahren. Har brachte mich nach Buman, wo es einen *losmen* gab. Die Herberge mit weißem Lattenzaun lag am Rand einer ruhigen Bucht. Am steinigen Strand staksten schwarze Ziegen.

Pak Ismael und seine Familie hatten vier winzige Zimmer von ihrem eigenen Wohnraum für Gäste abgeteilt. Sie waren belegt. Auf der anderen Seite des Weges stand ein Haus neben einer rot blühenden Bougainvillea. Dort sollte ich wohnen. Ich wunderte mich über das benutzte Bett und bat um frische Wäsche; das wiederum verwunderte meine Vermieterin.

Am nächsten Tag lernte ich den freundlichen jungen Muhamed kennen. Beiläufig erfuhr ich, es war sein Zimmer, in dem ich schlief. Er hatte es für mich geräumt wie für eine Verwandte, kein Grund, die Bettwäsche zu wechseln.

Pak Ismael war ein Mann, der wenig sprach. Direkten Fragen wich er aus, aber man sah ihn über sie nachdenken. Er hatte sich daran gewöhnt, seltsame Gäste mit seltsamen Wünschen zu haben, und er wollte sie erfüllen.

Ich fragte ihn nach den Seenomaden, und er antwortete erst nach einer auffallenden Pause: »Seenomaden? Gibt es keine.« Aber ein Boot, um sie suchen zu können, wollte er mir besorgen. Vielleicht morgen, vielleicht übermorgen.

Zum ersten Mal, seit ich Savu verlassen hatte, traf ich auf Menschen aus dem Westen der Welt, Rucksacktouristen: zwei Amerikaner, ein Franzose, zwei Deutsche.

Ismael verlangte für eine Übernachtung inklusive drei köstlicher Mahlzeiten sechs Mark fünfundzwanzig. In anderen Herbergen abgelegener Gegenden Indonesiens wurde kaum mehr verlangt. Dennoch drehten sich die Gespräche der Reisenden einen großen Teil des Tages darum, wo noch billigere Unterkünfte und Transportmittel zu finden seien. Inke und Gerd aus Hamburg beteiligten sich nicht daran. Sie genossen sich selbst und den trägen, üppigen Fluss des Lebens in den Tropen. Sie reisten seit fast zwei Jahren. Gerd war Lehrer und hatte sich beurlauben lassen. Inke hatte die aufreibende Arbeit, ein Café zu führen, aufgegeben. Die beiden strahlten Harmonie und Gelassenheit aus. Wir hatten uns etwas zu sagen. Sie bekamen Lust, für eine Woche mit mir gemeinsam ein Boot zu mieten, um nach Seenomaden zu suchen.

Ismael gab zu verstehen, er würde bald eines beschaffen, machte sogar einen Scherz und erinnerte an die indonesische »Gummizeit«.

In Buman auf etwas warten zu müssen war nicht unangenehm. Wie eine Folge von Bildern trieb das Dorfleben an mir vorüber. Ich stand früh auf und sah immer zuerst die kleineren Jungen zu dem Brunnen rennen, der gegenüber von meinem Fenster lag. Sie kamen nackt, mit Zinneimern und Seife, kicherten, quietschten, machten Handstand und Faxen für mich und spritzten wild mit dem Wasser. Flüsse von Schaum liefen über ihre sonnenglänzende Haut.

Kaum waren sie fort, erschienen die Mädchen und Frauen. Am zweiten Tag brachten sie einen Eimer mit für mich. Ich gab ihnen Shampoo, etwas, das sie selbst nicht hatten. Dieses Glück. Wie sie behielt auch ich meinen Sarong beim Waschen an.

In meinen Augen waren sie anmutig und schön. Ich bewunderte ihre Haut, die schimmerte, ihre Farbe; doch sie ließen nicht ab, mir zu sagen, wie hässlich sie sich fühlten, weil sie nicht weiß seien wie ich. Sie nahmen meine Arme und mochten nicht aufhören, sie vorsichtig zu berühren. Genauso geringschätzig wie über ihre Farbe sprachen sie über die Form ihrer Nasen; sie wollten gerade Nasen haben, keine, die nach oben zeigten.

Männer kamen nie zu diesem Brunnen. Aber früh, wenn die Sonne noch nicht brannte, sah ich sie mit Babys auf dem Arm zum

Bootssteg oder an den Strand schlendern; ihre Sarongs flappten dann bei jedem Schritt, bis sie stehen blieben, um hinauszusehen auf das Meer. Sie standen da, sprachen nicht, schauten einfach in die Ferne. An was mochten sie denken? Hatten sie Wünsche? Träume? Welche?

Kurz vor Sonnenuntergang kamen sie wieder mit ihren Frauen und warteten, bis *mata hari*, das Auge des Tages, wie die Menschen in Indonesien die Sonne nennen, vom Horizont verschwand. Manche Männer hatten nackte Oberkörper, aber meistens trugen sie frisch gebügelte Hemden über ihren Sarongs.

Das verblüffte mich immer wieder. Wie war das möglich? Es gab ein einziges Bügeleisen im Dorf, eines, das mit heißen Steinen gefüllt werden musste. Ich hatte Mädchen es herumtragen sehen.

Das einzige Mofa in Buman wurde von allen benutzt, die einen triftigen Grund dazu hatten. Besonders häufig fuhr Ismael damit, der die Inselbewohner aus einem Erste-Hilfe-Kasten medizinisch versorgte. Sonst rollten nur von Ochsen gezogene, zweirädrige Karren über die staubenden Wege. Und die Hunde in Buman, die haben nie gebellt.

Es war so heiß, dass ich das Gefühl hatte, mein Gehirn schmelze dahin. Endlich hatte Ismael ein Boot für uns, aber wir konnten nicht aufbrechen: Eine Hochzeit sollte gefeiert werden. Inke, Gerd und ich waren als Ehrengäste geladen. Wir überlegten, was von den Dingen, die wir bei uns hatten, sich als Geschenk eignen könnte, fanden mehr Passendes für die Braut als für den Bräutigam und hatten den Ehrgeiz, es schön zu verpacken; Pak Ismael sollte uns helfen, einen Karton zu finden.

Am Morgen der Hochzeit brachte er uns zwei – volle, es waren Gläser darin. Ansehen konnten wir sie uns nicht, sie waren fest verpackt.

»Alle Gäste verschenken Gläser oder Teller«, sagte er.

Jedes Brautpaar bekam die gleichen. Wir passten uns an, übergaben die Kartons der Braut, obendrauf hatten wir unsere persönlichen

Geschenke gelegt. Ihr Gesicht leuchtete auf. Sie strahlte. Es war wirkliche Freude. Einen Augenblick später wurde sie wieder traurig, blieb so den ganzen Tag. Manchmal rollte ihr eine Träne über die geschminkten Wangen. Jedes Mal kam dann eine Frau und puderte die dick aufgetragene Schminke ab. Auch der Bräutigam weinte.

Dieses Verhalten überraschte – nicht nur auf einer Hochzeit. In Indonesien zeigen die Menschen Gefühlsregungen nicht in der Öffentlichkeit.

»Warum?«, fragte ich leise eine Frau, die neben mir saß.

»Das ist eine arrangierte Ehe. Die beiden sind aber schon sehr lange in andere verliebt.«

Sie sagte es ohne Bedauern.

Das Paar saß Stunde um Stunde auf einer Bühne unter einem Baldachin aus leuchtenden Farben. Im Laufe des Festes hatte es sich zweimal umgezogen. Als es sich den Gästen zum ersten Mal zeigte, trug es die traditionelle Tracht aus der Heimat der Braut. Meeresblaue Seidenstoffe glänzten, goldfarbener Kopfschmuck. Später erschienen die beiden in der farbenprächtigen Kleidung der Region des Ehemannes.

Am späten Nachmittag traten sie auf in westlichem Hochzeitsstaat, worin sie seltsam aussahen an diesem Ort, in diesem Klima. Das Kleid der Braut war weiß und lang und hochgeschlossen. Der Bräutigam erstarrte in einem dunkelbraunen Anzug, weißen Handschuhen aus Satin und schwarzen Lederhalbschuhen mit dicken Sohlen, über denen weiße Socken blitzten. Die Brautleute saßen steinern unter dem Baldachin. Ihre Gäste aßen und schwatzten; eine Band spielte.

Inke, Gerd und ich wurden aufgefordert, ein deutsches Lied zu singen. Das einzige, das uns einfiel, dessen Text wir alle drei kannten, war: »Der Mond ist aufgegangen«. Also traten wir vor das Mikrofon und sangen, so gut es ging. Niemand brach in Begeisterung aus. Man war verwundert darüber, dass wir keine Schlager singen konnten.

Endlich passierte wieder etwas, was mit dem Sinn meiner Reise, mit der Suche nach den Seenomaden zu tun hatte. Pak Ismael gab Anweisung, unser Boot zu beladen. Ai, er nannte sich Käpten, war spindeldürr und hatte eine vollkommen welke, mit weißen Flecken gesprenkelte Haut, ließ seine Drei-Jungen-Crew über den langen, wackligen Steg Lebensmittel und Wasser für eine Woche an Bord bringen.

Die Begriffe »Kapitän«, »Crew« und »an Bord« lassen möglicherweise an ein Schiff denken, mit dem wir fahren würden. Das wäre falsch. Wir betraten ein Behältnis aus Holzplanken, das auf beiden Seiten Ausleger hatte. Die niedrigen Bordwände, der flache Boden – er diente zu anderen Zeiten als Ladefläche für Holzstämme – waren überschattet von dem flachen Dach hoher Aufbauten. Die Seiten des Vorschiffs waren offen. Blaue, eingerollte Planen aus Plastik würden uns, herabgelassen, vor Regen schützen.

Das etwa acht Meter lange Boot war in der Mitte geteilt durch einen ölschwarzen Domping-Motor, über ihm ein kleines Steuerhaus ohne Boden. Die braunen Beine der Jungen hingen von einem Sitzbalken herab in den offenen Motorraum. Die Ladefläche dahinter, auf der Heckseite, bewohnte die Crew, die auf der anderen, der Bugseite, wurde von uns eingenommen.

Doch als wir dachten, es gehe los, hieß es warten. Über den Steg kamen etwa dreißig der Hochzeitsgäste mit Taschen und Paketen, Töpfen, gefüllt mit Speisen. Es wurde eng. Sie saßen überall – auf der Ladefläche, auf der Bordwand, auf dem Dach –, alberten und juchzten.

Sie enterten die »Haratan Yaya«, um ein ähnlich merkwürdiges Boot wie das unsere zu erreichen. Größer und mit mehr Tiefgang, konnte es nicht über das Riff fahren, um am Steg anzulegen. Wir brachten sie hin.

Plötzlich erschütterte ein Stoß den überladenen Kahn. Die Maschine verstummte. Wir lagen zu tief im Wasser und hatten das Riff gestreift. Lautes Lachen auf beiden Booten. Der Kapitän und seine

Jungen feixten. Gelassen reparierten sie den zerrissenen Seilzug am Motor; der Domping sprang wieder an.

Unter den Hochzeitsgästen, die auf das wartende Boot kletterten – wobei sich unseres bedenklich auf die Seite legte –, befanden sich auch die jungen Eheleute. In Zukunft würden sie gemeinsam im Heimatort des Mannes leben. Es freute mich, sie lächeln zu sehen. Winken und Rufen. Jedes der Boote tuckerte in eine andere Richtung davon.

Ich war froh, wieder auf dem Wasser und in Bewegung zu sein. Wir standen im Bug, saßen auf dem Dach, lagen in seinem Schatten darunter. Die fremde Welt trieb an uns vorüber.

Meine Augen sahen über das Meer, so wie sie es gewohnt waren von meinen Jahren auf dem eigenen Schiff. Sie würden alles wahrnehmen, was sich auf dieser wogenden Fläche veränderte, fliegenden Fischen folgen – Tunas, die hoch aus dem Wasser springen und sonnenglänzend wieder zurückfallen, jeder Bewegung am Horizont.

Ich spürte die gleiche Kraft, die gleiche innere Ruhe, die dieses Bild schon immer in mir ausgelöst hatte. Der Blick taucht in die Unebenheit des Wassers, und es gibt die Zeit nicht mehr. Vielleicht ist es von allen Blicken der älteste, der erste, den Menschen hatten.

Sarlin sang selbstvergessen vor sich hin. Nalfin und Eje lagen entspannt auf den Stützbalken des Motors und kicherten aus unersichtlichem Grund. Hinter ihnen schwappte Wasser in zwei blauen Plastiktonnen. Unser Vorrat zum Waschen und Trinken.

Unmittelbar daneben das Klo: eine quadratische Öffnung im Decksboden, durch die man das grüne Heckwasser schwinden sah. Wer dorthin wollte, musste sich, um am Motor vorbeizukommen, über eine Kante außen am Boot entlanghangeln.

Es war später Nachmittag, als Käpten Ai die Geschwindigkeit erhöhte. Er steuerte das Boot um eine Insel herum, einmal, zweimal; es klatschte in die Wellen. Vom Heck hing eine an der Bordwand befestigte Nylonschnur mit Haken und Köder ins Wasser. Endlich, wir umrundeten das kleine Stück Land zum dritten Mal, straffte sich die Schnur. Der Motor wurde gedrosselt. Laute Rufe. Die Jungen kicherten, zogen geschickt mit bloßen Händen einen großen zappelnden Thunfisch an Bord. Ein willkommenes Spiel.

Wir fuhren weiter bis zu einer Ansammlung kleiner Inseln. Es war fast dunkel, als Käpten Ai die »Haratan Yaya« mit Bug und Auslegern auf einen kleinen Strand gleiten ließ. Kerosinlampen wurden angezündet. Nalfin hockte vor dem Thunfisch und ließ seine Machete durch das dunkelrote Fleisch auf dem Decksboden gleiten, einen Schritt weit entfernt von Wassertonnen und Klo. Neben ihm brannte Holz unter einem Wok. Er grinste, seine Mundwinkel reichten bis zu den Ohren, wenn er dick geschnittene Würfel Fisch in heißes Kokosöl legte und es zu brutzeln begann.

Wir aßen den Fisch mit Reis und tranken das kühle, wohlschmeckende Wasser aus Kokosnüssen.

Plötzlich waren wir nicht mehr allein. Im Licht des halben Mondes zogen nackte Kinder ihre Kanus auf den weißen Strand.

»Bajos«, sagte Nalfin. Zwei Monate später erfuhr ich, dass er selbst einer war.

Die Kinder standen vor dem Bug, sie schauten über die Bordwand, flüsterten, blieben still. Unendlich langsam glitt eines nach dem anderen zu uns auf die Ladefläche. Manchmal ein Schnaufen. Sie hockten dicht zusammen, wie ein Knäuel, als fühlten sie sich nur in engster Gemeinschaft sicher. Fast waren sie nicht zu sehen im Dunkel, doch sie waren ganz nah, regten sich nicht, antworteten auf keine Frage.

Als wir anfingen, uns die Zähne zu putzen, blieben sie und schauten zu. Sie gingen auch nicht, als Inke und ich uns ins Wasser hockten, um zu pinkeln, und schauten genau zu, als wir uns auf dem Boden zum Schlafen ausstreckten. Immerhin waren sie da schon wieder von Bord geklettert.

In dieser Nacht träumte ich vom Professor der Ethnologie, wie er ungläubig seinen Kopf schüttelte darüber, dass ich noch keine nomadisch lebenden Seenomaden gefunden hatte.

Fast an jedem Tag dieser Woche ankerten wir nahe einem Bajo-dorf. Nirgendwo sah ich ein Boot, so, wie ich es auf einem Foto des Professors gesehen hatte: eine *sope*, ein Boot, auf dem eine Familie wohnen kann.

Immer wieder hörte ich: Nein, es gibt keine nomadischen Bajos. Der Name Om Lahali fiel, aber keiner wusste, wo er war.

Am letzten Tag unserer gemeinsamen Reise ließen wir uns abset-zen in Samas. Inke und Gerd bestiegen dort ein kleines, überladenes Boot; sie wollten nach Bali.

Wieder saß ich auf der Veranda des schönen, leeren Gasthauses von Ibu Sulastri. Ich schaute auf das glänzende Meer, sah Männer mit unendlicher Ruhe Kanus paddeln, Fischer in fragilen Booten langsam davongleiten, Leute am Steg. Sie alle schienen zu wissen, wer sie waren und wohin sie wollten. Ich wünschte mir, ich sei wie sie.

»Morgen fährt ein Boot nach Lalalu. Du kannst mitfahren, wenn du möchtest.«

Ungläubig sehe ich in Ibu Sulastris Gesicht. Es ist wie immer. Strahlend.

»Du kannst dort in meinem Haus wohnen – als mein besonderer Gast.«

Ich unterdrücke meine Fragen, bleibe skeptisch, aber Ibu Sulastri spricht weiter: »Ino hat viele hundert Kokospalmen auf Lalalu. Aus den Nüssen gewinnt er Kopra, aus Kopra Öl, ein gutes Geschäft. Vor zwölf Jahren ist ein Vulkan dort ausgebrochen. Die Insel wurde eva-kuiert, und weil die Regierung weitere Ausbrüche befürchtete, untersagte sie den Bewohnern die Rückkehr. Zerstört hatte der La-vafluss aber nur den Westen von Lalalu. Drei Jahre nach dem Aus-bruch schickten Ino und andere Plantagenbesitzer in dunklen Näch-ten Boote mit Arbeitern hinüber. – Ach, es war alles so schwierig.« Sie lacht.

»Zwei Jahre lang arbeiteten sie dort illegal, dann hatte die Regierung ein Einsehen. Halb offiziell erlaubte sie eine vorübergehende Bewirtschaftung der Insel, nicht aber ihre Besiedlung. Die Arbeiter dürfen ihre Familien nicht mitbringen.«

»Und daran halten sie sich nicht?«, frage ich Ibu Sulastri und ahne, warum mir Mitglieder weit verästelter Familien das Bild einer einsamen Insel vermitteln wollten.

»Möchtest du mitfahren?«, erkundigt sie sich noch einmal, ohne auf meine Frage einzugehen.

»Ja.Ja.Ja.«

»Ich gebe dir einen Brief für Inos Verwalter mit. Er wird sich um dich kümmern.«

Drei

Früh am nächsten Morgen bestieg ich ein kleines weißes Holzboot, und mit mir gingen etwa zwanzig andere Personen an Bord, die meisten von ihnen Frauen. Einige befestigten Sarongs an Balken über sich und legten ihre Babys hinein. Die waren darin aufgehoben wie in Kokons. Jede Bewegung des Schiffes schaukelte sie. Kein Zweifel, seefest waren sie.

Der Motor stampfte und erschütterte das Boot so, dass mir, passte ich nicht auf, die Zähne aufeinander schlugen. Kaum hatte ich die üblichen Fragen nach meinem Woher und Wohin beantwortet, machten es sich meine Mitreisenden bequem. Sie kuschelten ihre Köpfe in mitgebrachte Kissen, zupften an ihren Sarongs und schliefen ein. Wieder lagen sie behaglich da, wie Katzen, streckten und reckten sich erst, als der Rhythmus des Motors langsamer wurde. Wir waren angekommen.

Einen Steg, an dem wir hätten anlegen können, gab es nicht. Zwei Männer sprangen ins Wasser, schleppten einen Anker auf den Strand und rammten ihn in den Sand. Der Bootsführer beugte sich über die Bordwand und stellte eine Leiter ins flache Meer. Vom Land kamen ein paar Leute gelaufen, nahmen Bündel, Päckchen und Kinder auf Schultern und Köpfe – auch meine Taschen – und trugen sie lachend davon. Mit geschürztem Sarong platschten wir hinüber zum Strand. Der Mann mit meinem Gepäck führte mich, ohne sich zu erklären, ins Innere der Insel.

Es fing an zu regnen. Wie durch einen Zauber waren alle anderen Leute verschwunden. Aber wohin? Ich sah keine Häuser, keine Hütten, nur grünes Dickicht, üppige Farne, weiches Gras unter meinen Füßen, auf dem nirgendwo Spuren anderer Schritte waren. Regenschleier wehten heran.

Plötzlich ein Haus. Graue Holzplanken unter einem Giebel, ähnlich wie das von Pak Puing und Ibu Hastuti über den Fischkäfigen, nur größer. Türen, Fensterläden, alles verschlossen.

Mein Begleiter klopfte. Einmal, zweimal, viele Male.

Endlich öffnete jemand die Tür. Pak Rachman, Inos Angestellter, rieb sich die Augen. Er war etwa fünfzig, hatte eine rundes Kinn und glatte, zur Stirn gekämmte Haare. Hinter ihm erschien eine kleine, rundliche Frau mit freundlichen Augen, Ibu Hasna, sicher fünfzehn Jahre jünger als er.

Ich übergab meinen Brief. Pak Rachman öffnete ihn, las, faltete ihn sorgfältig, steckte ihn in die Tasche und sagte etwas zu seiner Frau, was ich nicht verstand. Sie ließen mich ein.

Ich trat in einen großen, hohen Raum mit glänzendem Zementfußboden. Tisch und Stühle ausgerichtet neben dem Fenster, hinter dem der Regenwald dampfte. Auf der dunklen Holzplatte funkelten drei Pokale für gewonnene Fußballspiele, daneben ein kleines Funkgerät, eine Petroleumlampe unter der Decke; sonst gab es nichts. Dahinter eine offene Küche mit mächtiger Feuerstelle, rußschwarze Wände.

Aus einer der beiden Türen in der blauen Holzwand des Wohnraums trat Ibu Hasna, auf dem Arm benutzte Betttücher und einen Stapel Sarongs, obenauf lag ein Kamm.

»Das ist dein Zimmer«, sagte sie strahlend und wies hinter sich.

Pak Rachman brachte meine Taschen hinein. Zwei Fenster, ein Bett, daneben eine Kiste mit Kästchen und Döschen darauf. Wieder hatte jemand ganz selbstverständlich sein Zimmer für mich geräumt. Zu Hause, in Deutschland, würde ich da eigentlich dasselbe für einen Fremden tun?

Ibu Hasna hatte Tee gebracht. Wir haben am Tisch neben dem Fenster gesessen. Ich fühlte mich sofort wohl bei ihnen. Durch die offene Tür kam eine Ziege herein. Sie lief über den glänzenden Boden bis zu uns hin; es schien eine Gewohnheit zu sein. Ibu Hasna streichelte ihr über den Kopf. Hier, in diesen Raum, erzählte Pak Rachman, brachten Inos Arbeiter alle zwei Wochen Säcke mit Kopra zum Wiegen und Verschiffen nach Samas. Dafür war er da. Er kontrollierte und organisierte.

Ibu Hasna und er gehörten zu den Ersten, die nach dem Vulkanausbruch zurück auf die Insel gekommen waren. Sie lebten gern hier, lieber als in Samas, wo es ihnen zu unruhig war.

Damals, bevor der Vulkan ausbrach, hatten zehntausend Menschen auf Lalalu ein Zuhause. Sie alle wollten die Insel nicht verlassen, selbst als er begann, die Erde unter ihren Füßen einen Monat lang täglich zu erschüttern. Den Tieren im Urwald und dem Vieh wurde der Boden zu heiß unter den Pfoten und Klauen. Sie flüchteten zum Strand, auch die Schlangen kamen gekrochen. Affen, Kühe, Ziegen, alle schwammen sie im seichten Meer, um sich abzukühlen.

Dann, drei Tage vor seinem Ausbruch, fing der Vulkan an, glühende Steine über die Insel zu schleudern. Die Regierung schickte alle verfügbaren Boote: Lalalu wurde evakuiert. Auch das Vieh hat man mitgenommen. Ein einziger Mann blieb unbemerkt unter seinem Bett versteckt. Doch auch er wurde einen Tag später mit sanfter Gewalt von der Insel gebracht. Am Tag nach dem Ausbruch trieben Tausende toter Fische im Meer.

Die Ziege war wieder hinausgegangen. Sonne strömte durch die offene Tür. Irgendwo krähten Hähne. Wieder beantwortete ich viele Fragen nach meinem Woher und Wohin. Dann stellte ich meine: »Gibt es hier Seenomaden?«

»Seenomaden?«, fragte Pak Rachman.

»Bajos.«

»Ich glaube nicht.«

»Vielleicht auf der anderen Seite der Insel?«

»Ich glaube nicht.«

»Würde mir jemand ein Kanu geben? Ich könnte die Insel einmal umrunden und nachsehen.«

»Das lässt sich machen. Aber du bist eine Frau, du kannst nicht allein unterwegs sein. Jemand kommt mit.«

Ich habe nach dem *hok* gefragt, und Ibu Hasna hat mich hinter das Haus begleitet, auf eine Wiese mit drei rechteckigen, unterschiedlich hohen Becken aus Zement. Sie sahen aus wie Viehtränken und bildeten ein U, dessen geräumige Mitte ebenfalls aus Zement gegossen war. Auf den Kanten der Tränken dösten Katzen, im Hintergrund grasten Ziegen vor einem Strickwerk blühender Lianen. Vor mir ein Bottich aus Zink mit Wasserschöpfer; auf der Erde, daneben, steckten in einem Schälchen Seife und vier Zahnbürsten. Vier?

Ich sah Ibu Hasna fragend an. Sie wollte wissen, welcher Art mein Bedürfnis war, und ich sagte es ihr. Sie zeigte strahlend auf den Zementboden unter uns. Einen Moment lang wartete ich, dachte, sie würde gehen; aber sie ging nicht. Als ich es nicht mehr aushielt, hockte ich mich zum Pinkeln hin. Sie stand da und schaute mir zu. Ich sah Pak Rachman aus dem Haus kommen; Bemerkungen flogen hin und her. Was konnte ich tun? Zuerst das Naheliegende: Mit Wasser aus dem Bottich den Körper reinigen, Wasser auf den Boden schöpfen, nachspülen. Ergeben sah ich es in einer Abflussrinne verschwinden.

Hatte ich es richtig gemacht? Ganz sicher; Ibu Hasnas Gesicht zeigte sich zufrieden. Die Situation erinnerte mich an kindliche Erfahrungen auf dem Topf.

In der Nacht wachte ich auf vom Krähen unzähliger Hähne. Sie verstummten, als es zu regnen begann. Das gleichmäßige Strömen löste ein schwereloses Gefühl in mir aus, obwohl der Regen wie eine homogene Masse zu fallen schien, die sich mir unaufhaltsam entgegensenkte. Tropenregen berauscht.

Von nebenan drangen beruhigende Worte. Unsere Räume waren

nur durch Bretter getrennt, die nicht bis zur Decke reichten, damit sich die Hitze nicht staut.

Als es heller wurde, sah ich Regenwasser unter den Planken der Hauswand hindurch in mein Zimmer mäandern. Ich rettete meine Taschen und mich selbst auf das Bett, saß da mit angezogenen Beinen, als sich die Tür öffnete und Pak Rachman mit seiner Frau besorgt im Rahmen stehen blieben. Sie entschuldigten sich für ihr einfaches Zuhause. Dabei machte mir das alles gar nichts aus.

Ich konnte mich nicht erinnern, jemals zuvor an einem so feuchten, heißen Ort gewesen zu sein. Vollkommen ermattet blieb ich eine Weile sitzen, schaute zu, wie der Regen die Pfützen im Gras vor dem Fenster vergrößerte, bis er aufhörte und zwischen den satten Halmen versickerte. Hühnerfamilien kamen, scharrten und pickten und gurrten leise. Irgendwie trösteten mich ihr Anblick, ihre fragend glucksenden Stimmen.

Meine Kleidung klebte auf der heißen Haut. Um mich auf dem Hof waschen zu können, musste ich durch Wohnraum und Küche zur Hintertür gehen, doch die beiden hielten mich auf. Es sei zu kalt, wandten sie ein, ich solle jetzt essen, dann in meinem Zimmer bleiben, am besten schlafen. Ihr Verhalten war mir unbegreiflich, doch war ich so kraftlos, ich tat genau das, was sie mir nahe legten. Schweiß lief mir in Rinnsalen am Hals herunter, nässte das Kissen. Gedankenfetzen trieben vorüber.

Später riss ich mich zusammen, nahm meine Kamera, entschlossen, Lalalu zu erkunden, nur raus aus der Lethargie, bevor der Urwald mich überwuchern würde.

Sie stoppten mich vor der Tür. Mit liebenswürdigem Ernst erklärten sie: »Heute ist Freitag, der Tag, an dem Muslime keine Arbeit verrichten.« Fotografieren war Arbeit und nicht erlaubt und auch das Herumlaufen nicht.

Ich sank wieder auf mein Bett, glühte dem kühleren Abend entgegen. Unendlich viele Fliegen fanden Gefallen an mir. Keine heftige Bewegung konnte sie verscheuchen. Sie blieben einfach sitzen. Weil

sie winzig waren und leicht und keinerlei Geräusch machten, stellte ·
ich mir bei geschlossenen Augen vor, ihre Berührung sei die von
hauchfeiner Seide, die, von einem kühlenden Lüftchen bewegt, wieder und wieder über meine Haut streiche.

Am nächsten Morgen waren Hirn und Lebensgeister matt. Doch
war es ein normaler Tag, an dem jeder sich bewegen durfte. Ibu
Hasna stellte mit großem Lächeln ein Frühstück auf den Tisch: Tee,
gebratenen Fisch mit Chili und Reis. Um der Höflichkeit willen aß
ich wieder allein. Daran konnte ich mich nur schwer gewöhnen. Immerhin plauderte die fröhliche Frau in der offenen Küche stehend
mit mir.

Pak Rachman und die Ziege drängten durch die offene Tür. »Der
Fischer No paddelt dich um Lalalu herum. Morgen oder übermorgen. Hasna begleitet euch.«

»Weiß Pak No, ob es hier Seenomaden gibt?«

»Er kann sich nicht erinnern.«

Ich wollte endlich Lalalu sehen, die Insel, auf der es keine Menschen, keine Häuser geben sollte, zu der man angeblich nicht hin-
fahren konnte. Kaum war ich aus dem Haus, folgte mir Ibu Hasna
und blieb an meiner Seite. So hielt sie es während meines gesamten
Aufenthalts. Ein Schatten. Ein liebenswürdiger.

Warum durfte ich nicht allein umhergehen? Es schickte sich nicht
für eine Frau, für einen Gast.

Auf der einzigen Straße Lalalus, über die wir liefen, waren vor
dem Vulkanausbruch Bulldozer und Autos gefahren. Jetzt kroch
eine Decke aus Gras über sie, gleichmäßig flach und dicht und etwa
fünf Meter breit. Rinder und Ziegen weideten hier. Schnaubende,
unwillige Ochsen zogen einen Karren darüber. Nach einem Tre-
cker am Straßenrand fassten Ranken mit Stachelgriff; er war längst
Teil des Regenwaldes, wie die Reste eines Hauses, vor denen wir
plötzlich standen. Eine Wand aus geometrisch gesetzten Kacheln,
schwarzen und weißen, darauf ein Waschbecken aus Porzellan, von

Schlingpflanzen umklammert. Ein Objekt. Ohne Publikum in seiner abgeschiedenen Vergänglichkeit.

Für mich hatte Lalalu etwas von einer anderen möglichen Welt. Hier wuchsen die Gegenstände aus dem Dickicht heraus.

»Sekolah«, sagte Ibu Hasna, als wir an die verfallene Schule kamen.

»Sekolah«, wiederholte ich. Sie gab mir, während wir liefen, Nachhilfe in indonesischer Sprache, zeigte mit Ruhe auf die Dinge am Weg und sagte: »Rumput«, was Gras heißt, und ich wiederholte: »Rumput.«

»Rumah«, was Haus heißt, und ich wiederholte: »Rumah.«

Ganz gleich, ob meine Aussprache richtig oder falsch war, ihr rundes, freundliches Gesicht leuchtete immer, wenn sie mich sanft und geduldig dazu aufforderte, die Worte noch besser auszusprechen.

Zwei junge Männer kamen uns entgegen. An Stöcken über ihren Schultern baumelten Hühner. Im Vorbeigehen informierte Ibu Hasna sie darüber, dass ich ein *orang barat,* ein Mensch aus dem Westen, sei. Ich wollte wissen, wo sie wohnten, sie und die anderen, mit denen ich angekommen war.

»Orang laki-laki«, sagte Ibu Hasna und zeigte auf einen der Männer – »orang laki-laki«, wiederholte ich.

Dann beantwortete sie meine Frage, erzählte, dass die Leute überall verstreut in den Häusern lebten, die am besten erhalten seien. Neue Gebäude dürften nicht errichtet werden, auch keine Schule, auch keine Moschee, damit keine Gemeinde entstehe.

»Eigentlich gibt es uns gar nicht hier«, lachte sie.

Sie wusste nicht, wie viele Menschen auf der Insel wohnten, vielleicht fünfhundert?

Sie arbeiten hart. Ihr Tag beginnt morgens gegen vier. Die Männer laufen dann durch den Busch zu weit entfernten Kokosplantagen, wo die Jüngeren hoch gewachsene Palmen erklettern und oben die Nüsse abdrehen. Mit Macheten hacken sie das Kernfleisch in grobe Stücke und breiten es zum Trocknen in der Sonne aus. Kopra.

Jeder Sack, den sie damit füllen, gelangt auf ihren Schultern hinunter zur Küste. Kleine Boote bringen die Ernte auf Inseln mit Mühlen, die Kokosöl aus Kopra pressen.

Alle paar Wochen, so war es von der Regierung vorgesehen, sollten die Arbeiter zurück zu ihren Familien nach Samas, Aikama oder Aru gehen. Doch nach und nach waren die Frauen mit kleineren Kindern hierher gekommen, illegal.

Die feuchte Hitze schien so massiv, dass ich glaubte, sie mit den Händen greifen zu können. Häuser ohne Dach, Reihen leerer Fenster, aus denen Gestrüpp und Bäume wucherten. Vor der Moschee lehnte ich mich schwer gegen den Zaun, der den Vorplatz von der Straße abgrenzte. Ziegen rupften Gras zwischen den Stufen zum Portal oder lagen mit angezogenen Beinen in schattigen Nischen.

»Kambing«, sagte Ibu Hasna und zeigte auf die zierlichen Tiere – »kambing«, wiederholte ich.

Selbst bewohnte Häuser sahen wild und verlassen aus.

Die Insel gefiel mir.

Am Abend stellte Pak Rachman drei Stühle vor die Tür. Er löschte die Kerosinlampe aus, damit wir die Sterne besser sehen konnten. Es war das einzige Licht weit und breit, das Menschen angezündet hatten.

Wir saßen im Dunkeln und redeten leise. Sie erzählten mir vom Glück, auf dieser Insel zu leben, und hofften, Pak Ino würde ihre Mitarbeit noch lange brauchen. Nein, der Vulkan beunruhige sie nicht.

Kinder, die hätten sie gern gehabt, aber keine bekommen. Deshalb habe Pak Rachman auch noch eine zweite Frau. Die lebe mit den gemeinsamen Kindern in Samas. Ibu Hasna sprach davon, dass sie eifersüchtig sei.

»Hör nur die Grillen!«, sagte Pak Rachman.

»Jangkrik«, sagte Ibu Hasna.

»Jangkrik«, wiederholte ich.

Der Fischer No war nicht am Strand und nicht im Haus. Heute würden wir die Insel nicht umrunden. Heute würde ich keine Seenomaden suchen. Aber war es nicht gleich, ob ich sie heute fände oder morgen? War nicht das Leben gerade sehr intensiv? Trotz meiner Erschöpfung? Oder gerade wegen meiner Erschöpfung? Vielleicht war das, was ich eigentlich suchte, ja genau hier, am Rande des Regenwaldes. Oder noch viel näher. Könnte das sein? In mir?

Ibu Hasna berührte meine Hand. »Komm«, sagte sie, »komm, wir werden erwartet. Und nimm deine Kamera mit.«

Wir liefen über das weiche, Geräusche verschluckende Grün der Straße. Die Luft dampfte. Tropfen fielen von den Blättern. Überall grasten Kühe und Kälber, Ziegen und Zicklein, pickten Hühner und Küken. Auf dieser Insel schien alles Fruchtbare zu wuchern und zu wachsen, sich ohne Unterbrechung zu vermehren. Sie war sinnlich, feucht, Atem raubend. Kraft raubend. Und geheimnisvoll schön. Rousseau hätte sie nicht erfinden können.

Nah am Meer gelangten wir an ein Haus mit einem lebenden Zaun aus sehr schlanken, hoch gewachsenen Bäumen, die dicht an dicht in einer Reihe standen, quer gegen die Stämme geschlagen lange Ruten; Blätter und Äste wuchsen nur in den schlanken Kronen. Das schiefe Dach des Hauses stützten Bambusstangen, darunter wohnte eine Familie auf Dauer improvisiert.

Ibu Hasna ging zielstrebig in einen kleinen Raum. Bis auf zwei Männer auf geflochtenen Matten war er leer. Sie forderten uns zum Sitzen auf. Ein Tablett wurde hereingetragen: Räucherwerk und die Hälften einer Kokosnuss, gefüllt mit Zwiebeln und Knoblauch, frisch geschnittenem Gras, Kräutern und Blättern.

Beten über dem geöffneten Koran. Rauch stieg in die Luft mit herbem, unbekanntem Duft.

Wollte mir niemand erklären, an welchem Ritual ich teilnahm?

Die Antwort kam durch die Tür. Eine Frau brachte ein Baby und ließ es in den Armen des Mannes. Er schnitt zwei Locken vom jungen Schopf, beugte sich leise betend über das dunkle Haar und legte es zum Gras in die Kokosnussschale. Speisen wurden gebracht und von dem Mann verteilt: Reis, Gemüse, Fleisch. Wir aßen mit den Händen von kleinen Tellern aus Glas.

Vor der offenen Tür standen geduldig und vergeblich wartend ein Hahn, eine Henne und eine Katze. Kaum hatten wir aufgegessen, sagte Ibu Hasna: »Wir gehen.«

Wir gingen. Verborgen in meiner Kamera nahm ich ein paar besondere Augenblicke mit aus dem Haus. Irgendwann werden sie sichtbar werden und als Erinnerung hierhin zurückkehren.

Abends hockte ich im trüben Schein von Ibu Hasnas Taschenlampe über dem Zementboden. Ein Huhn flatterte auf, als ich aufstand, um mich mit Wasser zu übergießen. Ich hatte meinen Sarong ausgezogen und seifte mich ein. Ibu Hasna lehnte an der Mauer und leuchtete die Seife an. Ich nahm es ihr nicht übel. Sie war eine warmherzige, liebenswerte Frau und machte, was auch ich machte, wenn es eine Gelegenheit gab, nur tat sie es offen und ging ein wenig weiter. Menschen mit einer anderen Hautfarbe wecken auch in mir staunende Neugier. Je natürlicher sie leben, je mehr beeindrucken sie mich. Ich schaue hin. Wie das Meer erinnern sie mich an etwas, was ich noch nicht benennen kann.

Seit ich angekommen war, hatte ich außerhalb des Hauses keinen Augenblick allein verbracht. Ich war ihr Gast, fremd im Land, eine Frau mit Beruf, ohne ihren Mann, ihre Familie unterwegs; ich durfte nicht ohne Begleitung sein. Sie glaubten, ich würde traurig, wenn niemand bei mir sei, so, wie sie sich selbst nicht wohl fühlen, wenn sie ohne Gesellschaft sind. Insgeheim, manchmal offen, bedauerten mich die Menschen in Indonesien.

Der Fischer No schob sein Auslegerkanu in das stille Meer. Wir paddelten den ganzen Tag. Die Sonne lag auf uns mit ihrem vollen Gewicht. Ich sah nicht einen einzigen Seenomaden. Nicht mal ein Dorf sesshafter Bajos war da gewesen. Das leere Meer. Die müden Muskeln. Ich schluckte Tränen. Mein Körper war so schwer. Zu schwer. Ich hatte Mühe, ihn zusammenzuhalten. Er wollte, wie die

Gegenstände in manchen von Dalis Bildern, einfach zerfließen. Ich wollte nichts mehr wollen. Ich war traurig.

»Ich bin traurig«, dachte ich, und dieses Eingeständnis tröstete mich. Es forderte nichts von mir. Es machte mich weich, einsichtig. Verlangte ich zu viel von mir?

Ich war durchlässig. Meine Gedanken strömten ungehindert. Und plötzlich war sie da: die Angst. Ich konnte doch nicht ohne Ergebnis zurückkommen. Hatte ich nicht meine Neigungen zu meinem Beruf gemacht? Musste ich nicht beweisen, dass ich sie auch kontinuierlich umsetzen konnte? Außerdem – der Beruf sollte mich ernähren. Ein Gefühl des Versagens überfiel mich.

Es war, als hätte ich nie über den Walliser Alpen in einem Hubschrauber gesessen. Als wäre ich nicht um die Welt gesegelt. Als hätte ich danach nicht zielstrebig angefangen, meine Ideen zu verwirklichen.

Wenn ich ganz unten bin, versuche ich mich zu motivieren. Bewusst erinnere ich mich dann an das, was mir im Leben schon gelungen ist, an Gefühle von Zufriedenheit und Glück. Du hattest doch immer Vertrauen, dachte ich. Und jetzt bist du hier. Auf dem Meer. Da, wo du sein wolltest. Ich hing am Tropf meiner positiven Erinnerungen. Die Bilder belebten mich. Doch als ich die Augen öffnete, war wieder das Nichts.

Ich habe mich oft gefragt, woher die Gedanken kommen.

Meine Eltern fielen mir ein. Meine Freunde. Ihre Liebe. Ihr Verständnis. Ihr Vertrauen.

»Ich bin nicht allein. Ich bin nicht verrückt. Ich probiere das Leben aus. Aber wer ist Ich?«

Niemand weiß, wann es kommt, das Boot aus Samas, mit dem ich zurückfahren könnte. Ibu Hasna und Pak Rachman möchten mich zu einem Nebenschauplatz des Vulkankraters bringen, aus dem es »zischt und raucht«. Es ist Morgen. Am Strand liegen Stämme umgestürzter Palmen im Weg. Wir verschwinden hinter ihren Wurzeln. Licht strömt weich über den Sand, die schwarzen Ziegen, das vollkommen glatte Meer. Es ist heiß. Jemand trägt Palmsaft in einem dicken Bambusrohr auf der Schulter an uns vorüber. Worte fliegen hin und her.

Wir gehen ihm nach. Am Rande des Regenwaldes eine Hütte. Der Mann mit dem Bambus führt uns daran vorbei. Zweige krachen. Eine Stimme. Noch ein Mann zwischen Ästen und Blättern. Er steht im Dampf vor einem riesigen Bottich aus Eisen, rührt gleichmäßig eine brodelnde Masse. Der aufgefangene Palmsaft aus dem Bambusrohr, eine Stunde hierher getragen, wird langsam hineingegossen in den rotbraunen, den dicken Brei.

Der Bottich ist in ein Erdloch mit zwei Öffnungen eingelassen, jemand schiebt Holz in das mächtige Feuer darunter. Es ist unerträglich heiß. Palmzucker wird hier gekocht, später in Hälften von Kokosnussschalen gegossen. Erkaltet und hart geworden, werden sie nach Samas und von dort weiter in die Provinzen verkauft.

Der Mann nimmt sein Bambusrohr, geht langsam über den Strand in ein anderes Stück Regenwald, um neuen Saft zu holen.

Zwei Hälften Palmzucker kosten keine Mark.

Ausgetrocknet und etwa fünfzig Meter breit ist das Flussbett, durch das wir jetzt laufen, zwischen hohen, spitzkegeligen Felswänden, deren Seiten grün bewachsen sind. Die Hitze nimmt mir den Atem. Ich möchte trinken, trinken, trinken. Aber Ibu Hasna sagt: »Nicht so oft.« Und: »Du musst langsamer trinken.«

Der Anstieg beginnt. Die erste wirkliche Hürde ist so steil, dass ich, oben angelangt, sicher bin, nie mehr hinunterzukommen. Es geht weiter, höher, wieder steil dem Himmel entgegen. Ich drücke mein Gesicht in Wurzeln, Erde und will nur eines: zurück. Da kommt dieser zwingende Gedanke: Jetzt bist du schon so weit, verrückt, jetzt aufzugeben – du willst sehen, was da oben ist, du hast die Kraft.

Etwas längst Vergessenes fiel mir ein. Ich war nur ein einziges Mal vorher in meinem Leben geklettert, als ich dreizehn oder vierzehn war. Mit einer jüngeren Freundin, wir wollten den Weg abkürzen. Zwanzig Meter bewachsene Wand bis zu einem Pfad im Wald über uns. Die Sonne schien, Vögel sangen. Die Welt sah friedlich aus. Der Felsen war steiler, als wir gedacht hatten, und bröselig. Die Wurzeln, an denen wir uns festhalten wollten, gaben oft nach. Als die Ältere fühlte ich mich verantwortlich. Das ließ keinen Platz für die eigene Angst. Meine Gedanken, mein Gesicht waren wie eine Einheit aus eisernem Willen und Konzentration. Was ich sah, sagte mir, es geht nicht zurück, es geht nur hoch. Ich kletterte vor, sprach mit der Jüngeren, wies sie an, mir alles nachzumachen. Ich tastete, prüfte. Einmal hatte ich mein Gesicht an staubige Wurzeln gedrückt und gesagt: Ich weiß, dass wir es schaffen.

Die Erinnerung spornt mich an. Von oben reicht mir Pak Rachman die Hand. Ibu Hasna gibt auf. Sie lacht und ruft, sie sei schon mal da oben gewesen. Plötzlich ein Geräusch wie ein brausender Fluss. Dann stinkt es nach Schwefel. Eine weitere Biegung, und Dampf zischt aus Spalten im Boden. Pfützen kochen. Ich sehe nichts mehr. Pak Rachman ruft. Er wünscht sich, dass ich ein Foto von ihm mache.

Gern wäre ich ein paar Minuten allein gewesen, um das Fauchen und Brodeln und den Schwefelgeruch auf mich wirken zu lassen. Aber ich bin auf Pak Rachmans Hilfe beim Abstieg angewiesen. Und der ist schon unterwegs nach unten.

Später stehen wir in unserer verschmutzten Kleidung unter einem Wasserfall, können nicht genug bekommen von der nassen Kühle. Wir lachen und freuen uns. Leichtes Leben.

»Muslime, Christen, wir sind doch gleich«, sagt Pak Rachman und führt eine Hand an sein Herz.

Als ich zurückfuhr nach Samas, stieg dunkler Rauch aus dem Vulkan von Lalalu auf.

Vier

Es war Samstagmorgen. Der Himmel wurde hell. Jemand rüttelte am Eingang zum Gasthaus. Außer mir übernachtete niemand dort. Ich ging über die Veranda zur Tür und öffnete. Ein Mann fiel mir entgegen. Betrunken, die Hose offen, eine Gitarre unter dem Arm.

»Ibu Sulastri…«, den Rest verstand ich nicht, führte ihn zu einem Sofa auf der Veranda. Er sackte hinein und fing sofort an zu schnarchen.

Später hörte ich urhafte Geräusche aus dem *mandi* für Gäste des Restaurants.

Gewaschen und korrekt bekleidet kam er herüber zu mir. Er hatte einen runden Kopf, einen runden Bauch und trug ein goldenes Kreuz an einer silbernen Kette über dem Hemd. Ein Methodistenpriester. Ohne zu wissen, ob und woran ich glaubte, fing er mit meiner Bekehrung an. Ich verwies ihn höflich in seine Schranken.

Gegen Mittag kam Ibu Sulastri. Sie lud mich ein, mit ihr zu einem Gottesdienst zu gehen. Sie und Pak Ino waren praktizierende Christen, eine Minderheit in Samas. Hinter ihrem Haus am Ende der Straße hatten sie ihre eigene kleine Kapelle gebaut, obwohl es eine öffentliche in Samas gab. Hier fühlten sie sich wohl und beschützt vor der latenten Ablehnung ihrer muslimischen Mitbewohner.

Im kleinen Samas konzentrierten sich, wie überall in der Region, die Geschäfte in chinesischer Hand. Pak Ino war der größte Arbeitgeber in Samas. Er war großzügig, zahlte Arztkosten für kranke Arbeiter und Schulgeld für einen Teil ihrer Kinder. Das machte die Kluft zwischen ihnen und den anderen im Dorf noch größer.

In der Kapelle wartete Pak Ino schon mit den Kindern. Vorn in dem kleinen weißen Raum, neben einem Stehpult, der Mann, der am Morgen zur Tür hereingefallen war. Ohne Begabung zupfte er an seiner Gitarre, fing an, Worte auszuspucken, laut, lauter, verfiel plötzlich in Flüstern, schrie, flüsterte, schrie. Er sah teuflisch aus. Sinnfragen schienen ihm fremd zu sein. Er setzte das Schlechte in jedem von uns voraus. Sünder seien wir. Schwach. Den Versuchungen nicht gewachsen. Dem Untergang geweiht. Eines Tages würden wir uns verantworten müssen. Dann gnade uns Gott!

Er holte eine Dose mit Schlitzdeckel aus einer Plastiktüte und stellte sie auf das Pult. Nicht nur sein Gitarrenspiel war dilettantisch, auch sein Gesang, dennoch währte sein Vortrag eine lange Zeit. Die Familie sang mit ihm. Er kam jeden Sonntag von der anderen Seite der Insel herüber, extra für sie.

Ibu Sulastri betete inbrünstig. Ich wusste, dass sie tief gläubig war. Sie vertraute auf Gott. Das gab ihr eine Kraft, eine Gelassenheit, die ich von meinem Vater kannte, doch sie hatte auch Selbstvertrauen und sagte: »Ich weiß nicht, warum er jedes Mal so schimpft mit uns. Vielleicht hat er ein eigenes Problem.«

Länger würde ich nicht nach Seenomaden suchen können.

Pak Ino und Ibu Sulastri hatten eine luftige Halle bauen lassen. Für das Feiern von Hochzeiten und Veranstaltungen der Gemeinde. Am Tag nach meiner Ankunft sollte sie eingeweiht werden. Alle irgendwie wichtigen Bewohner von Samas waren eingeladen. Bürgermeister und Beamte hatten zugesagt.

Frauen in bunten Sarongs hockten wie Blüten auf dem Zementboden der geräumigen neuen Küche. Sie zerkleinerten Mengen von Gewürzen und Kräutern in steinernen Mörsern. Ihr Singen, ihr Lachen vermischte sich mit Stampfgeräuschen und den Düften von Chili und Ingwer, Knoblauch und Gelbwurz, Kreuzkümmel und Nelken. Es brauchte ein bisschen Überredungskunst, bis sie mir einen Mörser und einen Stößel gaben und den Gast helfen ließen, was dann jedoch zu ihrem großen Vergnügen geschah.

Sichtbar für die muslimischen Dorfbewohner sollte draußen vor der Halle ein Ochse geschächtet werden.

In meiner Fantasie sah ich das Tier schon fallen, sein Blut in den Staub der Straße rinnen. Das wollte ich nicht mit ansehen. Die Frauen lachten von Herzen über mich, und noch mehr, als ich, sicher im Glauben, alles Blutige sei vorbei, wieder in die Küche trat. Da lag der Ochse zerlegt wie ein einfaches, noch nicht gelöstes Puzzle auf dem Boden. Ich starrte auf die offenen Augen in seinem Kopf. Alles war peinlichst sauber. Nirgends ein Tropfen Blut. Die Messer der Frauen blitzten. Sie sahen noch immer aus wie Blüten. Der Anblick hatte seine eigene Ästhetik. Trotzdem mochte ich nicht bleiben.

In der Halle wurden Stühle aufgestellt. Reihe hinter Reihe. Wie im Kino. Auf dem Podium eine probende Band. Auf einer Wand verstrich jemand die letzte Farbe.

Die Gäste von geringerer Bedeutung kamen zuerst. Einhundert Plätze waren zu besetzen. Keiner blieb frei. Die Menge saß da und scharrte mit den Füßen.

Niemand hatte Pak Ino und Ibu Sulastri begrüßt. Die Band spielte. Pak Ino hielt eine bescheidende Rede. Der Bürgermeister sprach mit großen Gesten. Dann wurden Schüsseln und Töpfe aus der Küche getragen und auf zwei lange Tapeziertische gestellt. Ibu Sulastri eröffnete das Büfett.

Unter einer Welle heranstürmender Menschen richtete sich die vordere Tischplatte auf wie ein untergehendes Schiff. Eine Mauer aus Körpern bremste rutschende Gefäße vor dem Fall auf die Erde. Verschüttetes wurde zurück in die Schüsseln gelöffelt oder gleich auf die eigenen Teller. Fleisch war für die meisten der Geladenen eine seltene Kostbarkeit.

Pak Ino und Ibu Sulastri standen im Hintergrund. Sie überwachten den Nachschub aus der Küche. Ihre Gäste auf den Stuhlreihen aßen ohne Pause und ohne aufzusehen. Kaum fertig, erhoben sie sich, verließen den Saal, wie man ein Kino verlässt.

Ibu Sulastri sagte: »Komm mit zum Eingang, wir wollen die Gäste verabschieden.«

Händeschütteln und Hand-zum-Herzen-Führen wechselten sich ab. Eine schöne Geste nach der Schlacht. Die Frau des Bürgermeisters umarmte mich und drückte ihr großes rundes Gesicht gegen meines. Ich hatte sie nie zuvor gesehen.

Später setzt sich der Priester zu mir. Sein Hemd spricht Bände von dem, was er gegessen hat. Mit halb geschlossenen Augen lasse ich seine Stimme, seine Worte auf mich wirken. Er schreit, verzieht das Gesicht zu Grimassen und redet wieder von der Schuld der Menschen. Von meiner Schuld. Er verliert sich in Rage.

Wahrscheinlich spürt er, dass seine Worte mich nicht erreichen, nicht erschüttern, dass ich an keinen strafenden und zürnenden Gott glaube. Wie viel Angst vor sich selbst muss jemand haben, wie klein muss sich jemand fühlen, der versucht, auf solche Weise Macht über andere zu erlangen.

Am Morgen flogen Papageien durch die Luft wie ein Flugzeuggeschwader. Die Palme, in deren Krone sie verschwanden, rauschte auf. Das Meer war verebbt. Einige Häuser Samas' ragten auf hohen Stelzen aus schwarzem, glänzendem Schlick.

Im Gasthaus kam mir Sul aus der Küche entgegen.

»Ein Mann möchte dich sprechen. Möchtest du ihn sehen?«

»Wer ist es?«

»Er heißt Rizal.«

Ich kannte ihn nicht. Er war dünn und groß und schaute mich durch dicke Brillengläser an. Auf seiner Brust hing ein großes schwarzes Kreuz. Er hatte ein paar Tage bei seinen Eltern verbracht und eine längere Reise hinter sich. Auf dem Boot hatte ihm jemand von mir erzählt.

»Ich weiß, wo Seenomaden sind. Ich lebe bei ihnen«, sagte er und lächelte mich schüchtern an.

Er arbeitete für die Regierung und hatte die Aufgabe, Seenomaden in einem von den Behörden kontrollierten Dorf anzusiedeln. Eigentlich war er Lehrer. Ihm fehlten die Mittel und die Beziehungen für eine seiner Ausbildung entsprechende Stellung. Jedenfalls erklärte er sich so. Man hatte ihm diesen Außenposten gegeben und eine Position als Lehrer in Aussicht gestellt, wenn er sich in seiner wichtigen Mission bewährte. Doch machte sie ihm keinen Spaß. Sie war unter seiner Würde. Er verachtete die Bajos, und er bewunderte sie, sagte: »Ich mache meine Arbeit gewissenhaft, aber ich bin im Zwiespalt. Ich versuche ihnen das auszureden, was ich selbst gerne hätte: ein unabhängiges Leben.«

Der Professor hatte mich gewarnt vor »Moskitos«, pensionierten oder arbeitslosen Lehrern, die versuchen würden, mich abzuschleppen, um sich ein bisschen Geld zu verdienen, indem sie mir fragwürdige touristische Attraktionen zeigten. Ich dachte einen Augenblick nach. Was immer Rizal sich von mir erhoffte – hatte ich etwas zu verlieren? Vielleicht könnte ich über diesen Umweg die nomadisierenden Bajos finden. Auf keinen Fall wollte ich auf der Veranda sitzen und auf Wunder warten.

Darüber hatte ich mit Ibu Sulastri gesprochen und von ihr gehört: »Ibu Milda, dimana ada kemauan, di sana ada jalan.« Wo ein Wille ist, ist auch ein Weg.

Trotz aller Enttäuschung war ich sicher, dass der Professor mich in diese Gegend geschickt hatte, weil es hier Seenomaden gab. Ich musste daran glauben, um nicht aufzugeben.

Unser Boot gleitet durch das Spiegelbild der Mangroven im Wasser, des Himmels mit seinen Wolken. Ihr Auf und Ab in den weichen Wellen. Die Klarheit der Farben. Das noch milde Licht. Das Schöne hat ein Lächeln. Es strömt mir in die Augen, vibriert in allen Zellen. Es berauscht mich. Glück ist so einfach. Merkwürdig, kaum fängt man an, darüber nachzudenken, hört es auf.

Der Motor schnurrte. Ibu Sulastri hatte mir ein offenes Boot geliehen und einen Mann mitgegeben, der wusste, wie man es zu Rizals Bajodorf steuert.

Die Mangroven lagen schon hinter uns. Wir hielten zu auf die verschwommene Kontur einer Insel am Horizont. Ein Fleck von unbestimmter Farbe. Geheimnisvoll. Ziel meiner Projektionen und Erwartungen.

Ich habe die Annäherung per Schiff an eine Insel immer geliebt. Die von Galápagos zu den Marquesas hatte damals vier Wochen gedauert. Wir haben unterwegs beim Frühstück Französisch miteinander geredet, um hineinzukommen in die Zweitsprache der Einheimischen Französisch-Polynesiens. Während der Fleck unbestimmter Farbe, der Hiva Oa hieß, langsam grün wurde und steil und wild und fremd aussah, malten wir uns frische Früchte aus, die uns Inselbewohner schenken oder eintauschen würden.

Doch als wir ankamen, war niemand da. Nach einer halben Stunde zu Fuß über einen Urwaldweg erreichten wir ein paar Häuschen und Hütten. Die Menschen dort sprachen besser Englisch als wir Französisch, und Früchte waren gerade nicht greifbar. Wir sind mit frischem Baguette, einer Flasche Bordeaux und Camembert zurück zum Schiff gelaufen. Auch das hatten wir lange Zeit entbehrt.

Es war ein großes Dorf, in dem Rizal seiner ungeliebten Arbeit nachging, etwa hundert Menschen lebten dort. Manche der Hütten standen auf Stelzen im Wasser, andere auf dem Brocken Korallenstein, aus dem die Insel bestand.

Kinder liefen johlend auf mich zu, umringten mich, zeigten auf meine Kamera und riefen: »Shooting! Shooting!«, die Augen und Münder weit aufgerissen vor Vergnügen, vor Aufregung. Fingerspitzen stupsten ganz leicht an meine Arme, wurden schnell wieder zurückgezogen.

»Shooting! Shooting!«

Ich konnte mir nicht erklären, wie sie zu diesem Wort gekommen waren, und fragte nach. Da zupften sie am Trageriemen meiner Kamera, an meinem Sarong und drängten mich jubelnd bis an das Ende des Weges. »Shooting! Shooting! Shooting!« Ihre Stimmen überschlugen sich.

Wir blieben vor einem indonesischen Kamerateam stehen. Pak Beni, der Regisseur, sein Kameramann und dessen Assistent begrüßten mich. Sie kamen aus Jakarta.

Um uns herum hatten sich Kinder und Erwachsene versammelt. Ihre Sarongs leuchteten in allen Schattierungen von Rot. Auch grün, auch blau. Hauchdünne Tücher auf den Haaren der Frauen. Sie sahen festlich aus.

Pak Beni drehte einen Dokumentarfilm über die Bajos. Den Dorfbewohnern hatte er gesagt, man nenne das ein Shooting. Er sah aus wie ein indonesischer Popeye und war sehr erpicht darauf, mit mir zusammen fotografiert zu werden. Erinnerungsfotos für seine Frau und seine zwei erwachsenen Söhne zu Hause.

Beni lud mich ein, ihn zu begleiten, und wir kletterten gemeinsam mit Rizal einen kahlen Hügel hinauf, auf dessen Rückseite er die nächste Einstellung drehen wollte.

Wie Schmetterlinge hockten die Bajos an dem staubigen Hang; unten im Meer, auf einem Felsen, sah ich ein junges Mädchen sitzen. Eine Schönheit. Eine Braut. Über ihrem Haar ein grünes Tuch mit silbern funkelnden Steinchen.

Plötzlich ein Raunen. Alle Köpfe drehten sich zum Bräutigam, der langsam durch knietiefes Wasser auf das Mädchen zuging. Er sprach auf sie ein, doch alles Werben nutzte nichts. Mit deutlichen Gebärden wies sie ihn ab.

Pak Benis Kameramann drehte, drehte.

Der Bräutigam warb weiter und weiter. Manchmal wandte er dem Mädchen seinen Rücken zu, trat zurück und näherte sich wieder. Für die Zuschauenden lief das Geschehen ab wie ein Film ohne Ton, Worte drangen nicht bis zu uns herüber.

Endlich lenkte die Schöne ein, der Mann durfte sich neben sie auf den Felsen setzen. Die Dorfbewohner juchzten.

Dann, ich konnte es nicht fassen, wurden durch das flache Meer zwei Boote gezogen, die mich an die *sope* auf dem Bild erinnerten, das mir der Professor gezeigt hatte. Ein Segel konnte ich nicht entdecken, aber ich fing an zu hoffen und dachte an eine mögliche Wende meiner Suche.

Die Kanus waren durch ein Tau miteinander verbunden, eines hinter das andere gehängt. Ein Elternpaar hockte im vorderen, die Brautleute stiegen in das hintere Kanu ein.

Der Kameramann drehte, als die ältere Frau das Tau mit einem Messer durchtrennte. Von nun an würde das junge Paar mit einem eigenen Boot über das Meer schweifen.

Die Bajos kicherten. Sie machten wohl gemeine Scherze über das Brautpaar, denn es war gar keines. Beide waren verheiratet mit anderen Partnern. Beni hatte sie für seine Dokumentation wegen ihrer schönen Gesichter ausgewählt. Und das Hochzeitsritual, das werde schon lange nicht mehr auf diese Weise begangen, sagte Rizal. Er habe es noch nie gesehen.

Alles war gestellt.

Die Zuschauer kamen in Bewegung.

»Sindiri?« Allein?

Eine alte Frau hockte sich vor mich, nahm meine Hände in ihre, drückte sie leicht. Sie lächelte ohne Zähne. Wache, lebhafte Augen.

Es ist meine Gewohnheit, den Menschen in die Augen zu sehen. Doch die Bajos haben das nicht gern. Bedauernd und mühevoll musste ich es mir abgewöhnen.

Aber diese Alte suchte meinen Blick.

Schweigend sahen wir uns an. Lange Zeit. Staunend. Neugierig. Bejahend. Mit Namen, Talent, Besitz oder Glaube konnten wir uns weder beeindrucken noch verunsichern; so blieb uns unser einfaches Ich, seine ehrliche, wortlose Sprache.

Zart zitterte das Tuch auf dem Kopf der Frau im Wind. So viele Falten. Ihre Haut wie dünnes Packpapier. Die feine Nase. Der goldene Ohrring.

Viele Bajos hockten jetzt still um uns versammelt, in ihren Gesichtern spiegelten sich unsere Freude, unser Staunen.

Auf was beruht dieser starke Eindruck von Nähe?

Ich habe ihn schon einmal in den Vereinigten Emiraten erlebt. Damals sah ich auf einem Hügel in karger Landschaft eine verschleierte Frau. Ihr Tschador flatterte schwarz im Wind. Ich konnte nicht anders, ich ging über staubige, holprige Erde zum Hügel, kletterte hinauf und setzte mich zu ihr. Sie hielt eine Sichel in der Hand. Schwarze, freudige, aufgeregte Augen hinter einer Maske aus schwarzem Leder. Mit Gesten fragte ich um Erlaubnis, sie fotografieren zu dürfen. Ihr wohlwollender Blick und die Sichel, mit der sie in weitem Bogen auf die Landschaft und die Ziegen, die sie hütete, wies, sagten nein. Doch sie nahm meine Hände zwischen ihre alten, faltigen und hielt sie fest. Wir haben uns angesehen und geschwiegen, eine andere gemeinsame Sprache kannten wir nicht.

Viele ähnliche Erfahrungen, für die ich dankbar bin, helfen mir, in einer Welt der Gewalt an das zu glauben, was die Menschen verbindet.

Pak Beni war sich sicher: Seenomaden, die auf Hausbooten über das Meer schweifen, würde ich hier nicht finden. Das irritierte mich. Er nannte mir eine Gegend in Indonesien, die tausend Meilen entfernt lag. Nur dort könnte ich ihnen begegnen. Er lud mich ein, ihn und seine Familie in Jakarta zu besuchen, wollte mir dort einen Film zeigen, den er von nomadisch lebenden Bajos gedreht hatte. Ich schrieb mir seine Telefonnummer auf.

»Warum hast du Hochzeitsriten dokumentiert, die es nicht mehr gibt?«, fragte ich ihn.

»Wir drehen Tänze und Riten in ganz Indonesien. Wir wollen der Bevölkerung die ethnische Vielfalt ihres Landes zeigen.«

Meine Frage war damit nicht beantwortet.

Die Boote der Hochzeitszeremonie waren keine *sope*. Zu leicht, zu offen, nicht hochseetüchtig. In ihnen paddeln die Männer ohne ihre Familie hinaus in Riffgebiete und sammeln Seegurken. Allein, manchmal in Gruppen. Tage oder Wochen. Halb sesshafte Nomaden. Ihre Frauen bleiben zurück in den Hütten, ihre Kinder rennen zum Unterricht in die Schule des Dorfes in verblichenen Resten rot-weißer Schuluniformen.

»Kennst du Om Lahali?«, fragte ich einen von ihnen.

»Ja.«

»Weißt du, wo ich ihn finden kann?«

»Ich habe ihn schon lange nicht mehr gesehen.«

Rizal hatte nie von ihm gehört. »Du wirst andere treffen«, sagte er. Er brachte mich in seine Unterkunft am Ende der Krankenstation. Eine Hütte aus verblichenen Holzlatten, auf Pfählen über dem Wasser, direkt neben einem langen Laufsteg aus Planken, der zu einer anderen Insel führte. In den zwei kleinen Räumen, die er bewohnte, stand im vorderen ein Kerosinkocher auf der Erde, daneben ein Korb, zwei Teller, Gläser, Besteck, eine Zwiebel. An der Seite ein flacher Tisch, zwei Stühle. Ein Foto an der Wand zeigte ihn selbst in einem hellen Anzug.

»Damit sie Respekt vor mir haben«, sagte er.

Mit »sie« meinte er die Bajos.

Das zweite, winzige Zimmer war voller Sachen. Auf einem Schreibtisch dicht beschriebene Seiten Papier, ein Koran, eine Bibel, Bleistifte. Vor dem Fenster mit Meerblick eine Holzpritsche, auf der Erde ein Karton, unbekannte Dinge. Unter mir blitzte grün das Wasser zwischen den Bodenbrettern.

»Hier kannst du schlafen«, sagte er.

»Und wo schläfst du dann?«

»Auf dem Boden im vorderen Raum.«

»Dort werde ich schlafen. Ich möchte dir dein Bett nicht nehmen.«

»Es macht mir nichts aus. In der Trockenzeit, wenn es heißer ist, schlafe ich immer vorn. Außerdem, du würdest keine Ruhe haben. Sie würden die ganze Nacht am Fenster stehen, dich ansehen und Bemerkungen machen.«

Es wurde dunkel. Ich kniete auf der Erde und füllte Kerosin in die

Lampe. Rizal hockte vor einem Teller und schnitt eine Aubergine in Streifen. Das große Kreuz auf seiner Brust klickte bei jeder seiner Bewegungen an einen Knopf auf seinem Hemd. Er legte das Gemüse in einen Topf mit Kokosmilch, ließ es eine Weile köcheln, verteilte das Gericht auf zwei Teller mit Reis.

Draußen kicherte jemand. Ich sah hinüber zu dem schmalen, rechteckigen Fenster, entdeckte eine Menge grinsender Gesichter davor. Ihre Nasen klebten an der Scheibe. Irgendwie sahen sie aus, als schauten sie aus einem Aquarium heraus. Ich lachte sie herzlich an. Fröhliches Johlen brauste auf.

»Sindiri? Sindiri?« Allein? Allein?

Rizal meinte: »Ich habe es dir gesagt. Solange du hier bist, werden sie das machen. Wo immer du zu sehen bist, werden sie sich versammeln. Du musst dich daran gewöhnen.«

Er sah hinaus zu den Bajos, während er sprach. Seine Gestik wurde lebhaft, er ging aus sich heraus, redete plötzlich ohne Zusammenhang. Es schien nur noch darum zu gehen, die Bajos zu beeindrucken. Er, Rizal, hatte Wichtiges zu besprechen mit einem Gast aus einem fernen Land. War er nicht mehr wert, als sein Posten es vermuten ließ?

Ich blieb still, spürte Mitgefühl. Die Menschen draußen hatten ihren unschuldigen Spaß an uns.

Nachts werde ich wach durch ein Geräusch. Etwas knistert, knackt. Ich bewege mich nicht, lausche in das Dunkel hinein. Das Geräusch ist unter dem Kissen, das Sulastri mir mitgegeben hat, und überall um mich herum. Im Licht einer Streichholzflamme huschen Kakerlaken über die flachen Seitenbretter der Pritsche und verschwinden in allen Ritzen. Ich hebe eine der beiden geflochtenen Matten, auf denen ich gelegen habe, an; zwischen ihnen wimmelt es schwarz. Raus damit auf die schmale Veranda hinter der Hütte, ausschütteln über dem Meer. Sterne leuchten.

Zurück auf der Holzpritsche blieben meine Gedanken bei den Kakerlaken. Neue würden kommen. Weit konnten sie nicht sein. Die ganze Hütte war voll davon. Ich machte sie mir interessant, lenkte mich ab von der Vorstellung, dass sie mir, wäre ich erst wieder eingeschlafen, weiß Gott wie nahe kommen könnten. Ich konzentrierte mich auf das, was mir einmal ein amerikanischer Segler, den ich für glaubwürdig hielt, erzählt hatte: Kakerlaken hören mit den Härchen auf ihren Beinen. Durch Drucksensoren, die Schall wahrnehmen und diesen an Tastzellen in der Haut weiterleiten. Daran dachte ich und bewegte heftig die Füße. Das Außergewöhnliche hat mich schon immer fasziniert. In dieser Nacht half es mir dabei, wieder einzuschlafen.

Am frühen Morgen krähen die Hähne. Irgendwo weint ein Kind. Der Blick aus dem Fenster: Licht liegt wie goldene Gaze auf dem stillen Meer und auf Frauen, die in Kanus stehen und Angelruten halten. Männer in Einbäumen gleiten vorüber. Das regelmäßige Klappen der Paddel an die Kanuwand. Ein Geräusch absoluter Ruhe. Vor ihnen sitzen nackte Kinder, stehen leere Wasserkanister. Über die Laufplanken zwischen den Inseln gehen Frauen in leuchtenden Sarongs. Ihre Schritte lassen die Bodenbretter, auf denen ich stehe, leise zittern.

»Missiiss! Missiiss! Sindiri?«

Jemand hatte meinen Kopf am Rande des Fensters entdeckt. Schon blieben andere stehen, lachten und riefen.

Rizal klopfte. Wir tranken heißes Wasser, aßen in Kokosöl gebratene Tarowurzel.

Dann beugte er sich über einen Stapel loser Blätter und übertrug Reihen von Zahlen und Namen in ein dünnes Heft. Daten, die angefallen waren, während er zu Hause seine Eltern besucht hatte. Er sprach nur vage darüber, was sie bedeuteten.

Rizal war unzufrieden.

»Die Bajos wollen alles, aber nicht ihr Leben ändern. Wenn sie keine Lust haben, arbeiten sie nicht. Sie müssen sich daran gewöhnen, mehr zu fangen, als sie essen können, wenn sie Reis und Hütten kostenlos bekommen wollen. Sie verstehen nichts von Zeit, nichts von Geld und nichts von Besitz. Und sie fühlen sich uns nicht verpflichtet!«

Er sah gequält aus. Der Bürgermeister hatte ihn wissen lassen, dass die Vorgesetzten in Samas ihn mit seiner Aufstellung seit Tagen erwarteten.

»Ich komme so bald wie möglich zurück«, sagte er. Mit ihm saßen sechs Männer im Boot nach Samas, Beamte, wie er zuständig für die Kontrolle der Bajos. Sein Kreuz leuchtete in der Sonne. Er war der einzige Christ auf der Insel. Ich winkte ihnen nach.

Wind kam auf. Er rippelte seine Spur in das durchsichtige Meer, bewegte die Wäsche an einer Leine. Die feuchte Hitze blieb. Auf der Insel am anderen Ende des Laufstegs hackte jemand Holz. Kinder in ehemals rotweißen Uniformen rannten barfuß über die wippenden Planken in die Schule. Sie hielten ihre aufgeklappten Hefte wie Segel in den Wind.

Was ich sah, betrübte mich. Bilder trieben mir durch den Kopf. Die Bilder, mit denen ich einmal aufgebrochen war: Seenomaden schweifen in kleinen überdachten Booten über ihre nassen Weidegründe. Menschen, die ihr ganzes Leben auf dem Meer verbringen. Nur zum Wasserholen sehe ich sie Land betreten, oder um bei chinesischen Händlern Seegurken und andere Meerestiere zu tauschen gegen etwas, was sie vom Meer nicht bekommen können.

Das war mein Bild, und deswegen war ich hergekommen. Jetzt war ich bei den Bajos, aber sie lebten in einer dorfähnlichen Niederlassung, wenn auch in Pfahlbauhütten über Wasser. Rizal wurde nicht müde, ihre Neigung zu betonen, diese Gemeinschaft über Nacht zu verlassen, um wieder auf Booten zu wohnen. Doch befragte ich einen Bajo, wann er fortsegeln würde, antwortete er stets: »Belum«, noch nicht.

Wieder spürte ich dieses übermächtige Verlangen, auf dem Meer zu sein, zusammen mit den Seenomaden. Das ist anders, als nur auf das Meer zu schauen. Für mich bedeutet es zu Hause sein. Oder angekommen sein. Auch wenn ich noch nicht wusste, wo – das wollte ich ja herausfinden.

Wohin hatte mich der Entschluss gebracht, meine Firma zu verkaufen? Wohin der Wunsch, nicht länger den Ideen von Auftraggebern, sondern den eigenen zu folgen? In eine Stelzenhütte am Ende der Welt. Mit Meerblick. Ich war in einem fragilen Zustand. Hatte ich die Kraft weiterzusuchen? Es ist einfacher, die Ziele anderer zu den eigenen zu erklären und sich für sie zu verausgaben, als das Eigene zu erkennen und ernst zu nehmen. Wie viel Anstrengung war ich mir selbst wert?

Sieben Schritte waren es von meinem Zimmer über eine schmale Veranda durch die Hintertür ins Hospital. Zwei Lattenräume, leer, bis auf einen Tisch, eine Bank. Mehrere Bajos warteten darauf, behandelt zu werden von der Krankenschwester mit dem vollkommen runden Gesicht und den sanften, lieben Augen. Sie hatte Nerven, diese Hartini, dreiundzwanzig Jahre alt. Ihr Mann war Krankenpfleger auf einer weit entfernten Insel. Einmal im Monat besuchte er sie. Beide waren dankbar, eine Beschäftigung zu haben. Ich blieb stehen in der offenen Tür. Es war unerträglich heiß.

Eine Bajofrau drückte ihr Baby fest an sich. Es schrie panisch: »Mama, Mama!«

Am Kopf ein steinharter Abszess, überspannt mit wächsern glänzender Haut. Mit einer Rasierklinge ritzte Hartini sie ein, führte ein Holzstäbchen in die entzündete Stelle und schob Eiter heraus. Das Baby schnappte nach Luft. Stochern im Eiterherd mit einem desinfizierenden Bürstchen. Hartini arbeitete sorgfältig. Dann war es vorbei. Kompresse, Pflaster. Es wurde still im Raum. Ein erschöpftes Baby schlief ein.

Ich hatte Verbandszeug und Medikamente mitgebracht. Hartini freute sich, breitete die Schachteln vor sich aus und vermerkte darauf ihre Anwendung.

Ihre nächste Patientin war eine Frau mit schmerzenden Augen.

»Netzhaut«, sagte Hartini.

Ein Mann kam, den der Magen quälte.

»Gastritis«, sagte Hartini.

Malariafälle. Patienten mit Rheuma. Durchfallerkrankungen.

Jeder verließ das Hospital mit einem transparenten Plastiktütchen, in dem eine Menge farbiger Pillen waren.

Später saßen wir auf den Brettern der Veranda hinter dem Haus. Unter uns, im Wasser, standen kleine Fische vollkommen bewegungslos im Schatten von Algen.

»Die Bajos hier sind reich«, sagte Hartini. »Sie sehen arm aus in ihrer Kleidung. Darauf legen sie keinen Wert. Aber auf Schmuck aus Gold. Wenn sie Geld haben, kaufen sie Gold und Essen. Ist es weg, gehen die Männer fischen. Viele sind krank. Sie bleiben manchmal für Wochen auf dem Meer und essen immer erst am Abend. So werden sie müde und kalt. Viele sind anämisch.«

Die Krankheiten konnte ich sehen, den Reichtum nicht.

Plötzlich hörten wir Lärm. Unsere Blicke flogen fünfzig Meter über das Meer zu einer abseits stehenden Hütte. Ein junger Mann, er sah ein bisschen wie der junge Elvis aus, stampfte wieder und wieder auf den Boden der Veranda. Seine Jeans blieb hängen im splitternden Bambus. Das machte ihn rasend. Er griff nach Palmblättern auf dem Dach, riss sie herunter, warf sie ins Meer. Die Tür flog hinterher. Mit einem Satz sprang er in ein Kanu. Wasser spritzte auf. Er paddelte wild davon. Sein ganzer Körper sprach von wilder Wut. Aber kein Laut war aus seinem Mund gekommen.

»Pubi«, sagte Hartini, »er braucht eine Frau«, und fügte hinzu: »Aggressiv werden die Bajos auch, weil sie sich schlecht daran gewöhnen, über einen langen Zeitraum in großer, fremdorganisierter Gemeinschaft zu leben. Schule. Moschee. Hier wohnen einhundertdreizehn Menschen. Spannungen sind überall. Deshalb verschwinden auch manche Familien über Nacht mit ihren Booten. Sie wollen selbst bestimmen, wie sie leben.«

Einen Augenblick später treibt ein alter Mann sein Kanu langsam vor die Leiter der demolierten Hütte. Er bindet es fest, klettert hinauf mit ruhigen, weichen Bewegungen. Er räumt auf. Ein Bild vollkommener Ruhe. Würdevoll.

Er verlässt das Tableaux mit gleichmäßigen Paddelstößen.

Wir sahen ihm nach. Die Luft voll von zerfließendem Licht. Hinter uns knackten die Bodenplanken. Ein Mädchen war gekommen, die Haare fielen ihm wild ins Gesicht.

»Pak Nasa geht es weniger gut«, sagte es.

Hartini packte ein paar Sachen in einen Plastikbeutel und lud mich ein, sie zu begleiten. Pak Nasa litt an einer schweren Gastritis. Er konnte nicht gehen.

Wir liefen über schwingende Planken, die auf einen Weg aus Korallenkalk führten. Kinder rannten dicht aneinander gedrängt rückwärts vor uns her. Kleine Vulkane, die vor lauter Freude ausbrachen. Diese ungezügelte Zuwendung. Für was bekam ich sie geschenkt?

»Missiiss! Missiiss!«

Wieder berührten ihre Fingerspitzen meine Arme, und wieder wurden sie schnell zurückgezogen, so, wie man Tiere nur anstupst, um sie einmal zu fühlen, aber nicht weiß, wie sie reagieren werden. Bestimmt hatten sie schon andere weißhäutige Menschen gesehen, so nahe gekommen waren sie ihnen vielleicht nicht.

Pak Nasa lag still auf einer Matte. An den Hüttenwänden hockte die Familie. Sie rückte zur Seite, wollte, dass ich mich zu ihnen setzte, und ich tat es. Kinder flüsterten. Draußen stieß ein Paddel gegen eine Kanuwand, das Geräusch entfernte sich. Hartini injizierte dem Kranken eine Spritze – Zuckerwasser. Sie schaute lange in sein geschlossenes Gesicht. Stumm legte sie eine Tüte mit Antibiotika in die ausgestreckte Hand einer älteren Frau. Die wickelte das Medikament sorgfältig in ein Tuch und hängte es unter das Dach. Pak Nasa rührte sich nicht. Er atmete kaum. Durch die Öffnung der Hütte zum Meer sah ich die Sonne versinken.

»Komm«, sagte Hartini.

Eine Völkerwanderung kam uns entgegen. Der Mond war noch nicht aufgegangen. Im Licht der Sterne liefen die Bajos einer hinter dem anderen über den schmalen Pfad an uns vorbei. Lachende, schwatzende, schwankende Konturen in allen Grautönen der Dunkelheit.

»Sindiri, Missiiss? Sindiri?«

Ich konnte nicht anders, als mit ihnen lachen. Sie waren auf dem Weg zum Bürgermeister, wollten Videos sehen. Rambo und Geschichten von indischen und japanischen Menschen, die kämpfend durch die Luft flogen oder um ihre Liebe bangen mussten. Eine von vielen Strategien, mit denen die Behörden versuchen, Seenomaden an das Land zu binden.

Sie hatten dafür einen kleinen Generator installiert.

Hartini schlug vor, das Lehrerehepaar zu besuchen. Sie ließen uns freundlich ein. Anders als die Hütten der Bajos war ihre, so wie die von Rizal und das Hospital, aus massiven Holzplanken gebaut. Vier Kerosinlampen deuteten auf einen gewissen Reichtum hin. Wir saßen auf Stühlen vor einem großen Tisch, auf dem Bücher und Hefte lagen. Es gab Regale mit Gläsern und Tassen. An den Wänden hingen Fotos von Menschen in Städten. Das größte Bild zeigte die Kaaba in Mekka auf einem Kalenderblatt.

Von den Bajokindern sagten die Lehrer: »Sie wollen nicht lernen. Sie haben kein Interesse. Es ist außerordentlich schwer, sie zu unterrichten. Wer es nicht selbst versucht hat, kann es sich nicht vorstellen.«

Wir tranken den Tee, den sie uns angeboten hatten, und verließen sie.

Über den vollen Mond trieben Wolken. Ich konnte es vom Bett aus sehen. Ihre Schatten. Die Sterne über dem Meer. Die Stille. Ich dachte über die Wahrheit der Lehrer nach.

»Sie wollen nicht lernen. Sie haben kein Interesse.«

Vielleicht schützte die Bajokinder ein natürliches Desinteresse davor, sich Wissen anzueignen, das sie von sich selbst entfremden könnte? War nur ein alphabetisiertes Leben wertvoll? Warum kam niemand aus der Stadt hierher, um von den Bajos zu lernen? War den Behörden am Wohl der Bajos gelegen oder viel mehr an eigenen Interessen, wenn sie ihnen kostenlos Hütten oder Reis gaben und dafür Kontrolle, Islamisierung und Schulpflicht auferlegten? Sicher war es viel leichter, Bajos zu assimilieren und in moderne Wirtschaftsstrukturen einzubinden, die zur Schule gegangen, als solche, die auf dem Meer groß geworden sind.

Draußen war die helle stille Nacht. Der hypnotische Mond. In über tausendsechshundert Nächten auf See hörte ich nicht auf, ihn mir anzusehen. Es war, als rücke er mir dadurch ein wenig näher.

Eine Wolke aus Geräuschen drang zu mir herein. Die Bajos kamen zurück. Meine Bodenbretter bebten von ihren übermütigen Schritten über die Planken der Brücke. Ihre Stimmen sprühten wie Feuerwerkskörper durch die Nacht. Ich wünschte, ich könnte die Bilder sehen, die sie aus der Welt des Videos mit in ihre Hütten nahmen.

Kaum war der Himmel am Morgen hell geworden, verdunkelte er sich. Er wurde violett.

»Angin barat! Angin barat!« Westwind.

Er scheuchte die Kanus vom Wasser. Mr. Ay und Nurnina, Jugendliche von nebenan, halfen mir, die Tür zu schließen. Lose Blätter wirbelten durch den Raum. Ein Wasserglas kippte, die Kerosinlampe fiel um. Nurnina riss die Wäsche von der Leine.

Die Regenwand kam wie eine Lokomotive.

Aus dem Fenster sah ich Bajos auf den Laufplanken hüpfen. Sie seiften sich ein und lachten, lachten, lachten. Ihre Sarongs klebten an den Körpern. Die Kinder sprangen nackt von der Brücke.

Seit Tagen hatte ich mich mit einem Glas Wasser abends und einem Glas Wasser morgens gewaschen. Ich nahm mein Shampoo und ging hinaus auf glitschige, lose verlegte Planken.

»Hati hati, Missiiiiis! Hati hati!«, Vorsicht!, schrien sie mir zu und kamen, um mich in die Mitte der Brücke, die ohne Geländer war, zu geleiten. Sie selbst brauchten keines.

Der Regen hüllte uns ein, prasselte auf zusammengekniffene Augen, aufgerissene Münder, den Schaum auf der Haut; auf Jubel und auf Saltosprünge ins Salzwasser. Glück ist so einfach.

Kaum war die Front durchgezogen, waren die Kanus wieder da. Wer unter der Brücke hindurch wollte, musste sich, um sich nicht den Kopf zu stoßen, flach in sein Kanu ducken. War ein Boot zu hoch beladen, legten sie die störende Fracht auf der Brücke ab und luden sie auf der anderen Seite wieder auf, so wie die neuen Stühle für die Lehrerunterkunft.

Warum hatten sie die Planken nicht höher angebracht? Warum veränderten sie diese Fehlkonstruktion nicht? Das wäre doch eine Kleinigkeit gewesen. Ich sah zu, wie sie sich duckten und lachten und lachten und duckten. Es ging so den ganzen Tag. Jeden Tag.

Wieso sollte ich eigentlich besser wissen, was richtig oder falsch war für sie? Warum bewerte ich immer alles? Warum lege ich ihnen meine Maßstäbe an? Warum gehe ich nicht einfach davon aus, dass sie wissen, was sie tun? Besonders, da es ihnen so viel Vergnügen macht.

Sie befragten mich nie nach meinem Anderssein. Sie ließen mich so, wie ich war, und wahrscheinlich lachten sie oft über mich, denn ich war sehr viel ungeschickter als sie.

Unter der Hütte schwappte das Wasser an die Pfähle. Ich war allein in meinem Zimmer und dabei, Vokabeln zu lernen. Der kleine Schreibtisch stand direkt neben der Tür. Plötzlich hörte ich es flüstern. Etwas schrammte über das grobe Holz. Die Klinke wurde nach unten gedrückt. Millimeter für Millimeter. Ich hörte Schnaufen und tiefes Einatmen. Langsam öffnete sich die Tür. Ich tat, als bemerkte ich es nicht. Als sie ganz offen war, blieben die Kinder auf der Schwelle stehen. Wie eine Wand. Sie sahen mir eine Weile zu, dann flüsterten sie: »Missiiss. Missiiiss.«

Zentimeter für Zentimeter rückten sie eng nebeneinander vor bis zur Schreibtischkante. Ich sah lachend in ihre aufgeregten Gesichter. Reine Freude in ihren Augen. Dafür liebte ich sie.

Von draußen strömte die Wärme herein.

Sie berührten mein Wörterbuch vorsichtig mit den Fingern, mein Heft, meinen Bleistift.

»Was machst du?«

»Ich lerne Indonesisch.«

Das Heft verschwand unter ihren gebeugten Köpfen. Sie fingen an, die aufgeschriebenen Wörter zu buchstabieren. Deutsche und indonesische.

Nurnina griff nach dem Bleistift. Sie schrieb *laut* und gab mir den Stift. Ich schrieb dahinter *Meer* und sprach das Wort auf Deutsch deutlich für alle aus. Sie wiederholten es. Es klang wie eine Welle, und wir spielten mit ihr. Sie riefen *laut*, und ich *Meer*. Dann umgekehrt. So machten wir es mit zahlreichen anderen Wörtern, mit kurzen Sätzen. In ihren Augen überschlug sich wieder die Freude. Ich konnte nicht genug davon sehen. Von den Kindern habe ich viel gelernt. Und sie haben mir viel zu denken gegeben. Wie das Meer.

Die feuchte Luft, die schwere Hitze legten sich auf mein Denken, mein Wollen. Ich beneidete die Frau, die mit fünf Kindern in ein Kanu kletterte. Sie setzte das Segel und nahm Kurs auf die Mangroven. Die beiden Ältesten beschleunigten die Fahrt mit Paddelstößen. Sie fuhren Wasser holen. Das blauweiße Segel leuchtete in der Sonne.

Der junge Mann, den Hartini »Pubi« genannt hatte, kam über den Steg gelaufen. Er war der Einzige im Dorf, der eine Jeans besaß, und er ließ sie offen auf den Hüften hängen. Jeder konnte seinen schwarzen Slip sehen. Dass sie nicht herunterfiel bei seinen Ramboschritten, glich einem Wunder. »Pubi« lächelte nie.

Und die Kinder rennen, rennen, rennen. Barfuß über die Planken. Über den Pfad. Über spitze Steine. Luftsprünge zwischendrin. Ich sehe sie niemals einfach nur gehen.

Jetzt toben sie in ihren Kanus. Schaukeln so lange, so heftig, bis die Boote, schwer vom aufgenommenen Wasser, untergehen. Im letzten Augenblick ein Salto vom Rand, abtauchen, auftauchen. Die

Kanus, verkehrt herum, wie Walrücken im flachen Meer, werden wieder umgedreht, geschaukelt... Salto. Die nackten Kinderkörper beben vom überbordenden Leben.

Plötzlich ein Schrei. Eine Kanukante ist gegen ein Kinn gestoßen. Die Älteren halten inne für einen Moment, schauen prüfend hin zu dem schreienden Mädchen – spielen weiter. Es war nichts passiert. Die Sonne strömt. Wasser leuchtet. Hähne krähen. Die Kleinen paddeln, paddeln, paddeln. Steuern. Stoppen. Lassen sich ins Wasser fallen.

Ich werde nie müde, ihnen zuzusehen.

Seit zwei Tagen transportierte ein Bajo mit seinem Kanu abgestorbene Korallenköpfe bis an den kurzen Küstenstreifen, wo Männer ihm halfen, sie an Land zu schleppen. Den Nachmittag über hackten sie auf die kunstvollen Kalkgebilde ein. Lange konnten die nicht tot sein. Fossile Korallen sind hart wie Beton, ihre Hacken würden sie nicht klein kriegen. Die abgeschlagenen Stücke schichteten sie auf und verlängerten damit den Pfad durch das Dorf. So bekam eine weitere Hütte auf der meerabgewandten Seite Boden für einen Zaun. Sie würden ihn weiß streichen, wie alle anderen Zäune. Die Behörden wollten es so. Das Erscheinungsbild des Dorfes soll Gleichheit vermitteln, genauso wie die Ortschaften der Sesshaften an Land.

Mr. Ay brachte eine Nachricht von Rizal. »Ich komme morgen«, hatte er für mich auf einen Zettel geschrieben.

Mr. Ay war klein und trug nie einen Sarong. Er liebte seine kurze Hose. Den Namen hatte er sich selbst gegeben. Es war der Klang, der ihm gefallen hatte. Er wollte zu einer nahe gelegenen Insel und war bereit, mich mitzunehmen. Ich war viereinhalb Jahre über ein schwankendes Schiff gelaufen und hatte mich sicher gefühlt. Jetzt kletterte ich in sein Kanu und verlor meine Mitte, wurde unsicher. Ich dachte, wir würden jeden Augenblick umkippen, was nicht geschah, weil Mr. Ay meine Balance mit übernahm.

»Tidak apa apa, Mississ«, das macht nichts, sagte er, sang es fast und wiederholte es in rhythmischen Abständen so oft, bis ich einigermaßen entspannt in dem wackelnden Einbaum saß. Er sprach ruhig und schaute mich dabei direkt an. Er hatte suggestive Kraft und wäre wahrscheinlich der ideale Coach für Leute in einem Überlebenstraining.

Wir paddelten langsam vorbei an einer Reihe von Hütten bis an das andere Ende des Dorfes. Palmwedel lagen zum Trocknen auf den Veranden in der Sonne, aus denen die Bajos spitze Hüte fertigten, die sie selbst aufsetzten oder an Bauern auf dem Land verkauften.

Ich sah Bajos an Bootsrümpfen arbeiten, die auf Gerüsten vor ihren Hütten im Wasser standen, von chinesischen Händlern in Auftrag gegeben. Die Boote waren groß genug für den Transport von Gütern und Menschen.

Mr. Ay schöpfte mit der Schale einer Kokosnuss einsickerndes Wasser aus dem Kanu zurück ins Meer. Es war glatt wie Glas. An einem kleinen Strand sammelte er Holz zum Schnitzen.

Am nächsten Tag sah ich ihn auf den Planken der Veranda hinter Rizals Hütte sitzen. Er schnitzte. Seine Finger bewegten sich spielerisch, sie waren wissend und ruhig. Das Stück Holz in seiner Hand schien zu leben, es gab ihm nach, passte sich an, antwortete ihm: Es wurde ein Machetengriff.

Ich hatte mich neben ihn gesetzt und feilte an meinen Fingernägeln. Er nahm die Feile, als ich sie auf den Boden legte, prüfte ihre Beschaffenheit zwischen den Fingerspitzen, formte damit alle seine Nägel, die nicht abgebrochen waren. Dann, mit einem Lächeln, langte er nach dem rauen Griff für seine Machete und fing an, ihn mit der Feile zu glätten. Was er sah, gefiel ihm.

»Die ist gut für mich«, sagte er.

Frauen waren gekommen, Kinder. Sie hockten dicht um uns herum, und die Feile wechselte von Hand zu Hand. Zwei Tage lang war sie verschwunden. Dann lag sie auf dem Wörterbuch. Sie war einmal eine Feile gewesen.

»Mississ, Mississ!«, riefen die Leute, als ich tags darauf über den

Dorfpfad lief. Sie streckten ihre Arme aus und tanzten mit den Fingern.

Alle hatten gefeilte Nägel.

Kein Rizal.

Außer nachts war ich nie allein. Jetzt hockten die Männer, Frauen, die Kinder wie jeden Tag über dem Wörterbuch und drückten ihre Fingerspitzen fest unter englische und indonesische Wörter. Seite für Seite. Sie buchstabierten laut und konzentriert.

Schräg gegenüber, auf der Veranda der einzeln stehenden Hütte, saß »Pubi« auf einem Stuhl. Unter ihm schwappten kleine Wellen gegen die Pfähle und die Leiter. Durch eine schwarze Sonnenbrille sah er auf die Saiten seiner Gitarre. Offene Jeans, ein weißes, eng anliegendes Unterhemd. Er bewegte sich nicht. Er war ein Bild, das ich gern fotografiert hätte – was ich aber nicht tat, weil etwas von ihm ausging, das es mir verbot.

Seine Stimme erreichte uns wie ein lange erwarteter Windhauch. Es wurde vollkommen still. Klar und traurig trieben Gitarrenklänge zu uns herüber. Er sang von der Großmutter, die dem Baby von der Liebe der verstorbenen Eltern vorsingt. Die Schönheit und Hingabe seiner Stimme und seiner Gitarre machten mir eine Gänsehaut. Ich sah Tränen in den Gesichtern um mich herum.

Er hörte auf; ganz plötzlich verschwand er im Zwielicht der Hütte, hatte den Stuhl dabei hinter sich hergezogen. Seine Zuhörer begannen sich wieder zu bewegen. Das erste Wort fiel, ein Lachen. Die Köpfe beugten sich über das Wörterbuch. Es war vorbei. Ich würde es nicht vergessen.

Am nächsten Tag kam Rizal. Er war nicht glücklich. Man hatte ihn wissen lassen, es gebe noch keinen Platz als Lehrer für ihn. Er solle noch ein Jahr, vielleicht zwei, hier bleiben. Danach könne er zurück in die Stadt kommen. Er gab den Bajos die Schuld: »Es ist, weil sie sich nicht anpassen. Sie machen, was sie wollen, aber mich nicht erfolgreich.«

»Rizal, sieh mal da drüben! Die Hütte brennt!«, rufe ich und springe alarmiert auf. Am anderen Ende der Brücke steigen Rauch und Flammen in die klare Luft. Überall höre ich Bajos kichern. Sie treten aus den Hütten, stoppen ihre Kanus. Selbst die, die betroffen sind von dem Feuer, lachen, lachen, lachen – und machen nichts.

»So sind sie«, sagt Rizal.

An den folgenden Tagen bringen sie Bambus und Holz für eine neue Hütte. Ruhig gleiten ihre Kanus hin und her.

Ich hatte mich entschlossen, über Surabaya nach Jakarta zu fliegen, um Pak Beni zu besuchen. Ich wollte mir seinen Film über die nomadisch lebenden Bajos tausend Meilen von hier ansehen und entscheiden, ob und wo ich weitersuchen würde.

Ich erklärte es Rizal.

»Das ist schade. Du bist doch hier bei den Bajos.«

»Ich bin gekommen, weil ich mir gewünscht habe, mit ihnen auf ihren Booten über das Meer zu schweifen. Die Bajos hier leben in einem Dorf.«

»Das stimmt. Aber sie fahren auch raus. Nur wissen sie selbst nicht, wann. Pak Taris hat gesagt, er würde dich mitnehmen, wenn er *pa ponka* macht.«

»Was ist das?«

»Er fährt raus mit einem Boot, wie du es bei den Filmaufnahmen gesehen hast, eins mit Dach. Er sammelt Seegurken. Vielleicht bleibt er ein paar Wochen auf dem Meer.«

»Wir werden sehen, was geschieht. Vielleicht komme ich wieder. Ich würde so gern Om Lahali begegnen.«

Morgens werde ich überraschend geweckt. Das Kanu nach Samas wird schon früher fahren. Etwas ist passiert. Die Lehrerin hat am Vortag beim Unterricht die Nerven verloren und ein Kind geschlagen. Das ist schlimm. Das ist ein Skandal. Nun soll sie dem Bürgermeister von Samas erklären, wie es dazu kam. Die betroffene Bajofamilie hat noch in der Nacht das Dorf verlassen. Sie ist weggesegelt. Niemand weiß, wohin.

Mein Kanu wartet.

»Rizal, ich möchte mich bedanken bei dir. Was kann ich dir schicken oder mitbringen?«

Er will sich nicht äußern. Er druckst herum.

»Ich bitte dich, sag es mir. Ich möchte dir etwas mitbringen, was du brauchst!«

»Ich kann es nicht sagen.«

»Bitte.«

Er flüstert: »The Advanced Learner's Dictionary of Current English.«

Mit mir im Kanu saß eine erstarrte Lehrerin.

Der Abschied von Ibu Sulastri fällt mir schwer. Ich weiß nicht, ob wir uns wieder sehen. Wir versprechen, uns zu schreiben. Ein Telefon gibt es nicht in Samas. Sie drückt ihre Nase auf meine, ganz sanft, noch einmal, noch einmal, umarmt mich warm.

»Besser, wir verabschieden uns hier. Am Kai sind viele Menschen. Da darf ich meine Gefühle nicht zeigen. Ich bete für dich. Jeden Tag.«

Das kleine Boot, hoffnungslos überfüllt, fuhr durch die Nacht. Ich lag in einer Kabine, die winzig war und stickig. Durch eine Öffnung neben der Tür fiel Licht vom Gang herein. Kakerlaken bewegten ihre Fühler. Ich schloss die Augen. Alles war mir bewusst, mein Ziel, das ich nicht erreicht hatte, die Bewegung des Schiffes, die mich zurückbrachte in eine andere Welt, sogar die Hörhaare der Kakerlaken.

Als Nächstes bestieg ich eine Fähre. Der Kapitän hatte mir seine Kabine überlassen; er selbst schlief auf der Brücke. Ich schaute die ganze Nacht auf das Meer, hörte die Bugwelle rauschen, das Gesicht im Wind.

Das Flugzeug nach Surabaya flog gegen Mittag. Unter der glatten Oberfläche des Meeres ruhten Korallenköpfe, wie aus der Tiefe aufgestiegene Riesenkopffüßer, den geheimnisvollen Blick zum Himmel gerichtet. Ich wollte Pak Yance in Surabaya treffen. Er war ein

Geschäftsfreund von Ibu Sulastri und Pak Ino und handelte mit lebenden Fischen für Hongkong. Für den Fall, dass ich sehen oder fotografieren wollte, was in den Nächten geschah, in denen ein Schiff kam, um sie zu verladen, brauchte ich seine Genehmigung.

Pak Yance war chinesischer Abstammung. Er hatte ein schmales, selbstbewusstes Gesicht, das, auch wenn er lachte, melancholisch war. Er war sechsunddreißig und hatte früh Erfolg gehabt. Ich stand fremd im Parterre seines Hauses, des Hauses seiner Familie. Um mich herum, von den Holztreppen, die auf zwei Seiten in obere Stockwerke führten, und aus den seitlichen Fluren, schauten mich die Gesichter von vier Generationen an. Ihre Stimmen flogen hin und her. Es muss beklemmend sein, jeden Tag mit so vielen Augen und Ohren zu leben, dachte ich und wusste, dass ich voreingenommen war. In Indonesien fiel mir häufiger auf als sonst, wie schnell ich eine Vorstellung habe von Dingen, über die ich tatsächlich gar nichts weiß.

Pak Yance führte mich durch wirre Straßen mit strengen Gerüchen und knatternden Motorrädern. Es war heiß. Die Türen der Geschäfte standen offen. Wir aßen in einem chinesischen Restaurant, dessen Besitzer seine Freunde waren. Er erzählte von einem Fischagenten in Paris, der weltweit Fänge per Computer kaufte und verkaufte, der mit ihm zusammenarbeiten wollte und jetzt auf eine Zusage drängte.

Pak Yance aß einen Löffel Seegurkensuppe. Es war eines von vielen Gerichten, die er bestellt hatte und die jetzt vor uns den runden Tisch bedeckten.

Er sprach davon, dass er sich nicht sicher fühlte, von der Angst, nicht gut genug zu sein, und vom Versagen; er glaubte, diesem gewieften Europäer nicht gewachsen zu sein. Ich war überrascht, wie offen er über seine Nöte sprach. Er wollte wissen, wie ich mich entscheiden würde.

Auf diese Frage gibt es keine Antwort. Deshalb erzählte ich ihm, was ich mache, wenn ich Angst bekomme.

»Du erinnerst dich an deine Erfolge?«, fragte er nach.

»Ja. Mit dem Erinnern kommen die empfundenen Gefühle, die Freude über die Erfolge zurück. Die bringen mich dann in eine bessere Stimmung. Sie motivieren mein Selbstvertrauen.«

Er dachte darüber nach. »Du kennst also die Angst?«

»Ja. Soviel ich weiß, hast du große Erfolge zu erinnern«, sagte ich.

Er nickte. Er sah noch immer selbstsicher und melancholisch aus. Sollte ich zurückkommen – er hatte nichts dagegen, wenn ich das Verladen der lebenden Fische für Hongkong fotografierte.

Es war Morgen. Ich hatte in einer einfachen Herberge übernachtet und war zum Frühstücken in das Fünf-Sterne-Hotel nebenan gegangen. Die Kellner warteten zwischen den Tischen. Sie hatten fleckenlose, weiße Jacken an. Jemand brachte Zeitungen herein. Ich bat um neues Besteck und bekam wieder das Buttermesser und die Kuchengabel hingelegt.

Die meisten Tische waren unbesetzt, deshalb wunderte es mich, als ein Mann mir gegenüber Platz nahm. Er sagte nichts, bestellte sein Frühstück und aß. Die Butterverpackung riss er mit den Zähnen auf, das Marmeladenglas öffnete er mit dem Messer.

Ein zweiter Mann kam, setzte sich zu uns, sagte nichts, bestellte sein Frühstück und aß. Ich kannte mich nicht aus mit indonesischen Gebräuchen und nahm es stoisch hin.

Ein dritter Mann kam. Er sagte nichts und winkte dem Kellner. Der Tisch war jetzt voll, mir zu voll, und ich bat um die Rechnung. Einer nach dem anderen standen die Männer auf. Jeder setzte sich an einen anderen freien Tisch. Die Kellner trugen ihnen ihr Frühstück nach.

Namen wie Surabaya und Batavia haben mich verzaubert, seit ich sie zum ersten Mal gelesen habe. Lange bevor ich ein Schiff oder Flugzeug bestieg, bin ich, eingehüllt von ihrem hypnotischen Klang, in den Romanen Joseph Conrads nach Südostasien gereist. Jetzt rollte

die Maschine, in der ich saß, auf dem Flughafen von Jakarta aus. Seit die japanische Armee am 5. März 1942 in die Stadt einmarschierte, ist das der offizielle Name für Batavia.

Pak Beni wartete auf mich. Er hatte seine ganze Familie mitgebracht, seine Frau Ibu Riz und zwei erwachsene Söhne. Indra, einer von ihnen, steuerte uns zwei Stunden durch verstopfte Straßen nach Süden. Als ich nach meinem Hotel fragte, hatte Pak Beni gesagt: »Meine Frau lädt dich ein, bei uns zu wohnen.«

Ihr Haus war ebenerdig. Überall in den kleinen, übersichtlichen Räumen hatten Pak Benis Reiseandenken einen exponierten Platz. Ein Schrumpfkopf aus Borneo, Bambusspeere aus Sulawesi, Goldschmuck aus Bali. Der Koran aufgeschlagen auf dem Küchentisch. Vom Hochzeitsfoto sahen mich zwei Menschen mit dem Glamour von Filmstars an. Eine Liebesheirat. Ihr größter Wunsch: einmal nach Mekka pilgern.

Mein Name war mit großen roten Buchstaben in ein Kalenderblatt eingetragen, Pak Beni und Ibu Riz hatten sich für mich freigenommen. Ich konnte es nicht glauben, sie kannten mich doch gar nicht.

Sie schenkten mir Honig aus Sumatra, ein Kopfnetz aus Borneo und eine Hüfttasche, die sämtliche Reisen Benis durch Indonesien mitgemacht hatte. Er schrieb »Für Milda« darauf und setzte seinen Namenszug darunter. Für sein Verständnis hatte ich zu viel abgenommen, weshalb Ibu Riz kochte, kochte, kochte. Glücklicherweise verstand sie viel davon.

Das Haus war leicht gebaut und hellhörig. Als Indra in der ersten Nacht gegen vier aus einer Disco kam, fuhr er das Auto in die Garage, und es hörte sich an, als zöge er die Handbremse neben meinem Bett.

Am Morgen waren die Familie und ich früh auf. Beni versuchte mir ein indonesisches Lied vorzusingen, was ihm nicht gelang, deshalb sollte ich es von einer Kassette hören. Dazu führte er mich in das winzige Zimmer von Indra. Ich wehrte ab. Später, er könne es mir später vorspielen, sein Sohn sei sicher hundemüde. Aber Pak

Beni drängte mich, auf der Bettkante zu sitzen, legte die Kassette ein und fuhr die Lautstärke hoch. Indra schlief weiter. Ich fragte mich zum wiederholten Male, was in aller Welt einen Indonesier wecken könnte. Vielleicht absolute Stille.

Am letzten Tag brachten Pak Beni und Ibu Riz mich zwischen tropischen Schauern in völkerkundliche Museen und europäische Restaurants. Sie wollten mir noch zwei große, geschnitzte Figuren aus Flores schenken. Nur meine pralle Tasche konnte sie davon abhalten. Beim Abschied nahmen sie mich traurig in die Arme. »Ich liebe dich wie meine Schwester«, sagte Pak Beni.

Er hatte es nicht arrangieren können, mir das Video über nomadisch lebende Bajos zu zeigen. Es war nicht da.

Es gibt einen Zustand innerer Klarheit, in den ich gelange, wenn alles verloren scheint. Nichts hat mehr eine Bedeutung. Es gibt keine Angst, keine Zweifel, nur einen großen Ernst, verbunden mit dem Bewusstsein, dass ich lebe und für mich und für alles, was ich tue, verantwortlich bin. In solchen Momenten habe ich immer den gleichen Gedanken: Jetzt bin ich erwachsen. Damals, als ich mit der jüngeren Freundin eine für uns zu gefährliche Felswand hochgeklettert war, hatte ich es zum ersten Mal gedacht.

Ich verwarf meine Überlegungen, nach Deutschland zurückzufliegen oder Benis Hinweisen zu folgen, und beschloss, die Suche fortzusetzen. Dort, wo ich sie begonnen hatte. Ich wollte Pak Taris begleiten beim Sammeln von Seegurken und mehr erfahren über die lebenden Fische für Hongkong.

Die Wahrscheinlichkeit, dabei doch noch nomadisch lebenden Bajos zu begegnen, war so groß wie in irgendeinem anderen Gebiet Südostasiens, in dem Seenomaden lebten. Ich war davon überzeugt, der Professor hatte mir einen realistischen Weg gewiesen.

Konnte es sein, dass die Regenzeit meine Pläne vereitelte? Aber nein, das war ausgeschlossen, denn unsere gemeinsame Reise hatte er für die Monate der Regenzeit geplant.

Ich erledigte ein paar Dinge in der Stadt und kehrte zurück nach Samas. Dort begrüßte ich Ibu Sulastri zum zweiten Mal.

Das Meer. Da war es wieder. Glatt und sonnentrunken. Leer.

Ein Boot von Ibu Sulastri glitt über seine spiegelnde Fläche. Derselbe Bootsmann steuerte demselben Fleck unbestimmter Farbe am Horizont entgegen. In der Tasche neben mir, eingehüllt in einen wasserdichten Beutel, »The Advanced Learner's Dictionary of Current English«.

Rizal sah auf seinen leeren Teller, den er hin und her gedreht und von dem er erst mit der Gabel, dann mit einem Löffel jede Spur von Reis und Gemüse gekratzt und gegessen hatte. Gräten lagen auf der Erde. Alle Behälter, die Ibu Sulastri mit Speisen gefüllt und mir mitgegeben hatte, waren leer.

»In meinem ganzen Leben habe ich noch nicht so gut gegessen«, sagte Rizal. Er war zweiunddreißig. Er verdiente hundert Mark im Monat, gab siebzig ab an seine Eltern. Die Familie lebte davon.

Auf dem flachen Tisch lag das Wörterbuch in seiner wasserdichten Hülle. Rizal hatte es viele Male ein- und ausgepackt. Er goss Wasser über seine Hände, trocknete sie sorgfältig ab und nahm es erneut heraus. Seine schlanken Finger glitten zwischen das Papier, sie raschelten mit den Seiten und zeigten auf beliebige Wörter. Die Kerosinlampe stand neben ihm. Sein Oberkörper war weit nach vorn gebeugt. Er konnte nicht fassen, dass es wirklich ihm gehörte.

Rizal richtete sich auf, stellte die Beine nebeneinander und legte seine Hände auf die Knie. Draußen war es dunkel und still. Es war spät. Ich spürte, dass er noch etwas sagen wollte, doch irgendetwas schien ihn davon abzuhalten. Wir würden Kerosin nachgießen müssen, wenn er nicht bald zu reden anfing. Das Kreuz über seinem Hemd leuchtete düster. Dann ging ein Ruck durch seinen schmalen Körper. »Ich bin verliebt.«

»Hm.«

Einen Augenblick fürchtete ich, es könnte kompliziert werden. Es war nicht nötig. Er schloss die Augen, atmete tief ein und sagte: »In ein Bajomädchen.«

»Hm.«

Er kannte sie schon lange. Sie lebte zwei Paddeltage entfernt in einem anderen Dorf. Ein paarmal war sie hier gewesen. Sie hatte da gesessen, wo er jetzt saß, und er hatte ganz leicht ihren Arm berührt, was ziemlich verwegen war, und gefragt: »Liebst du mich?«

»Ja.«

»Möchtest du mich heiraten?«

»Ja.«

Er konnte sich nicht satt daran hören.

Dann aber hatte er jedes Mal den Kopf geschüttelt und gerufen: »Das geht nicht, das geht nicht! Du bist Muslimin, und ich bin ein Christ.«

Und berührte sie wieder, ließ manchmal sogar die Hand auf ihrem Arm, um noch einmal zu fragen, ob sie ihn liebe und heiraten wolle. Sie hatte immer ja gesagt und er immer gerufen, dass es nicht möglich sei, weil ein Christ keine Muslimin heiraten könne.

Was er mir erzählte, hörte sich obsessiv und selbstquälerisch an. Er kannte ihre Eltern. Sie war fünfzehn, Toli, und nach seinen Worten eine Schönheit. Rizal war Jungmann. Er hatte noch nie mit einer Frau geschlafen. Es war ihm wichtig, über sie zu reden. Die Konflikte zerrten an seinem Gesicht. Hoffnungslos.

Auch meine Pläne? Ich wollte Pak Taris beim Sammeln von Seegurken begleiten. Jetzt war er nicht da, niemand wusste, wann er zurückkommen würde.

Dieses deutliche Gefühl von Vakuum. Das Bewusstsein, vollkommen allein zu sein mit einem verrückten Wunsch.

Es war eine räumliche Wahrnehmung, kreisförmig, und um mich herum liefen oder paddelten Menschen ihren erreichbaren Zielen entgegen. Sie wussten, was sie machen wollten und wie, und waren immer bereit, es auch ganz anders zu tun, sollte sie etwas dazu herausfordern.

Ich beschloss, noch einmal nach Samas zu fahren, mit Ibu Sulastri zu reden. Gleich morgen.

Doch am nächsten Morgen raste ein Sturm durch das Dorf, fuhr durch die Palmblätter auf den Dächern, als zöge er Scheitel darin. Das Meer schäumte vom Regen. Balofrauen stellten Gefäße auf ihre Veranda und fingen ihn auf. Ich sah sie Wäsche mit ihm waschen, ihn von ihren nackten Schultern springen.

Das war kein Tag zum Auslaufen. Wieder einmal musste ich warten, die Dinge geschehen lassen, weil ich keine Kontrolle über sie hatte. Was machte es aus? Nichts. Ich trieb im hypnotischen Rauschen des Regens, das alle Begriffe von Zeit auflöste und das Streben nach etwas – aber nicht die Sehnsucht danach. Jeder Anflug von Sorge ging darin unter.

Die Dinge im Griff haben zu wollen schien so unsinnig wie das Festhalten des Regens mit der Hand. Hielt ich sie einfach offen hin, blieb er drinnen, floss über, und sie füllte sich von selbst. Warum schien das Festhalten immer mehr zu versprechen als das Loslassen? Warum war es so schwer, dem Leben zu vertrauen? Ich fühlte mein Blut strömen, den Atem. Die Gedanken. Alles geschah, ohne dass ich Einfluss nahm.

Der schwere Regen drückte die Wellen flach. Schaumfetzen leuchteten milchig-grau. Nichts außer Wasser war zu sehen. Salziges und süßes. Das Rauschen. Das Loslassen. Das Grenzenlose, das Ohne-Grenzen-Sein. Das Verbindende. Ich spürte und wusste, dass Natur und menschliche Natur eins sind. Ich war mir so sicher, wie Herr Descartes sicher gewesen war, dass es nicht so sei. Ich dachte nicht »Ich denke, also bin ich«, ich erlebte, dass ich bin, und konnte es denken.

Fünf

Der nächste Tag ruhte aus. Zwischen erschöpften Wolken ein müdes Himmelsblau, das Meer so still. Über seine durchsichtige Oberfläche glitt mein Kanu Samas entgegen, hinter mir blieb das Dorf zurück. Erst gingen die Gesichter verloren, dann die Stimmen; am Nachmittag wurde der kahle Hügel zwischen den Hütten wieder zu einem Fleck von unbestimmter Farbe, bald war er gar nicht mehr zu sehen.

Ibu Sulastri hatte das Kanu schon erkannt, als es noch weit draußen war, sie kam mir über den Steg entgegengelaufen, wie immer – um die Haut zu schützen – in einer Bluse mit langen Ärmeln, Socken – und mit Kräuterpaste im Gesicht. Nichts konnte sie entstellen. Sie war einfach schön. Vielleicht lag das auch an ihrem Wesen, ihrer Bereitschaft zum Lachen und daran, die Dinge so zu nehmen, wie sie sind.

Wir liefen zusammen über den Steg zum Gasthaus. Sul saß in der offenen Küchentür, rupfte ein Huhn, die untergehende Sonne vergoldete sie. Federn schaukelten in der Luft, blieben bebend auf ihrem Haar liegen, auf ihrer Haut, landeten auf dem Wasser unter ihr. Vor den Stelzen des Küchenhauses standen Männer in Kanus und warfen Korallenköpfe ins flache Meer. Es war traurig, das mit anzusehen.

»Landgewinnung«, sagte Ibu Sulastri.

Sie war voller Pläne, Energie. Für ein paar Meter festen Boden vor der Küche wurden unendlich fein konstruierte Gebilde zerstört. Mir standen die Haare zu Berge. Fast hätte ich protestiert. Aber wie konnte ich das? In Indonesien ist das ein rüder Verstoß gegen die Höflichkeit. Außerdem, zu Hause in Deutschland wurde ich auch nicht aktiv, wenn Sümpfe trockengelegt oder Wiesen betoniert wurden. Vielleicht würde ich eine Gelegenheit finden und ein Gespräch beginnen können, ohne besserwisserisch und anklagend zu sein. Offene Kritik habe ich in Indonesien nie erlebt. Ibu Sulastri hatte immer gelacht, wenn ich sie danach fragte: »Wir dürfen niemanden in Verlegenheit bringen. Das ist ein Tabu.«

Am nächsten Morgen wurde ich noch einmal auf die Probe gestellt. Ibu Sulastri, Pak Ino, die Kinder und ich saßen an einem Tisch auf der Veranda. Sul hatte kleine Pfannkuchen gebacken. Ibu Sulastri löffelte Nescafé mit Pulvermilch aus einer Tasse. Ein Luxus, den Pak Yance ihr bei seinem letzten Besuch aus Surabaya mitgebracht hatte. Er überraschte sie immer mit kleinen Geschenken, wenn er kam. Ibu Sulastri liebte es, von ihm zu erzählen. Die beiden verband eine romantische, platonische Liebe, von der sie wussten, dass sie sich nie erfüllen konnte.

Ich wunderte mich über einen quadratischen Blechkanister neben mir auf dem Boden. Der Deckel war flach und rund, und unter seinen Rändern ragte Draht hervor. Ich stieß mit dem Fuß daran, er bewegte sich nicht einen Zentimeter, er musste voll sein. Was war darin?

Pak Ino und Ibu Sulastri lachten. Sie hoben den Deckel ab, ich sah gespannt hinein und zog ganz schnell den Kopf zurück.

»Sulastri!«, rief ich erschrocken.

»Das ist eine Python«, sagte sie und amüsierte sich, »sie ist fünf Meter lang.«

Ich schaute noch einmal hinein. Sie sah aus, als löste sie sich auf, vollkommen kraftlos, krank. Ihr Körper füllte den Kanister beinahe bis zum Rand. Die Schlange, so vermuteten sie, war in einem der Koprasäcke aus Lalalu in Inos Lagerschuppen gelangt. Vier Tage war sie schon in dem Behälter.

»Warum steht sie denn hier?«, fragte ich vorsichtig.

»Für Touristen. Die sehen gern exotische Tiere.«

Ich erklärte behutsam, dass eine eingesperrte Schlange, zumindest bei europäischen und amerikanischen Touristen, nicht unbedingt Freude und Staunen auslöst, und ihre gute Absicht möglicherweise nicht verstanden werden würde. Europäer hätten ein emotionales Verhältnis zu Tieren – wenn auch nicht immer zu den heimischen, so doch zu exotischen.

Pak Ino und Ibu Sulastri hörten aufmerksam zu. Sie konnten die europäische Betrachtungsweise nicht nachvollziehen, wollten aber auch keinen Gast vor den Kopf stoßen. Sie bedankten sich für meinen Hinweis. Pak Ino und ein Arbeiter brachten die Schlange in dem Kanister fort. Ich habe nicht gefragt, was aus ihr geworden ist.

Die Kinder waren in die Schule gegangen, Ibu Sulastri löffelte mit Genuss ein zweite Tasse Nescafé aus, und wir redeten über Yance und die Seenomaden; ich spürte, ich war ein wenig hoffnungslos. Das mochte an der mörderischen Hitze liegen, die wieder zu schwer auf das Denken und die Willenskraft drückte. Morgen würden wir nach Westen fahren.

Ibu Sulastri ermunterte mich: »Möglicherweise nehmen dich Bajos mit, die lebende Fische für Hongkong fangen.« Von Om Lahali hatte sie nichts gehört.

Es war Markttag, die einzige Straße voller Menschen, an den Rändern hockten Händler vor ihren Waren; Gemüse und Gewürze dufteten, lockten in satten und erdigen Farben. Kämme und Spiegel, Haarnadeln, Uhren, Zigaretten und Sarongs lagen ausgebreitet auf blauen Plastikplanen. Ich schlenderte ohne Ziel, kam so bis zum Rand der kleinen Bucht. Die Flut strömte herein. Es roch nach See. Grellweiße Wolkentürme trieben über den Horizont.

Plötzlich eine Bewegung zwischen Himmel und Meer. Zuerst denke ich an eine Täuschung wegen des weißen flirrenden Gegenlichts; aber dann nehme ich sie wieder wahr, und ja, es ist ein Segel, das sich nähert, und es steht auf einem Boot mit einem Dach. Seenomaden!

Die Luft ist voller kleiner Geräusche: dem Zischeln von Wellen, die über Steine am Strand laufen, dem Summen und Tönen im Wind, der es vom Markt herüberweht, Seevögel schlagen mit den Flügeln, mein klopfendes Herz.

Ich sehe ein Kind auf dem Boot, sehe das Segel flattern, sehe, wie es jemand zusammenrollt und über einen der Ausleger legt. Es ist eine Frau. Jetzt hockt sie im Bug, mit einer Zigarette im Mundwinkel, fängt an zu paddeln. Ich warte.

Sie steigt aus mit einem Sack in der Hand, der Junge läuft neben ihr her, er ist vielleicht fünf, sie gehen barfuß die Dorfstraße entlang; ihre Kleidung ist bunter als die der anderen, auch älter. Niemand kümmert sich um sie, und auch sie sehen in kein Gesicht. Ihre Art zu gehen ist beides: selbstbewusst und scheu.

Ich hätte es mir denken können: Die Frau betritt Pak Inos Laden. Er hat ihr den Sack abgenommen, sie gehen hinter das Haus, und er schüttet den Inhalt in eine Waagschale: eine Menge schwarzer vertrockneter Würste. Vier Kilo, zeigt die Skala an. Ich weiß noch nicht, dass es Seegurken sind. Sie nimmt einen Geldschein entgegen, bezahlt damit im Laden Zigaretten, Zucker und ein Bonbon für den Jungen.

Pak Ino sieht mich an, und ich schüttele den Kopf, ich möchte die Frau selbst fragen. Sie ist schon wieder auf der Straße.

Wie soll ich mich erklären? Plötzlich scheint mir mein Wunsch verwegen. Wie frage ich eine Fremde, ob sie bereit ist, mit einer Fremden ihr winziges Zuhause zu teilen? Warum sollte sie das tun? Wäre ich dazu in Deutschland bereit?

Fast haben die beiden ihr Boot erreicht. Auf einmal weiß ich, dass ich sie erst frage, wenn sie dort angekommen sind, in der Sicherheit ihres eigenen Territoriums.

Dann frage ich ganz einfach, ob ich für eine Weile mit ihnen leben kann. Einen Moment lang schaut die Frau mich still an. Sie hat ein klares, offenes Gesicht, ihre Haare sind am Hinterkopf zu einem Knoten verschlungen. Dann lächelt sie und sagt: »Ja.«

Ich bin ohne Worte und zeige die Freude in meinen Augen.

Sie sagt: »Ich möchte gleich von hier fort. Auf der anderen Seite der Bucht wartet mein Mann.«

Ich renne zu Pak Ino, bitte ihn, einen Sack mit Lebensmitteln und Zigaretten zu füllen, einen Kerosinkanister, renne in mein Zimmer, packe ein paar Sachen, wo ist Ibu Sulastri?, renne zurück zum Boot, klettere hinein, nehme Pak Ino meine Gastgeschenke ab, danke, winke, atemlos, dann sind wir weg. Die Zigarette der Frau glüht auf im Segelwind.

Ich konnte es nicht begreifen. Es war zu schnell gegangen. Ich saß in diesem Boot, und ich saß nicht in ihm. Mir war zumute wie den Menschen aus der Geschichte, die einem Ziel entgegeneilen und kurz davor anhalten, um zu warten, dass ihre Seelen sie einholen. Es war mir recht, dass die Frau nicht sprach, wir wussten nicht mal voneinander, wie wir heißen.

Sie hatte wieder eine Zigarette im Mundwinkel und beobachtete das Segel. Das Boot glitt über die Bucht, die Hälfte lag schon hinter uns. Es war winzig, fünf Meter lang, zweieinhalb Meter davon unter einem Dach aus Blättern der Nipapalme. Mein Kopf stieß dagegen, ich musste ihn schief halten und dachte an den Mann, der seine Frau erwartete und nichts von mir ahnte, daran, dass sie mich mitgenommen hatte, ohne sich mit ihm abzusprechen. Wie würde er reagieren? Würde auch er sich für mich entscheiden?

Vor mir saß sein Kind, es schaute mich an mit stillem, wachem Ernst. Wenn es mich nicht mochte, hätte ich keine Chance.

Das Meer trieb an uns vorüber, Baumstämme, ein Vogel auf der Hälfte einer Kokosnuss. Ich sah zum ersten Mal bewusst den Hahn, der die ganze Zeit neben mir auf einer Bambusablage stand, mit der er durch einen Bastfaden verbunden war. Die Frau drehte sich mir zu und lächelte. Erst in diesem Moment wurde mir klar, ich hatte sie tatsächlich gefunden, die Seenomaden. Ich konnte es jetzt fassen. Dankbar, glücklich, lächelte ich zurück. Meine Seele – sie hatte mich eingeholt, ich war wieder ganz.

Der Wind hört in dem Augenblick auf zu wehen, in dem wir die andere Seite der Bucht erreichen. Es ist sehr still. Die Vogelstimmen aus dem Regenwald unterbrechen die Ruhe nicht, sie machen sie vollkommener, den Ort einsamer. Das Boot scheint unbewegt, doch gleitet es in den Schatten, den die Bäume auf das Wasser werfen; ein leiser Ruf der Frau kommt als Echo zurück.

Im knietiefen Meer, einen Speer und einen Fisch in der Hand, steht ihr Mann. Seine Haare eine Wolke sonnenverblichener schwarzer Locken. Der Saum seines Sarongs tanzt im Auf und Ab kleiner Wellen. Sie spricht zu ihm in der Sprache der Bajos, die ich nicht verstehe, dabei wirft sie den Anker – einen Brocken Korallenstein – ins flache Wasser. Ihr Gesicht, ihre Stimme sind ruhig, wie ein Lächeln. Der Mann bleibt still. Er legt seinen Speer auf dem Ausleger ab und den Fisch im Bug, seine Haut ist grau vom salzigen Wasser; jetzt steht er da und raucht. Mich hat er noch nicht angesehen.

Ich versuche, sein Verhalten nicht zu bewerten. Es gelingt nicht. Das gerade erreichte Ziel scheint sich zu entziehen. Die Frau summt vor sich hin. Es ist, als wäre ich nicht da – oder immer da. Ich sehe sie im Profil, wie sie unter dem Dach am Ende des Bootes hockt und in die Glut kleiner Holzscheite bläst, die unter einem Wassertopf stecken; hinter ihr, in der Öffnung des Giebels, schimmert das Meer. Der Mann steht da und raucht. Tragen sie einen Machtkampf aus? Denkt er darüber nach, wie er mich loswerden kann, ohne unhöflich zu sein? Sicher ist – so sehe ich es –, er ist mit dem Besuch nicht einverstanden.

Unter dem Topf knistert jetzt ein Feuer. Es klirrt leise, als die Frau drei Becher und ein Glas auf die Bootsplanken stellt. Jedes dieser kleinen Geräusche macht das Schweigen des Mannes bedeutsamer. Plötzlich bewegt er sich. Ohne ein Wort gesagt, ohne mich angesehen zu haben, verlässt er uns, verschwindet mit einer Machete im Wald. Könnte ich doch aufhören, über sein Verhalten nachzudenken, es deuten zu wollen. Ich schweige, um die Frau mit meinen Fragen nicht in Verlegenheit zu bringen.

Sie ist damit beschäftigt, das brodelnde Wasser zu verteilen. Das Kind, es hat die ganze Zeit neben ihr gesessen, hält seinen Becher mit zerstoßenem Kaffee hin. Sie füllt einen für mich, lächelt, lacht und reicht ihn herüber. Sie ist überaus zierlich, bewegt sich geschmeidig. Der Junge nimmt einen Zug von ihrer Zigarette. Ich nippe an dem starken, übersüßen Kaffee und nenne ihr meinen Namen. So erfahre ich, dass sie Pilo heißt und ihr Junge Ulo. Er betrachtet mich immer noch mit großem Ernst.

Geräusche dringen zu uns herüber.

»Lopang kommt«, sagt Ibu Pilo und brüht noch einen Kaffee auf. Ihr Mann bleibt vor dem Bug stehen; er hat zwei fast identische Äste mitgebracht, an einem Ende gabeln sie sich.

Er trinkt seinen Kaffee heiß, er raucht, und er sieht wieder über mich hinweg. Das ist ein Kunststück auf dem kleinen Boot. Der Kaffee ist getrunken, seine Zigarette im Meer verzischt, er fängt an, die Äste zu schälen. Lopang arbeitet sorgfältig. Das Holz wird weiß und glatt unter der Schneide seiner Machete. Um ihn herum, im Wasser, schwappen die Rindenstücke. Jetzt macht er sich an den Dachstützen zu schaffen, lockert sie, tauscht sie aus gegen die neuen, und sie sind gerade so viel höher, dass ich meinen Kopf nicht mehr schräg halten muss.

Ich bin erleichtert. Wie sehr ich mich getäuscht habe. Pak Lopang hat mich angenommen.

Am neuen Ort bedeutet alles etwas anderes, man muss erst lernen, die Zeichen neu zu lesen. In Fremdes vordringen heißt zugleich intensiv mit dem Eigenen konfrontiert sein, und ich weiß, daraus entstehen meine Projektionen. Trotz dieser Einsicht verunsichert mich das Fremde immer wieder.

Im Regenwald riefen wieder die Maleovögel. Befreit erzählte ich, was ich befürchtet hatte. Beide schauten mich erstaunt an. Dann sagte Ibu Pilo mit einem Lächeln: »Lopang ist scheu.«

Er saß jetzt neben mir, blieb weiterhin still und rauchte. Manchmal sah er mich an. Es war kein Zufall gewesen, dass ich Ibu Pilo und nicht Pak Lopang bei Pak Ino im Laden gesehen hatte. Pak Lopang wollte den Menschen an Land, die die Bajos diskriminieren, nicht begegnen; er fühlte ihre Ablehnung, sie verunsicherten ihn. Ibu Pilo setzte sich darüber hinweg. Warum hatte sie mich mitgenommen?

»Du warst meinem Gefühl willkommen. Ich war neugierig auf dich.«

Und wie konnte sie wissen, dass Pak Lopang einverstanden ist?

»Ulo war einverstanden«, lachte sie. Er hatte ihre Hand gedrückt, als ich sie bat, mich mitzunehmen.

Pak Lopang lächelte. Er schien sich wohl zu fühlen in meiner Gegenwart. Unter dem Dach hing eine Gitarre aus rohem Holz. Er nahm sie und setzte sich ganz vorn auf den Bug, spielte und sang mit schöner Stimme. Ulo drängte sich an ihn. Der Hahn auf der Ablage hielt seinen Kopf schief und stand da auf einem Bein. Am anderen Ende des Bootes, gut sichtbar durch die offenen Giebelseiten des Daches, hockte Ibu Pilo und kratzte mit ihrer Machete Schuppen von dem Fisch, den Lopang mit dem Speer gefangen hatte. Rote Splitter sprangen ins Wasser.

Etwas muss ich noch erzählen: von meinem Dilemma. Ibu Pilo und Pak Lopang kratzten sich häufig am ganzen Körper, oft husteten sie und spuckten aus; das hatte hoffentlich mit dem Salzwasser und mit dem Rauchen zu tun. Es kam vor, dass der Auswurf, bevor er im Meer landete, den Bootsrand oder die Ablage unter dem Dach streifte. Davor ekelte ich mich. Es gab einen Moment, in dem ich aufgeben wollte. Ich entschied mich, dazubleiben und meinen Ekel zu ignorieren. Merkwürdigerweise ist mir das gelungen.

Aber Ibu Pilo und Pak Lopang hatten es auch schwer mit mir. Als wir uns besser kannten, erzählten sie, ich hätte in den ersten Tagen »weniger gut« gerochen. Das lag an der anderen Nahrung, die ich gegessen hatte, bevor ich zu ihnen gekommen war. Und staunend hörte ich, wie sehr es sie grauste, wenn ich ein Taschentuch benutzte. Sie konnten sich nicht erklären, wieso ich den Schmutz, der aus der Nase kommt, in Papier einwickle und in der Tasche aufhebe. Sie hatten es anders gelernt: Finger an die Nase legen und ausblasen. Auch nicht appetitlich.

Ekel ist nicht angeboren, sondern anerzogen.

Doch auch sie hatten beschlossen, mich so zu nehmen, wie ich bin.

Das alles wussten wir noch nicht voneinander, als die Nacht den Regenwald versteckte. Im Holz unter dem Wok knackte Feuer. Kokosöl zischte und rauchte, dann brutzelte der Fisch darin. Der Herd war eine Emailleschüssel, sandgefüllt, darauf drei Korallenbrocken, um die Töpfe zu halten. Ibu Pilo hockte davor. Die Flammen beleuchteten ihr Gesicht und das Palmwedeldach.

Jeder aß auf seinem Platz. Ibu Pilo neben der Feuerstelle, Pak Lopang und Ulo im Bug, dazwischen saß ich. Mir gegenüber stand der Hahn. Er rührte sich nur wenig. Ibu Pilo gab mir den einzigen Löffel, ich legte ihn zur Seite, aß wie sie mit meiner Hand. Dafür bekam ich ein bejahendes Lächeln.

Es gab Fisch und Sago. Das ist die extrahierte und zu Mehl gemahlene Stärke aus dem Mark der Sagopalme. Ibu Pilo hatte eine große Menge davon im Wok erhitzt. Sie war flockig und trocken; ich schluckte mit Mühe daran, ich konnte sehen, wie es den anderen schmeckte. Die Gräten warfen wir über Bord. Es blieb keine Flocke, kein Stückchen übrig.

Zum ersten Mal mit den Händen gegessen habe ich während meiner Segelreise auf den Salomon-Inseln. Es ist nicht einfach, es manierlich zu tun. Schon damals hatte ich dabei keinen kultivierten Eindruck gemacht und mich gefragt, was meine Gastgeber dächten.

Ibu Pilo bat mich zu rutschen. Unter den Bodenbrettern, auf denen ich saß, waren die Wasserbehälter verstaut. Weil ich nicht hocken, sondern nur mit angezogenen Beinen sitzen konnte, hatte ich das Gefühl, zu groß und ungeschickt zu sein, auf jeden Fall zu viel Platz einzunehmen, obwohl ich klein und zierlich bin. Der Professor fiel mir ein. Es wäre ganz und gar unmöglich für uns gewesen, zusammen auf diesem Boot zu sitzen. Er war ein Riese. Wie hatte er sich das vorgestellt? Oder hatte er es sich gar nicht vorgestellt?

Schwarzer, heißer Kaffee dampfte in unseren Bechern. Ich deutete auf den Sack, den Ino für mich gefüllt hatte, sagte ihnen, er sei für sie. Ulo und Pak Lopang sahen zu, wie Ibu Pilo Stück für Stück herausnahm; sie breitete die Dinge um sich herum aus wie zerbrechliches Porzellan, dann packte sie alles sorgfältig wieder ein. Den Zucker, die süße Dosenmilch, den Kaffee, das Öl. Zigaretten, Streichhölzer, Angelhaken. Den Sack mit Reis, Chilischoten und Bananen legte sie gesondert an einen Platz auf der Ablage. Von den Keksen verteilte sie einen an jeden.

Ihre Gesichter blieben ernst. Sie schwiegen.

Auf einmal fühlte ich mich betroffen. Ich erinnerte mich an das wenige, das Ibu Pilo für den Gegenwert von vier Kilo Seegurken bei Pak Ino hatte kaufen können. Wie sollten sie mich bei sich behalten, ohne sich über mich zu ärgern? Mussten sie sich nicht wundern, dass eine, die diese Dinge offensichtlich leicht bezahlen konnte, ihr einfaches Leben mit ihnen teilen wollte? Wie konnte ich ihnen meinen Dank, meinen Respekt zeigen, ohne sie zu irritieren? »Sei so, wie du bist«, hatte der Professor mir gesagt, als ich ihn fragte, ob ich eine Chance hätte, von den Seenomaden mitgenommen zu werden.

Aber wie bin ich, wenn solche Bedenken mir die Unbefangenheit nehmen?

Von draußen drängten Geräusche herein. Der unsichtbare Regenwald trat aus dem Dunkel hervor durch Töne, durch das Zirpen unendlich vieler Zikaden und fremde Rufe. Es war, als könnten die Ohren ihn sehen. Die warme Luft bewegte sich nicht. Wie das Meer. Wie das Boot.

»Warum ist deine Familie nicht bei dir?«, wollte Ibu Pilo wissen.

Ich berichtete ihr von meiner Sehnsucht, die Bajos kennen zu lernen, und davon, wie die Menschen, die zu mir gehören, zu Hause ihren Dingen nachgehen und auf mich warten.

»Da müsst ihr traurig sein, bis ihr euch wiederseht«, sagte sie. Warum ich Sehnsucht nach den Bajos gehabt hatte, fragte sie nicht.

Ich erkundigte mich nach ihrem Alter, und sie kannten es nicht.

»Ulo ist nach dem Vulkanausbruch geboren«, sagte Ibu Pilo. Sie selbst sei in dem Jahr mit wenig Regen zur Welt gekommen. Pak Lopang in dem, als sein Vater allein einen Hai gefangen habe.

»Wo ich herkomme, kennen alle ihren Geburtstag«, erzählte ich ihnen, »und viele hadern damit, älter zu werden.«

Sie staunten. Ibu Pilo sagte: »Bei den Bajos genießen die Alten hohes Ansehen. Sie fürchten sich nicht davor, mit zunehmendem Alter Jugend oder Schönheit zu verlieren, sondern wissen um ihre reiche Erfahrung, die ihnen Autorität und Respekt einbringt.«

Pak Lopang hörte zu, manchmal sah er mich an. Verstohlen. Ulo war zwischen seinen Beinen eingeschlafen. Wir tauchten die schmutzigen Teller und Becher ein paarmal neben uns ins Meer, dann rollte Ibu Pilo zwei geflochtene Matten aus. Sie lachte mich an. Es war eng für uns vier. Selbst Pak Lopang sah erheitert aus. Halb sitzend, halb liegend schliefen sie ein.

So viele Sterne am Himmel. Ich sah noch lange hinauf. Der tiefe Wunsch, mein Leben zu verändern, hatte mich zum Handeln veranlasst und mich bis hierhin getragen, bis zu diesem Meer, in diese Nacht, auf dieses Boot. Ich dachte wieder daran, wie alles im Hubschrauber über den Walliser Alpen angefangen hatte. Ich hatte Ibu Pilo, Pak Lopang und Ulo gefunden. Ohne diesen Wunsch hätte ich nicht gehandelt, jetzt nicht und früher nicht. Aber rechtfertigte er mein Eindringen in diese auf mich unvorbereitete Familie? Mir wurde bewusst: Ich war, um meine Ziele verwirklichen zu können, vollkommen angewiesen auf ihr Wohlwollen, ihre Großzügigkeit, ihre Gastfreundschaft. Im Laufe unseres Zusammenseins erzählten sie mir, dass Bajos sich jederzeit gegenseitig helfen, teilen, was immer sie haben, sich aber nicht von Menschen oder Dingen abhängig machen.

Ibu Muna kehrt zurück vom Muschelsammeln.

Om Lahali gleitet an der Hütte
von Ibu Nisa und Pak Udin vorbei.

Pak Lopang wartet mit seinem Speer auf einen Fisch.

Om Lahali auf der Jagd
mit der Harpune.

Taju bereitet eine Fischsuppe auf der Feuerstelle im Boot zu.

Die zweijährige Ellis spaltet ein Bambusrohr mit der Machete.

Rechts: Ibu Nisa mit ihren Kindern auf der Veranda ihrer Stelzenhütte.

Om Lahali mit einem harpunierten Fisch.

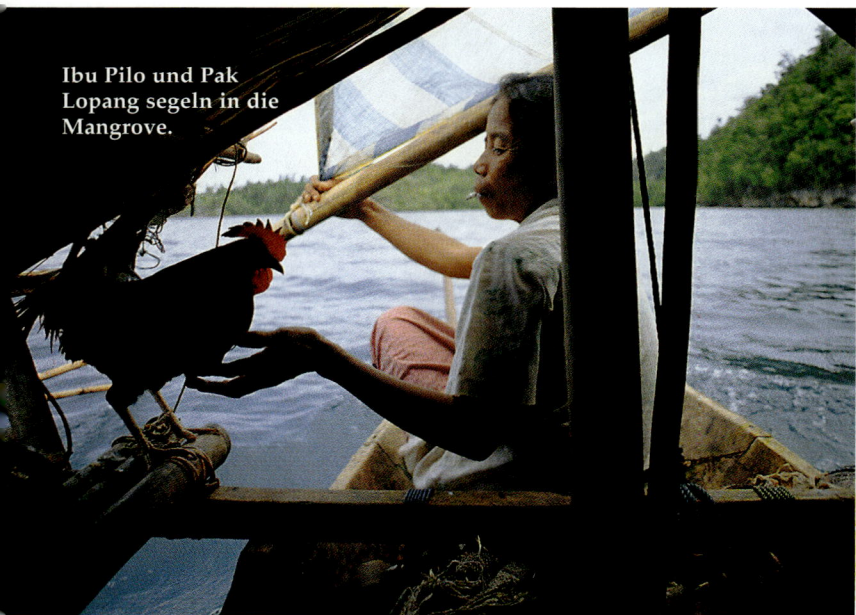
Ibu Pilo und Pak Lopang segeln in die Mangrove.

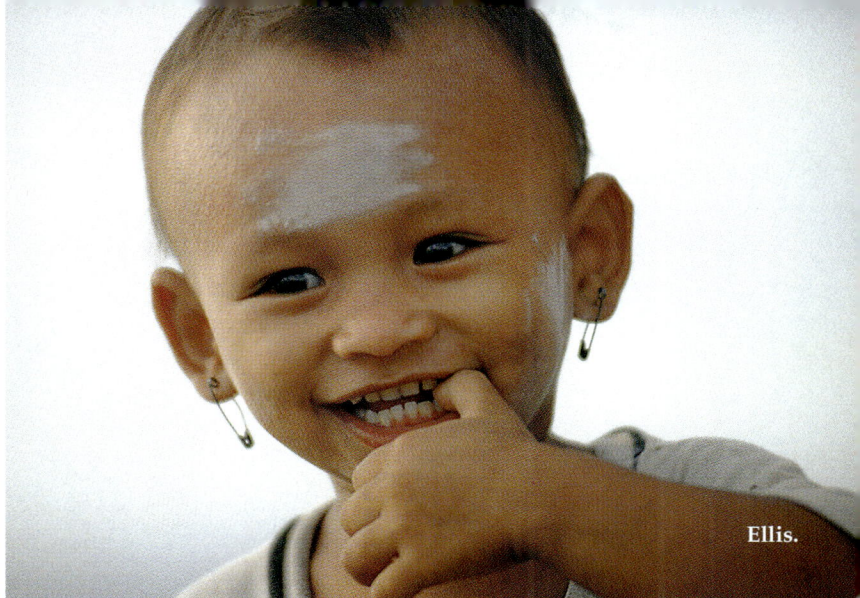

Ellis.

Ebid und ein Freund bereiten sich vor zum Fischen.

Bajoboot nähert sich einer Stelzenhütte.

Ibu Pilo, Pak Lopang und Ulo in der Mangrove.

Neben der alten Hütte sind schon Pfähle für eine neue errichtet.

Om Lahali hat ein Abendessen gefangen.

Stelzenhütten über dem Meer
halten etwa zwei Jahre Wind und Wellen stand.

Om Lahali.

Ich wachte auf, dankbar und voll Zuneigung für die drei Menschen, die mich aufgenommen hatten. Auch mit Staunen darüber. Was mochten sie denken, fühlen? Ich rührte mich nicht, um niemanden zu wecken. Ulo schlief im Schoß seiner Mutter, sein Mund stand ein wenig offen, und das Morgenlicht lag auf seinen runden Wangen. Die Sonne war noch nicht aufgegangen, der Himmel hatte zarte, aufgelöste Farben. Damals, auf meiner Segelreise, war ich, wenn wir so wie jetzt in einer Bucht vor Anker lagen, oft um diese Zeit aufgestanden, um diese besondere Stunde zu erleben. Unterwegs, auf dem offenen Meer, übernahm ich in der zweiten Nachthälfte freiwillig eine Doppelwache, damit ich nicht verschlief, wenn es Tag wurde – lange bevor die Sonne kam. Dieses Licht hat mich immer mehr interessiert als der eigentliche Sonnenaufgang.

Der Hahn reckte seinen Kopf und krähte in den weiten Morgen. Er trat von einem Fuß auf den anderen, es sah aus, als müsse er eine Entscheidung treffen, dann krähte er noch einmal, noch einmal und sprang ins Meer. Pak Lopang holte ihn wieder ins Boot und verkürzte den Bastfaden, mit dem der Hahn an der Ablage befestigt war. Jetzt stand er wieder da, er sah nicht unzufrieden aus. Irgendwie erleichterte mich das, schließlich lebten wir sehr nah nebeneinander. Er plusterte sich, ich hielt den Atem an und war froh, als er seine Federn einzog und wieder zurechtlegte. Lopang schüttete ihm Salzwasser über die Füße und über die Ablage, bis sein nächtlicher Kot ins Meer gespült war.

Ibu Pilo war inzwischen aus dem Boot gestiegen, sie ging langsam durch das Meer, die Hüften bedeckt vom Wasser; hinter ihr bauschte sich rot der Sarong. Manchmal blieb sie stehen. Mit jedem neuen Schritt zitterte, verzerrte sich die grüne Spiegelung des Regenwaldes. Das Licht war jetzt überall, es strömte über die Bucht. Pak Lopang stand im Meer, und Ulo hangelte an der Ankerleine. Ich ahnte, dass sie taten, was auch ich dringend tun musste, und rutschte aus dem Boot. Kleine Fische flitzten davon. Im Wald krachten Äste. Bald waren wir weit entfernt voneinander, einzelne Gestalten, die sich langsam mit gesenkten Köpfen durch das Wasser bewegten.

Einmal, auf meiner Weltumseglung, hatte ich etwas Ähnliches gesehen auf Tikopia, einer fünf Quadratkilometer großen Insel im Pazifik, die zum Salomonen-Archipel gehört. Jeden Morgen schritten die Bewohner mit würdevollem Ernst über das Riff. Sie kamen einzeln und langsam, als gelte es, Körper und Geist harmonisch vom Ruhen ins Wachen zu geleiten. Ein Ritual. Reichte ihnen das Wasser bis zu den Hüften, hockten sie sich hin und verrichteten ihre Notdurft.

Der feine, aber bezeichnende Unterschied zwischen den Landmenschen von Tikopia und den Seenomaden Pilo und Lopang: Die Tikopianer gingen vom Land ins Meer, Pilo und Lopang vom Meer Richtung Land.

Als ich den Strand erreichte, waren die anderen schon da. Das Boot hatte Pak Lopang hinter sich her in flaches Wasser gezogen, es lag halb auf dem Trockenen, und manchmal, wenn die Dünung etwas stärker in die Bucht hineinlief, hob sie es sanft an. Auf dem Dach trocknete unsere Kleidung in der Sonne. Es war schon heiß.

Ich bat um Wasser zum Zähneputzen, und Ibu Pilo gab mir ein halb volles Glas. Es reichte auch noch, um mir damit das Salz aus dem Gesicht zu wischen. Vom Leben auf dem eigenen Schiff wusste ich, was es heißt, nur eine begrenzte Menge Süßwasser zu haben, auch wenn ich nie so extrem damit haushalten musste wie die Seenomaden.

Die drei hatten keine Zahnbürste, und sie benutzten kein Wasser, um sich das Salz von ihrer Haut zu waschen. Ibu Pilo brauchte es für den Kaffee, es dampfte aus dem Topf über der Feuerstelle. Sie hockte davor und wartete darauf, dass es kochte. Mit Anmut löffelte sie Kaffeemehl aus einem Säckchen in die bereitstehenden Becher. Sie hatte dünne, sehnige Arme und schöne Beine. Sie rauchte. Ulo kuschelte im Schoß. Er holte sich eine faltige Brust aus Pilos T-Shirt, steckte sie fordernd in den Mund und trank gierig. Ihre freie Hand umfasste seinen nackten Po. Es sah seltsam aus, er war fünf, eher sechs. Vielleicht hat sie mir meine Verwunderung angesehen, denn sie fragte, wie lange Mütter bei uns ihre Kinder stillen. Ulo rekelte sich. Er drückte und knetete die zweite Brust mit beiden Händen, schaute irgendwohin in die Luft.

Währenddessen war das Meer dabei, sich zurückzuziehen. Ebbe. Unter dem Boot stand jetzt kein Wasser mehr. Ich wunderte mich, dass wir nicht längst weggesegelt waren, und noch mehr, als Pak Lopang den Hahn an sich nahm und zwischen den mächtigen Bäumen des Regenwaldes verschwand.

Auch wir verließen das Boot, wanderten über den schlickigen Strand, der noch nass war vom Meer; unsere kurzen Schatten fielen darauf. Ibu Pilo suchte nach Löchern im Boden, verschloss sie mit einem Stock, entfernte rasch allen Sand drum herum. Meistens zog sie dann einen Wurm heraus, dick, vielleicht zwanzig Zentimeter lang. Davon sammelte sie ein Körbchen voll.

Pak Lopang und Ibu Pilo kündigten nie an, was sie vorhatten, erklärten nicht, warum sie etwas machten oder wie. Manchmal ließen sie Fragen unbeantwortet. Aber jetzt bekam ich eine Antwort: »Würmer schmecken gut und geben Kraft«, sagte Ibu Pilo, sie lächelte mich an, ihre Zigarette fiel dabei nicht aus dem Mundwinkel. Ich dachte beruhigt daran, dass ich viel Reis mitgebracht hatte. Und an den Hahn. Würde er mir später im Boot gegenüberstehen und Würmer verschlingen?

Ich lief neben ihr her, half beim Holzsammeln. Am Himmel zogen Wolken, ihre Schatten trieben über das Meer, über den Regenwald, über uns. Ulo war mit eigenen Dingen beschäftigt, ein stilles Kind, ein ernstes; er beobachtete genau. In seinen Augen stand Wissen und Staunen. Alles, was er machte, bereitete ihn auf sein Erwachsenenleben vor. Er liebte die Machete. Ich weiß nicht, woher seine Kraft kam, sie zu halten und zu führen, so wie jetzt, wo er auf einem angeschwemmten Stamm sitzt, nackt, die Beine weit gespreizt, eine Hand umschließt die Klinge der Machete, im oberen

Bereich, wo sie noch nicht scharf ist. Er schlägt sie in ein dickes Bambusrohr, das er hält und das weit über seinen Kopf hinausragt. Er ist ganz bei der Sache, ohne sich anzustrengen. Jeder Hieb sitzt. Scheibchen für Scheibchen fällt abgespaltene Rinde auf den Boden. Seine Bewegungen sind vollkommen harmonisch.

Ich sehe ihn oft beschäftigt mit diesem Spiel, in dem er die Erwachsenen nicht mit Spielzeug, sondern mit deren Werkzeug nachahmt.

Pak Lopang trat plötzlich aus dem Regenwald hervor, machte ein paar Schritte über den Strand und verharrte dort. Von ihm ging eine Scheu aus, die wild wirkte – oder natürlich –, eine, die schwer einzuordnen ist, sie hatte nichts mit Schüchternheit zu tun. Der Hahn klemmte unter seinem Arm. In seinen Locken hatten sich Spinnweben und Blätter verfangen.

Er sah hinaus auf das Meer. Die Flut strömte herein, erste Wellen liefen zurück unter das trockengefallene Boot, sprenkelten Lichtflecken darauf. Ulo, die Machete locker in der Hand, kletterte hinein. Ibu Pilo folgte, sie stellte das Körbchen mit Würmern auf die Bambusablage. Ich nahm die trockenen Sarongs vom Dach, die sich hart anfühlten vom Salz. Der Hahn stand wieder auf seinem Platz. Wir segelten los.

Das Boot hat dreißig Zentimeter Freibord, die Ausleger zischen über das geriffelte Wasser. Zwischen uns und dem Meer ist nur eine Planke. Die ungeheure Nähe der Oberfläche.

Die Haut des Meeres.

Das unmittelbare Wahrnehmen ihrer Spannkraft, die uns trägt, die uns nicht in die Tiefe fallen lässt. Wir sind dem Meer näher, als würden wir darin schwimmen.

Es ist ein Lebensraum.

Dieses Boot ist ein Zuhause, das Dach über dem Kopf einer Familie, die alles, was sie besitzt, bei sich und in Reichweite hat; nichts als ein Giebel, offen auf beiden Seiten, der den Blick auf die Welt dreieckig rahmt. Eine Plastiktüte mit Kleidung hängt darunter, ein Kanister mit Kerosin für die Lampe, sie steht neben dem Hahn. Die Feuerstelle mit dem Wassertopf, der Wok daneben, die eingerollten Schlafmatten an der Seite über der Ablage. Zwei Kissen. Teller, eingeklemmt zwischen zwei Lagen von Dachblättern. Ein Ball. Eine Gitarre. Die Machete. Meine Tasche, fremd. Die Vorräte, die ich mitgebracht habe und die irgendwie dort liegen, als sei das Boot für Vorräte nicht gedacht.

Draußen, auf den Auslegern, Speere.

All das gleitet über das Meer, bleibt auf dem Meer, mit den Menschen, die es brauchen:

Ibu Pilo. Sie sitzt im Bug auf dem Feuerholz, natürlich mit einer Zigarette im Mundwinkel. Mir scheint nur eine Beschreibung auf sie zu passen: vornehm. Es liegt in ihrem Wesen. Ihrer Art, sich zu bewegen, Dinge anzufassen, auszusprechen, uns anzusehen. Es ist nicht meine Absicht, den »edlen Wilden« zu beschwören: arm, aber würdevoll. Ibu Pilos Verhalten ist eine Tatsache. Es erinnert mich an etwas. Wo immer es mir begegnet, schaue ich genau hin, es macht mich nachdenklich und ein bisschen wehmütig. Warum?

Weil es so schwer ist, einfach zu *sein.*

Ulo. Er hockt hinter seiner Mutter. Ich kann zusehen, wie er die Welt in sich hineinlässt. Aufmerksam. Nachdenklich. Das Gesicht klar wie Wasser. Manchmal lacht er aus vollem Herzen. Ob er sich so ganz ohne Spielgefährten einsam fühlt?

Pak Lopang. Er sitzt im Heck, lässt die Schot des Segels durch seine Hand laufen. Seine Scheu macht ihn mir unbegreiflich. Ich kann ihn nur ahnen.

Und ich. Die Kluft zwischen uns könnte nicht größer sein. Und doch, sie und ich haben den Wunsch, den Mut, uns zu begegnen. Oder sehe ich in ihnen nur das, was ich erwarte? Ich wünsche mir, dass ich das Andere in ihnen erkennen kann.

Der Fahrtwind strich über die Haut, legte Haarsträhnen auf die eine, auf die andere Seite, ein angenehmes Gefühl. Pak Lopang kontrollierte das Segel und sprach leise mit uns, erzählte zum ersten Mal in meiner Gegenwart. Er sei unzufrieden mit dem Hahn, sagte er, der sei faul und habe keine Lust, wilde Hähne anzulocken. Ibu Pilo gab mir eine Zigarette für Lopang, und ich reichte sie weiter. Sie beschlossen, den Hahn gegen einen anderen einzutauschen, einen lebhafteren. Ulo war es egal. Pak Lopang erklärte: »Ich habe vier wilde Hähne im Wald gesehen. Einer genügt uns. Ibu Pilo könnte ihn verkaufen an jemanden, der weiß, wie man einen Kampfhahn aus ihm macht.«

Er hörte auf zu reden, rauchte, schaute hinauf zum Segel, dann liebevoll zu seinem Sohn. Auf einmal, er hatte den Kopf in den Nacken gelegt, imitierte er ein Huhn. Sofort tänzelte der Hahn, streckte seinen Hals in den Fahrtwind. Ulo freute sich, und Lopang machte es noch einmal und noch einmal, lachte, wenn der Hahn reagierte. Er hatte große, schön geformte Zähne, nikotingelb, bis auf die in der Mitte, sie waren dunkelbraun.

Ihre Zigaretten knisterten, glühten auf im Segelwind. Der faule Hahn schien die Fahrt zu genießen, er war zwei Schritte aus dem Schutz des Giebels herausgetreten; sein roter Kamm flappte. Ibu Pilo fing an zu singen. Wir waren auf sonderbare Weise vereint, wir vier, auf dem kleinen Boot, das in den beginnenden Abend über das Meer segelte. Ich war halb ohnmächtig vor Hunger. Wir hatten den ganzen Tag nichts gegessen und wenig getrunken. Die Hitze klebte an mir. Dann war es Nacht. Der Korallenanker fiel in schwarzes Wasser.

Wir saßen, hockten entspannt da. Auf der Ablage, neben dem Hahn, summte die Kerosinlampe. Ihr mildes Licht füllte den Raum, ihre Wärme strömte in die Luft, unter dem Dach sah es gemütlich aus. Ulo saß dicht an Lopang gedrängt im Bug. Die beruhigenden Geräusche, die beim Kochen entstehen. Im Wok brutzelten Würmer in Kokosöl. An diesem Abend aß ich nur Reis.

Ich musste an Fanny denken. Einmal, während meiner Segelreise, hatte ich Spaghetti gekocht für Freunde, die auf der pazifischen Insel Tikopia leben. Sie waren gewöhnt an Fisch und Yams und Taro-wurzeln. Josef schmeckten die Nudeln, Fanny konnte sie nicht ein-mal probieren, sie sagte nichts, aber in ihrem Gesicht stand das Grau-sen. Da habe ich süße Pfannkuchen gemacht, und sie wollte nicht aufhören zu essen.

So ging es mir jetzt mit dem Reis, nur war mein Motiv, bei Kräf-ten zu bleiben. Obwohl ich wusste, dass die Sandwürmer – die meinen Gastgebern sichtlich schmeckten – viel Protein enthielten, brachte ich es nicht fertig, sie auch zu essen. Später sollte sich bei mir ein Mangel zeigen.

Die Zeit verstrich auf neue Art und Weise. Es gab sie nicht. Ich schrieb kein Datum mehr in mein Tagebuch, nur die Namen der Tage. Eine Uhr trug ich seit dem Ende meiner Weltumseglung nicht mehr, meinen Reisewecker hatte ich bewusst bei Ibu Sulastri zu-rückgelassen.

Das Meer war glatt wie Stein. Ruhige Weite. Dazwischen, wie hingesprenkelt, unbewohnte Inselchen. Der Tag sah aus, als sei die Welt noch dabei, sich zu erschaffen. Dunkelviolette Wolken. War-mes Goldlicht am Horizont. Ibu Pilo und Pak Lopang tauchten ihre Paddel in das klare Wasser, sie im Bug, er auf dem äußersten Stück vom Heck, zwischen ihnen, unter dem schützenden Dach, Ulo und ich und der faule Hahn. In schwärzester Nacht hatte er zweimal ge-kräht und war dann wieder eingeschlafen.

Wir glitten auf eine Insel zu. Vollkommen bedeckt mit Regen-wald war sie, ohne Ufer. Äste und Lianen hingen tief über dem Was-ser; wir verschwanden darunter. Ibu Pilo befestigte das Boot daran. Ihr Mann verließ uns mit dem Hahn unter dem Arm; er wollte es noch einmal mit ihm versuchen. Sein buntes Hemd und der bunte Vogel leuchteten zwischen Kaskaden von Grün, bis sie – wie ver-schluckt – darin verschwunden waren. Strauchelnd lief ich Ibu Pilo und Ulo hinterher über schwarzen, feuchten Boden, der dünn über versteinerten Korallenablagerungen lag. Irgendwann in der Vergangenheit hatte diese Insel, über die wir mit leeren Wasserbehältern liefen, unter einem seichten Meer gelegen, war versunken und wieder aufgestiegen. Überall Geräusche verborgener Herkunft. Farne und Blätter. Moose. In der Luft eine Schwüle, die das Atmen erschwerte. Mücken, die stechen.

Wasserholen sei Frauenarbeit, hatte Ibu Pilo gesagt. Es gehörte zu ihrem Leben, etwas so Elementares wie Wasser, das für mich zu Hause jederzeit aus einem Kran lief, alle zwei oder drei Tage unter beschwerlichen Umständen neu zu beschaffen. Sie beklagte sich nie. Ich bewunderte sie und wusste, dass sie einen harten Alltag hatte.

Das Plätschern der Quelle war eine Erlösung. Ich wollte nichts anderes als sie hören, fühlen, schmecken. Sie war ein Fest für alle Sinne. Wir spülten das Salz aus unserem Haar, von der klebrigen Haut, bis Hemd und Sarong völlig durchnässt am Körper lagen. Süßer Überfluss. Ununterbrochen fiel er einen halben Meter tief zur Erde und versickerte. Ibu Pilos gelöstes Haar reichte bis zu den Hüften. Hitze und Salzwasser gehörten zu ihrem Leben; aber auch sie und Ulo genossen das fließende Wasser, tranken es jedoch, anders als ich, langsam und mit Bedacht.

Wir füllten es in die mitgebrachten Kanister und schleppten es zurück.

Pak Lopang war schon da. »Ich werde nicht wieder mit diesem Hahn wilde Artgenossen locken«, sagte er, verstaute die Wasserbehälter unter den Bodenbrettern und stieß das Kanu durch den Vorhang der Lianen hinaus auf das Meer. Paddeln. Rauchen. Ulo nahm einen Zug von Vaters Zigarette. Manchmal redeten Ibu Pilo und Pak Lopang ein paar Sätze. Dann hingen ihre ruhigen Stimmen einen Moment lang in der Luft, mischten sich in das leise Glucksen der Wellen am Bug.

Ich habe sie nie heftig oder laut miteinander sprechen oder Ulo zurechtweisen hören. Es gab auch keinen Grund. Sie waren durch und durch sanft und wirkten auf unbegreifliche Weise unschuldig.

Das Meer um uns herum lag vollkommen glatt und durchsichtig

104

da, es schien, als wäre da kein Wasser, als schwebte das Boot über den Algen, dem Riff.

Auf einmal fingen Ibu Pilo und Pak Lopang an, kräftiger zu paddeln. Am Horizont verschmolzen Himmel und See zu einem einzigen Dunkelblau. Es gab keine trennende Linie mehr. Eine plötzliche Böe sprang in unsere Gesichter, rippelte ihre Spur über das Meer, verlor sich im Unsichtbaren. Ibu Pilo und Pak Lopang paddelten ruhig, kraftvoll, schneller. Dann kam der Wind und blieb. Diesmal blies er von hinten. Sie setzten das Segel.

Jetzt wird das Boot vom Wehen und vom Paddeln getrieben. Der Hahn verzieht sich unter das Dach, so weit es geht, Ulo legt sich auf den Bauch. Ich hole die Speere von den Auslegern und verstaue sie auf der Ablage. Das Segel schwingt weit auf die Seite hinaus. Es donnert. Überall die Farbe Lila. Dann ist es Nacht. Schwerer Regen. Ich sehe nichts. Um uns herum Schwärze. Es rauscht, rauscht. Ich schöpfe Wasser aus dem Boot, und auf einmal verlangsamt sich unsere Fahrt. Lopang holt das Segel ein. Äste knacken. Ich spüre sie an den Armen.

»Wo sind wir?«, frage ich erschrocken.

»In der Mangrove.«

»Wie habt ihr die gefunden in dieser Dunkelheit?«

»Wir haben sie gerochen«, sagt Pak Lopang.

Eine Gabe der Seenomaden.

Ibu Pilo macht Feuer, und bald brodelt Wasser für Kaffee. Das Boot liegt eingeklemmt zwischen Ästen und Wasser auf der vom Wind abgewandten Seite einer Mangroveninsel, und wir rücken zusammen; die durchnässten Kleider sind kalt. Ibu Pilo und Pak Lopang frieren, ich sehe, dass sie eine Gänsehaut haben. Spontan krame ich trockene Kleidung heraus. Sie zögern lange, sie anzuziehen, sagen nichts. Wieder plagt mich das nutzlose Schuldgefühl, mehr zu haben als sie, und wieder frage ich mich, ob mein Verhalten richtig war. An den folgenden Tagen ziehen sie die Sachen nicht wieder aus. Ich meine auch nicht, denn mehr habe ich nicht.

Morgens ist es ruhig. Kein Regen. Kein Wind. Nur die immer gegenwärtige schwüle Hitze pulsiert.

Unsere Sarongs und T-Shirts trockneten auf dem Dach; die Speere lagen wieder draußen. Wir ankerten jetzt etwas entfernt von den Mangroven, das Boot hatten wir vor Sonnenaufgang verlegt, um den Mücken zu entgehen. Keiner rührte sich. Wir ruhten uns aus.

Ibu Pilo und Pak Lopang erzählten von ihrer Angst vor dem Sturm. »Die Bordwände sind niedrig. Da kann leicht Wasser ins Boot schwappen. Mit unseren Eltern haben wir auf größeren *sope* gelebt, die hielten auch größeren Wellen stand.« Pilo zündete sich eine Zigarette an und fuhr fort: »Trotzdem haben sie sich vor Stürmen gefürchtet und sind – wie die meisten Bajos – während der Regenzeit in Hütten über dem Meer und nahe den Mangroven geblieben. Lopang und ich fühlen uns wohler auf dem Boot und verbringen auch in den nassen Monaten unser Leben darauf.«

Doch auch sie hatten eine Hütte, die sie aufsuchten, wenn größere Reparaturen an der *sope* notwendig wurden.

Das erklärte, warum ich so lange vergeblich auf der Suche gewesen war. »Tidak ada« bedeutet: nicht (da oder vorhanden) sein. Das war die Antwort, die mir gegeben wurde, wenn ich nach Bajos fragte, die auf Booten lebten. Und die Bajos in ihren Niederlassungen hatten meine Neugier darauf, wann sie fortsegelten, mit »belum«, noch nicht, beantwortet. Niemand hatte bisher hinzugefügt: »Nicht jetzt. Nicht in der Regenzeit.« Und der Professor?

Er hatte mich doch auf segelnde Bajos vorbereitet. Für diese Jahreszeit. Und tatsächlich gab es Ausnahmen. Ich war jetzt, während der Regenzeit, auf einem Seenomadenboot. Ibu Sulastri sagte mir später: »Man weiß nie, was die Bajos machen, wann sie kommen, woher sie kommen, ob sie kommen, sie tun immer das, was sie gerade tun wollen.«

In den Mangroven hob ein Reiher seine grauen Schwingen, Äste knackten, ruhige Schläge brachten ihn in die Luft. Ein eleganter

Flieger. Pak Lopang dichtete das Boot mit Rohkautschuk ab, den er in die Ritzen zwischen den Planken mit Fingern und mit der Machete presste. Ulo saugte an Ibu Pilos schlaffer Brust. Auch wenn es nicht danach aussah – sie hatte Milch.

»Kennt ihr Om Lahali?«, fragte ich.

»Ja«, sagten beide, »er wohnt immer auf seinem Boot. Es ist größer als unseres, und es hat keine Ausleger. Om Lahali ist, wie wir, auch in der Regenzeit unterwegs.«

Aber gesehen hatten sie ihn schon lange nicht mehr.

Der Himmel war den ganzen Tag bedeckt. Das Licht lag blass und diffus auf dem glatten Wasser, milde auf den Blättern des Mangrovenwaldes. Etwas entfernt standen seine Bäume auf hohen Wurzelbeinen und atmeten Luft; dreißig, vierzig Meter darüber raschelten Vögel in ihren Kronen.

Es war später Nachmittag, als Ibu Pilo und Pak Lopang auf einmal zu paddeln begannen. Nicht schnell, langsam glitten wir auf eine flache Mangroveninsel zu, vielleicht drei Meter hoch. Der Bug schob sich zwischen die Luftwurzeln. Lopang stieg leicht mit einem Speer die wirren Holzarme hinauf, lief über sie hinweg wie über einen festen Weg, schaute sich um, blieb stehen, verharrte regungslos. Er sah aus wie ein Fährmann, der sich seiner Route vergewissert. Ibu Pilo drückte eine Bambusstange gegen den Grund und stieß das Boot ein wenig weg von ihm. Sie sagten mir, ich solle mich nicht bewegen. Gemeinsam wurden wir zu einem Baum.

Das Meer lag still und leuchtete in seltsam violetter Farbe. Weit und breit war kein Fisch zu sehen. Doch plötzlich stieß Lopang zu. Wasser spritzte, aufgewühlt von einer wild schlagenden hellen Flosse. Ibu Pilo schob das Boot wieder vor. Der Speer hatte den Fisch auf dem Rücken hinter den Kiemen durchdrungen. Er lag auf den Planken, zappelte, starb. Das waren sicher sechs Pfund. Später konnten wir nicht oft genug rufen:

»Enak! Enak sekali!« Schmeckt sehr gut! Die Gräten flogen ins

Wasser. Ulo wollte noch einmal und noch einmal von mir »Auf der Mauer auf der Lauer …« hören, und ich sang es für ihn, laut und flüsternd, hoch und tief, meine Stimme, meine Gesten gaben dem »kleinen Wanze« in jeder Strophe ein neues Gesicht. Ulo verstand alles mühelos. Er lachte und staunte und ahmte mich nach. Ibu Pilo und Pak Lopang lachten über uns beide.

Draußen, verborgen in der Dunkelheit, der einsame Wald aus Mangroven.

»Auf der Mauer auf der Lauer liegt ein kleiner Wanze.
Seht euch mal den Wanze an, wie der Wanze tanze kann.
Auf der Mauer auf der Lauer liegt ein kleiner Wanze.

Auf der Mauer auf der Lauer liegt ein kleiner Wanz.
Seht euch mal den Wanz an, wie der Wanz tanz kann.
Auf der Mauer auf der Lauer liegt ein kleiner Wanz.

Auf der Mauer auf der Lauer liegt ein kleiner Wan.
Seht euch mal den Wan an, wie der Wan tan kann.
Auf der Mauer auf der Lauer liegt ein kleiner Wan.

Auf der Mauer auf der Lauer liegt ein kleiner Wa.
Seht euch mal den Wa an, wie der Wa ta kann.
Auf der Mauer auf der Lauer liegt ein kleiner Wa.

Auf der Mauer auf der Lauer liegt ein kleiner W.
Seht euch mal den W an, wie der W t kann.
Auf der Mauer auf der Lauer liegt ein kleiner W.

Auf der Mauer auf der Lauer liegt ein kleiner …
Seht euch mal den … an, wie der … … kann.
Auf der Mauer auf der Lauer liegt ein kleiner …«

Ich schlief schon seit einiger Zeit im Bug. So konnte sich jeder von uns ausstrecken, und anders als meine drei neuen Freunde fror ich dort nicht. In der Regenzeit wurde ihnen kalt, sobald die Sonne verschwand. Sie besaßen keine Decken. Für mich war es auch nachts warm, und ich liebte es, in den Himmel schauen zu können, egal ob er mit Sternen oder mit Wolken bedeckt war. In dieser Nacht lag ich satt und dankbar da. Die Luft war voll sonderbarer Geräusche.

Es gab noch einen Grund, warum ich den Platz außerhalb des Daches zum Schlafen bevorzugte. Ich wollte Ibu Pilo und Pak Lopang nicht in ihrer Intimität stören. Seit wir uns vertraut geworden waren, liebten sie sich. Ohne einen Laut, mit sehr ruhigen Bewegungen. Fast merkte ich es nicht. Von Ibu Pilo habe ich erfahren, dass Bajos sich nicht küssen und auch dann nicht nackt miteinander schlafen, wenn sie keinen Besuch haben. »Und wie liebt man sich da, wo du herkommst?«, wollte Ibu Pilo wissen.

Trotz der Enge habe ich mich nie beengt gefühlt. Es war unbequem. Doch lasse ich mich freiwillig auf etwas ein, sehne ich mich nicht nach dem bequemeren Leben, vergeude keinen Gedanken daran. Es geht um mehr. Mein Eindruck war, dass auch Ibu Pilo und Pak Lopang sich freiwillig eingelassen hatten und sich mit mir trotz des begrenzten Platzes wohl fühlten.

Den meisten Menschen bleibt unverständlich, wie ich viereinhalb Jahre zu zweit auf einem kleinen Schiff leben konnte. Um mich herum war immer die Weite des Meeres.

Nicht das Schiff ist eng, es ist die innere Enge der Menschen, die sie nicht an Land zurücklassen, wenn sie an Bord gehen; ihre Weigerung, im Verhalten der Partner den Spiegel zu sehen, ihre Neigung, Schuld grundsätzlich bei anderen und äußeren Verhältnissen zu suchen, wo es doch nicht um Schuld, sondern die eigene Verantwortung geht. Freiheit wird uns nicht von außen zugestanden. Sie ist eine innere Haltung.

Das Wetter blieb diffus. Die Sonne kam nicht aus den Wolken. Silbrig weißes Licht lag hinter den grünen Mangroven, zwischen ihren grauschwarzen Luftwurzeln, auf ihrem Spiegelbild im Wasser. Alles wirkte sanft, war ohne Kontraste. Die Wellen vor unserem Bug verloren sich weich in ihrer Oberfläche. Es gab die Farbe Blau nicht mehr.

Ich hatte uns ganz allein geglaubt, doch plötzlich hörten wir Stimmen, und weiter vor uns, halb versteckt von herabhängenden Lianen, tauchte ein anderes Bajoboot auf.

Rufe gingen hin und her in der Bajosprache. Wir glitten aufeinander zu, getrieben von ruhigen Paddelstößen. Lachen. Dann berührten sich die Boote, und wir lagen Bug an Bug. Vorne legte eine Frau ihre Hand auf unsere Planke. Ihre halbe Stirn war von einem Turban verdeckt. Aus ihrem Oberkiefer wuchsen mächtige Eckzähne bis weit über ihre Unterlippe. Dazwischen hatte sie keine Zähne.

Ich staunte so sehr wie sie und wie ihr Mann, der von hinten über das Dach zu mir herüberschaute. Wir starrten uns unverwandt an.

Dann fing Ibu Pilo an zu sprechen, auf Bahasa, der Sprache, die ich leidlich verstand. Sie erzählte von mir, beschrieb, wie ich mit angezogenen Beinen dasäße und nicht hockte, weil ich nur gelernt hätte, auf Stühlen zu sitzen, dass ich immer »danke« sagte, mir die Zähne putzte und Creme auf die Haut schmierte, und dass ich keine Sandwürmer essen könne.

Manchmal blieben die Blicke der Frau bedeutungsvoll einen Moment länger an mir hängen, bevor sie zurück zu Pilo wanderten. Pilo verteilte Dinge. Sie reichte ihr ein paar lose Zigaretten und Streichhölzer, füllte Zucker in eine leere Zigarettenschachtel, Öl in eine Flasche, die von drüben herübergehalten wurde. Süße Dosenmilch tröpfelte in eine Tasse, Reis prasselte in einen Topf. Angelhaken wurden begutachtet. Lopang sah zu und rauchte. Nach einer Weile fragte mich die Frau: »Sindiri?« Allein?

Ich wusste, was kam. Sie rückte näher zu mir heran. Ihre Zähne waren furchteinflößender als die von Dracula. Freundlich und unnachgiebig stellte sie die üblichen Fragen: Wo ist dein Mann? Wo sind deine Kinder? Wie viel verdienst du? ... Manchen wich ich aus, manche beantwortete ich, so gut ich konnte. Ich lächelte, bis sich meine Mundwinkel verkrampften. Hinter ihr sah ich unter dem Bootsdach die gleichen wenigen Dinge, die ich von Ibu Pilo und Pak Lopang her kannte. Auch sie hatten nur das Notwendigste. Sie wechselten noch ein paar Worte in der Bajosprache, ein Lachen, dann trennten sie die Boote. Die Ausleger verhakten sich kurz, waren frei. Ibu Pilo lächelte zu mir herüber: »Freunde.«

Ich gewöhnte mich an das Ritual der Befragung, das meiner Beschreibung. Es wiederholte sich bei jeder Begegnung; unübersehbar fremd zu sein ist auf Dauer anstrengend. Freund war jeder, den wir trafen, und mit jedem wurde geteilt, was es gerade zu teilen gab. Seit ich in Indonesien war, hatten mir nur Ibu Sulastri, Ibu Pilo und Pak Lopang keine bohrenden Fragen gestellt. Die Antworten bekamen sie trotzdem.

Die Sprache, mit der wir uns verständigten, heißt Bahasa Indonesia, eine Kunstsprache, seit dem 18. August 1945 Sprache der Republik Indonesien. Eine Erweiterung des klassischen Malaiisch durch Sundanesisch, Javanisch und nahezu dreihundert weitere Sprachen und Dialekte des Archipels, mit vielen Begriffen aus dem Sanskrit, dem Arabischen, dem Chinesischen sowie aus der Sprache der früheren Kolonialherren, dem Niederländischen. Eine einfache und zugleich vielfältige Sprache durch ein komplexes System von Präfixen und Suffixen, die wortbildende Funktionen übernehmen. Sie kennt kein grammatisches Geschlecht, keine Deklination und keinen bestimmten oder unbestimmten Artikel.

Wir brauchten Feuerholz. Seit wir in der Mangrove waren, steuerte Pak Lopang dazu sein Boot einfach vor ihre Wurzeln, die mit dichten Blättern aus dem Wasser ragten. Ibu Pilo stand wie eine Galionsfigur oben auf den Planken des Bugs. Eine Barriere wirrer Luftarme hielt sie auf. Für einen Augenblick blieb sie daran angelehnt, fing die Bewegung des Bootes auf, dann schlug sie ihre Machete hinein. Sie hatte Kraft, diese Frau. Ihre Schläge saßen. Den Kopf weit in den

Nacken gelegt, die Arme gestreckt, ihr Zopf reichte bis zur Taille. Abgeschlagene Hölzer ließ sie in den Bug fallen. Bald lag ein Bündel neben der Feuerstelle.

Es war spät am Nachmittag und die Ebbe auf ihrem tiefsten Stand. Mangroven sind die einzigen Bäume unserer Erde, die im Salzwasser und ohne festen Boden leben. Mit ihren Stelzwurzeln krallen sie sich im sauerstoffarmen Schlick fest und lassen Luftwurzeln wie Schnorchel nach oben wachsen, um den im Boden steckenden Teil der Wurzeln mit Sauerstoff zu versorgen.

Pak Lopang war aus dem Boot gestiegen, ich konnte sehen, wie er sich zwischen den Wurzeln bückte; er kam zurück mit zwei Muscheln in der Hand. Über uns waren die Wolken aufgerissen. Lichtflecken tanzten. Ich rutschte zu Pak Lopang in den Bug, bis vor sein Paddel, das hatte er quer darübergelegt wie eine Tischplatte oder eine Arbeitsunterlage. Seine Machete schnitt durch das weiße Muschelfleisch. Der Muskel zuckte.

»Die geben Kraft«, sagte er und aß mit Heißhunger.

Sie aßen Muscheln und Fisch oft roh, auch wegen des darin enthaltenen Süßwassers.

Für Ulo blieben Köder übrig. Ein Angelhaken blitzte in der Sonne. Der Junge stand im Boot, dippte eine Nylonschnur ins Wasser und holte einen Winzling nach dem anderen heraus. Alles Köderfische. Er freute sich über jeden, den er uns zeigen konnte.

Dann passierte etwas Unerhebliches. Der Haken ritzte sein Bein. Es blutete kaum. Bestimmt war das schon viele Male geschehen. Niemand achtete darauf, nur ich meinte, ein Pflaster darauf kleben zu müssen.

Das hatte Folgen. Fünf Minuten waren vergangen, vielleicht mehr, als Lopang sagte: »Ich habe eine Verletzung«, und er zeigte mir eine Stelle am Bein. Da war nichts. Ein kleines Stück abgeschürfte Haut oder Salz. In den nächsten Tagen hütete er sein Pflaster. Als es gar nicht mehr klebte, steckte er es in eine Plastiktüte und hob es auf.

Sechs

Der Hahn, der in den Nächten krähte, lange bevor jemand daran dachte, wach zu werden, verhielt sich tagsüber vollkommen still. Sein Platz auf der Ablage schien ihm zu gefallen. Je nach Laune trat er unter dem Dach hervor oder zog sich darunter zurück. Er schaute immer in die Fahrtrichtung. Ich glaube, dieser Hahn genoss das Segeln. Er streckte seinen Hals in den Wind, hielt den Kopf dabei ein wenig schief, er hatte intensive Blicke. Sein Kamm leuchtete rot auf gegen die Sonne. Ibu Pilo saß im Bug, fixierte das Segel. Manchmal sah sie hin zu ihm und kraulte ihn unter dem Schnabel. Kein Zweifel, es gefiel ihm.

Wir segelten schnell. Die Ausleger zischten durch das Wasser, begleitet von Sprühnebel. Flache Inseln aus Mangrove trieben vorüber. In ihrem Schutz konnte der Wind keine Wellen aufbauen. Ibu Pilo und Pak Lopang änderten ihren Kurs. Der Wind brach sich an immer höheren, immer dichteren Bäumen. Die beiden rollten das Segel zusammen. Das Klappen ihrer Paddel gegen die Bootswand hallte leise wider. Wir glitten tief in einen Wald aus Mangroven, über Stämme hinweg, die im Wasser versunken waren, halb verdeckt von Schlamm. Eine Python döste auf einem Ast, sie hatte sich mehrfach um ihn herumgeschlungen. Es war heiß. Die feuchte Luft umschloss mich wie eine zu enge zweite Haut. Äste und Wurzeln verhakten sich in unseren Auslegern. Wir kamen nicht weiter.

»Meinst du, du kannst über die Luftwurzeln laufen?«, fragte mich Ibu Pilo.

Pak Lopang klemmte sich den Hahn unter den Arm, wir stiegen

aus. Die Beine versanken bis über die Knie im Wasser und Schlick. Meine Plastikschuhe blieben sofort stecken. Pak Lopang fand sie wieder und legte sie ins Boot. Die runden Wurzeln, über die wir liefen, waren in hohen Bögen gewachsen, stark und glitschig unter den bloßen Füßen. Ich hielt mich an Lianen fest, an Stämmen, schaffte zwanzig oder dreißig Meter, dann rutschte ich eineinhalb Meter tief hinunter, versank bis zu den Hüften im Schlamm. Es schmatzte bei jeder Bewegung. Mir fiel alles ein, was darin verborgen sein könnte. Er haftete nicht. Als ich herauskletterte, lief er zusammen mit dem Wasser einfach ab. Wir erreichten zwei kleine, offene Kanus. Sie waren leer.

Unmerklich hatte sich die Mangrove verändert. Der Sumpf war flacher geworden, die Bäume wuchsen an Land. Wir liefen weiter durch den Urwald auf einem Pfad, der uns zu einer Lichtung und einer Hütte brachte. Ein Bach plätscherte. Es war Mittag, und überall blendete Licht. Im Gras saßen Bienen. Ein Kind kam uns entgegen, hinter ihm eine junge Frau; Ibu Pilos Tochter aus erster Ehe.

Sie hatte das Nomadenleben aufgegeben, um einen Sesshaften zu heiraten. Eines Tages war sie ihm bei Pak Ino begegnet. Ihr Mann ging jeden Morgen vor Sonnenaufgang in entfernte Palmwälder, um die Kopraernte zu überwachen. Einmal in der Woche fuhr er mit seinem Boot zu den Bajos und sammelte lebende Fische für Hongkong ein.

Sie hieß Tini. Die Hände hinter dem Kopf verschränkt, blieb sie stehen und wartete darauf, dass wir näher kamen, während der Junge sich an ihren Sarong klammerte, als er mich sah. Sie hatte ein rundes, glattes Gesicht und fröhliche Augen. Ich wurde ihr nicht vorgestellt, ich war einfach da.

Sie stieg voraus die steile Leiter zur Hütte hinauf, Pak Lopang und die Kinder blieben unten. Der Raum war kühl und hell. Durch drei Fenster fiel Licht auf Matten am Boden, in die jemand geometrische Muster geflochten hatte. Ein paar Kissen lagen darauf, sonst war da nichts. Bis auf einen Hahn neben der Feuerstelle.

Tini setzte Wasser auf. Sie lebte hier seit sechs Jahren. Wenn ihr Mann zu den Bajos fuhr, nahm er sie mit. Wie früher, als sie noch auf einem Boot lebte, paddelte sie in die Mangrove und sammelte Muscheln. »Ja, mir fehlt das Meer«, sagte sie. »Aber nun ist es, wie es ist. Ich bin zufrieden.« Ein Amulett an ihrem Hals und über der Tür hielten böse Geister fern.

Durch das Fenster sah ich Pak Lopang vor einem Feuer stehen. Wieder und wieder zog er einen langen Bambusspeer durch die Flammen, er machte es mit ausgestrecktem Arm und drückte die Stange prüfend auf den Grasboden, bis sie ihm ausreichend biegsam erschien. Als er in den Urwald ging, liefen Ulo und Badrun, Tinis Sohn, hinter ihm her. Jeder mit einer Machete in der kleinen Hand.

Wir Frauen lagen auf den Matten und tranken Kaffee mit Zucker. Tini fragte nach Medikamenten, nach einem Mittel gegen Magenschmerzen und Kopfweh für ihren Mann. Sie lachte gern.

Draußen hörten wir jetzt wieder die Stimmen von Lopang und den Kindern. Sie kletterten ächzend die Leiter hoch. Zuerst waren die Köpfe der Jungen in der Türöffnung zu sehen, sie drückten ihr Kinn auf den Boden, schoben mit den Beinen den Körper nach. In ihren Armbeugen klemmten Zuckerrohrstangen, die sie fest gegen ihre Rippen drückten.

Pak Lopangs wüster Haarschopf, sein zufriedenes Gesicht tauchten auf und danach eine Honigwabe vor seiner Brust. Er hockte sich hin und biss gierig große Stücke heraus. Die anderen kauten Zuckerrohr. Eine süße, klebrige Orgie.

Auf der Lichtung wurden die Schatten lang. Im Bach gossen wir uns klares, süßes Wasser über die Köpfe, füllten damit die mitgebrachten Behälter. Schmetterlinge leuchteten in der Sonne.

Wir liefen hierhin und dahin, packten Reis und Sago ein, grüne Bananen. Die Sarongs trockneten, während wir uns bewegten. Tini begleitete uns zurück in die Mangrove. Auf ihrer Schulter trug sie die geflochtene Schlafmatte, die sie mir geschenkt hatte. Vor mir, auf dem Urwaldpfad, ging Lopang mit einem neuen Hahn unter dem Arm. Der alte saß jetzt angebunden in der Küche über der Feuerstelle.

Ob ihm das Reisen fehlen würde?

Die Flut war hoch genug, um die Kanus zu beladen und mit ihnen zum Boot zu paddeln. Die Luftwurzeln glitten vorüber. Es gab keinen Abschied mit Händeschütteln oder einer Umarmung. Tini hängte das leere Kanu hinter das erste, in dem sie und Badrun saßen. Das Paddel lag vor ihr über dem Bug, und sie stützte ihre Arme darauf. Badrun kaute auf Zuckerrohr. Als wir losfuhren, spreizte der neue Hahn die Flügel. Ein paar Rufe hallten. Eine Biegung, und Tini war verborgen hinter Blättern und Lianen. Einmal noch drang ihr Lachen zu uns.

Ich war vollkommen bedeckt mit Mückenstichen. Ibu Pilo und Pak Lopang neckten mich wegen meiner Bedenken, doch noch Malaria zu bekommen. Für sie gehörte diese Krankheit zum Leben wie bei uns die Grippe.

Nacht. Der Mond war auf- und untergegangen. Wir ließen den Mangrovenwald hinter uns, glitten jetzt zwischen Inseln aus flachen Luftwurzeln, zwischen einem unsichtbaren Himmel und einem unsichtbaren Meer. Nicht der leiseste Windhauch.

Hunger knurrte in unseren Körpern. Lopang zündete die Kerosinlampe an und hängte sie außen vor den Bug. Sie summte leise. Auf dem Wasser zitterte ein Kreis aus gelbem Licht. Jedes Geräusch vermeidend, paddelte Pilo uns näher an eine der Inseln heran. Sie glichen schwarzen Spiegelungen. Tiefere Abstufungen von Dunkelheit. Pak Lopang stand über der Lampe ganz vorn im Boot. Ihr Schein machte ihn zur Silhouette, die mit angewinkeltem Arm einen Speer hielt. Wir rührten uns nicht.

Ein Fisch, braun mit weißen Flecken, schwimmt in den Lichtkreis, die Kiemen klappen auf und zu. Dann der Blitz einer Bewegung. Wasser platscht und spritzt. Die drei Zacken des Speers sind genau hinter dem Kopf des Fisches in den Rücken eingedrungen. Lopang trifft immer dieselbe Stelle. Jetzt zuckt der Fisch zwischen

116

seinen nackten Füßen im Bug. Unter dem Wok fängt Mangrovenholz Feuer.

Als ich wach wurde, regnete es. Ich rollte Tinis Schlafmatte ein und rutschte zu den anderen unter das Dach. Ibu Pilo fing an, Kaffeebohnen zu rösten. Der neue Hahn tockerte unentwegt. Er hatte etwas Ruheloses und – anders als sein Vorgänger – lange, prächtige Schwanzfedern, die immer etwas zitterten. Er war kein Seehahn.

Das Wasser zwischen den Inseln schäumte vom Regen. Gegen Mittag hörte er auf. Wir blieben weiter vor Anker liegen. Ich hatte mir längst abgewöhnt zu fragen, wohin es weitergeht und wann, weil sie ausweichend antworteten. Es schien mir, als würden sie sich bei jedem Aufbruch spontan entscheiden, ohne einen Plan, den sie einhalten wollten. Sicher war nur, dass wir uns jedes Mal mit dem Ziel Nahrung fortbewegten; die Gezeiten und das Licht waren dabei eine natürliche Vorgabe. In der trockenen Jahreszeit, so erzählten sie, folgten sie den Fischen in andere Gebiete.

Wollten wir abends essen, musste Pak Lopang mit dem Speer einen Fisch fangen. Das tat er erst bei tief stehender Sonne oder nachts im Schein der Kerosinlampe. Waren wir in der Nähe von Inseln, liefen Ibu Pilo und ich bei Ebbe über Schlick, sammelten Würmer und Muscheln, genauer: ich nur die Muscheln, Würmer fasste ich nicht an. Wir hatten nie Vorräte; sie nahmen Platz weg und machten das Boot schwer, sie gehörten nicht zu einem Nomadenleben.

Die grünen Kaffeebohnen waren dunkelbraun geröstet. Ibu Pilo zerstampfte sie zu grobem Mehl in der weißen Hälfte einer Mördermuschel. Am anderen Ende des Bootes, im Bug, saß Pak Lopang. Er spielte auf seiner Gitarre und sang, sang mit dieser leicht heiseren Stimme, wie er es häufig tat. Seine Lieder waren oft ernst. Ibu Pilo übersetzte sie für mich. Von der Bajosprache konnte ich mir nur ein paar Worte merken. Ich bemühte mich jeden Tag darum, mein Indonesisch zu verbessern. Mehr ging nicht.

In seinen Liedern besang Pak Lopang auch die Liebe, öfter das harte Dasein der Seenomaden. Aber sie sagten auch: »Wir leben ein zufriedenes Leben.« Auf meine Frage, was sie verändern würden, wenn sie mehr Geld zur Verfügung hätten, dachten sie eine Weile nach und antworteten: »Nichts.«

Sie wollten in ihrem Boot auf dem Meer leben, so, wie ich es erlebte. »Wir sind schon daran gewöhnt, kein Geld zu haben.«

Nach meinem Eindruck hatten sie überhaupt keinen Bezug dazu, genauso wenig wie zu Zeit und Besitz. Bekamen sie etwas, gaben sie es sofort wieder aus für Dinge – meist Lebensmittel und Zigaretten –, die gerade zu haben waren. Pak Lopang fiel ein, mit Geld könnte er sich einen Katinting-Motor kaufen, aber auch, dass der Sprit braucht: »Dann ist der Motor unser Boss.« Das Wort »Boss« kannten sie von Bajos, die für japanische Perlenzüchter arbeiteten.

Wir verlassen die Mangrove in der Nacht, gleiten durch ihre schwarze Wärme, paddeln langsam über das stille Meer; wie immer weiß ich nicht, wohin es geht. Feuer brennt unter dem Wok, bald werden wir gebratene Bananen essen. Ulo liegt auf den Planken und lacht leise über Pak Lopang, der ihn neckt.

Plötzlich dringt Motorengeräusch zu uns. Ulo setzt sich jäh auf. Ibu Pilo zieht die brennenden Holzscheite auseinander. Die drei sind stumm. Ich sehe sie im flüchtigen Schein der Glut, sie bewegen sich nicht, sie sehen verängstigt aus. Das Brummen nähert sich. Unheimlich. Verborgen in der Dunkelheit ist jemand, kommt jemand – ist schon da. Ein offenes Boot, größer als unseres, schiebt sich vor den Bug. Eine Hand fasst nach unserer Planke, der Motor läuft noch einen Moment, wird abgestellt. Es müssen zwei Männer sein. Ein Unsichtbarer hustet. Ihre Zigaretten glühen auf.

»Mach Licht!«, fordert eine Stimme.

Ibu Pilo zündet die Kerosinlampe an. Sie schaut nicht hin zu dem Mann mit dem scharfen Ton, genau wie Ulo und Pak Lopang. Sie wirken eingeschüchtert, vollkommen widerstandslos.

Eine dickliche Person in langen Hosen, weißem Hemd mit einer unter den Arm geklemmten Aktentasche mustert die Dinge im Boot. »Ich möchte Kaffee trinken.«

Ibu Pilo facht das Feuer wieder an.

Der Mann wirft seine glimmende Kippe ins Wasser. »Gibt es Zigaretten?«

Ibu Pilo gibt ihm fünf; ich sehe ihre Angst, während sie Kaffee in einen Becher löffelt, Zucker dazu, Milch.

»Wie viel verdient die Frau? Was macht sie hier?« Er deutet mit dem Kopf auf mich.

Ibu Pilo antwortet nicht. Sie gibt ihm Kaffee.

»Muss das Kind nicht in die Schule?«

»Er ist noch klein«, sagt sie leise.

Zwischen seinen Fragen lässt er lange Pausen. Das macht die Spannung unerträglich.

»Das nächste Dorf ist weit, gib mir mehr Zigaretten«, fordert die leise metallene Stimme des Mannes.

Er bekommt sie.

Dann: »Gibt es Fisch?«

Pak Lopang hebt eine Planke im Bug, holt die kleinen Fische heraus – er hat sie vor Einbruch der Dunkelheit gefangen – und gibt sie dem Mann. Der wirft sie in sein Boot, verharrt einen Moment lang, als denke er darüber nach, was er noch verlangen könnte, schlägt abrupt gegen die Bordwand. Ein Zeichen für den im Dunkel Gebliebenen – der Motor wird angeworfen. Dann sind sie weg.

Ibu Pilo und Pak Lopang fürchten, die beiden könnten wiederkommen, wenn sie laut über sie reden, sagen, dass Geschehnisse, wenn man sie zur falschen Zeit ausspräche, wirklich werden könnten, die Übeltäter seien noch zu nah. Deshalb reden sie zunächst über anderes. In ihren Gesichtern steht immer noch Angst. Man hatte ihnen bei anderen Gelegenheiten schon mehr genommen, die Speere, den Wok und den Wassertopf, das Kerosin, also alles. Das waren immer kleine Beamte, die lächerlich wenig verdienten und keine Skrupel hatten, sich an in ihren Augen unwürdigen Menschen zu bereichern.

Aber es gibt auch Piraten, die den Seenomaden die Boote nehmen und sie ohne Skrupel töten.

Ihre große Sorge war, dass man Ulo zwingen würde, in die Schule zu gehen. Auf diese Weise konnte der Staat die Bajos leicht assimilieren. Es wäre das Ende ihres Nomadenlebens, das Ende ihres Zusammenseins. Ibu Pilo müsste dann mit Ulo in einem Dorf bleiben, Pak Lopang über Wochen allein nach Seegurken und anderen Meerestieren für den chinesischen Markt suchen oder Arbeiten an Land übernehmen wie Holzfällen oder Kopramachen. Anders als Tini, konnten sie es sich nicht vorstellen, auf einer Stelle zu bleiben, auch nicht, wenn die Hütte über Wasser stünde. Sie waren durch und durch mit dem Leben auf dem Meer verbunden, sie nutzten es für sich, wie die Menschen an Land den Boden für sich nutzten, waren auf ihm heimisch. Sie wollten spontan und unabhängig entscheiden, wie ihr Tag verlief, Gleiche unter Gleichen sein, und sie hatten nicht den Wunsch, Dinge zu besitzen. Sie liebten es, mobil zu sein, all das machte ihre Freiheit aus.

Es war in dieser Nacht, als sie mir erzählten, dass Bajos sich helfen und alles miteinander teilen, aber stets darauf bedacht sind, sich weder von Menschen noch von Dingen abhängig zu machen.

Es war Mittag, und das Boot dümpelte in der hellen Sonne über einem Riff. Wir waren hier, um Seegurken zu sammeln. Das kam nicht oft vor – vielleicht nur deshalb nicht, weil ich jetzt für Zigaretten und anderes, was das Meer ihnen nicht gab, sorgte. Heute war es Ibu Pilo, die nach Seegurken tauchte. Später habe ich nie wieder eine Frau diese Arbeit verrichten sehen. Sie glitt vom Bootsrand mit einem Speer in der Hand, sank sieben, acht, neun, zehn Meter tief hinab, vielleicht mehr, kein Gramm Fett hielt sie auf. Sie kam zurück durch das klare Wasser in einer Wolke silberner Bläschen, durchbrach die Oberfläche, atmete prustend aus, lachte, hielt Pak

Lopang den Speer hin, auf der Spitze eine Seegurke. Er ließ sie in einen Behälter fallen. Ibu Pilo nahm einen Zug von seiner Zigarette, tauchte wieder weg. Ich sah ihr durch die Schnorchelbrille nach. Wenn sie müde war, hörte sie auf, dann warf sie ihre Goggles, die Lopang geschnitzt und in die er mit Naturkautschuk Gläser einge-setzt hatte, ins Boot. Ich konnte nicht aufhören, über diese äußerste Anstrengung zu staunen, mir nicht erklären, woher sie ihre Kräfte nahm. Bis vor kurzem hatten wir nur einmal am Tag gegessen, am Abend. Mir fiel das schwer, ich war dünn geworden. Seit einiger Zeit – ich hatte nichts gesagt, und sie hatten nicht gefragt – kochte Ibu Pilo auch mittags Reis oder Sago.

Heute lagen vierzehn Seegurken im Topf. Zu wertvoll, um sie selbst zu essen, sie waren – getrocknet – zum Verkauf an einen chi-nesischen Händler, einen *toke*, bestimmt. An Pak Ino.

Pak Ino war ein Mittelsmann zwischen den Seenomaden und den Behörden, und er brauchte sie. Die Bajos lieferten ihm, was auf dem chinesischen Markt als Nahrung oder Medizin gefragt war, zum Beispiel Seegurken, Schildkröten, Haiflossen. Im Tausch erhielten sie dafür von ihm Güter, wie meine Gastgeschenke es gewesen wa-ren, oder Geld. Ibu Pilo erzählte, dass sie an Land zu niemandem au-ßer Pak Ino Kontakt hatte und dass er ihre Lebensweise vor den Behörden in Schutz nahm und Fremde von ihnen fern hielt. Sie ver-traute ihm. Verwandte von ihr und Lopang, die halb sesshaft waren, arbeiteten für Ino in der Kopragewinnung. Sie lebten nicht weit von hier in einem Dorf. Morgen würden wir sie besuchen.

Am Abend befestigte Pak Lopang ein Netz zwischen Korallenstö-cken. Wir ankerten ein bisschen entfernt davon und paddelten früh am nächsten Morgen dorthin zurück. Sechzehn silberne Fische hat-ten sich darin verfangen. Ibu Pilo steckte ihnen einen Rattanstrang durch die Kiemen, reihte sie auf wie an einem Schlüsselring, wäh-rend Pak Lopang das Boot zu dem Dorf steuerte, aus dessen Stelzen-häusern Verwandte durch das flache Meer gelaufen kamen, uns entgegen. Das Innere des Bootes verdunkelte sich. An beiden Giebelseiten drängen sich die Köpfe, um den merkwürdigen Gast zu betrachten. Belustigte, staunende Gesichter. Ibu Pilo bat mich, sie alle zu fotografieren. Die Fische waren sofort vergeben.

Frühmorgens segelten wir auf eine Insel zu, auf ihren einzigen Strand, der hell und geschwungen vor dem grünen Regenwald lag. Das Boot knirschte leise, als es über unzählige lose Korallensteine durch den Saum des Meeres rutschte und liegen blieb. Die Tide war gerade umgeschlagen, das Wasser lief ab, bald würde Ebbe sein.

Wir nahmen die Bodenbretter hoch und legten sie neben das Boot. Die Sonne strömte in den offenen Rumpf auf abgestandenes Wasser und Reste von Reis, Sago, Fisch. Asseln krabbelten panisch in schattige Ritzen. Es stank. Unterwegs wurde der Rumpf nicht gesäubert, um keine Spur für Haie zu legen.

Wie das Boot so dalag, ausgeräumt, Kleidung und Töpfe auf dem Dach, wirkte es armselig, winzig, und ich wunderte mich ein bisschen, dass ich wirklich darauf lebte. Ich hatte gelernt, mit einer gewissen Menge Schmutz zurechtzukommen. Ibu Pilo, Pak Lopang und Ulo waren selbst sehr reinlich, sie badeten zweimal am Tag im Meer, Ibu Pilo sah ich, wenn sie menstruierte, viele extra Male ins Wasser gehen. Abends wusch sie Ulo mit ein wenig Trinkwasser das Salz von der Haut. Ich konnte gut ihren Alltag mit ihnen teilen.

Deshalb waren Tage wie dieser für alle ein stilles Fest. Das Meer hatte sich zurückgezogen, der Strand lag frei. Ibu Pilo hockte da und schaufelte mit den Händen eine etwa zwanzig Zentimeter tiefe Kuhle in die Schicht aus porösen Korallensteinen. Wasser trat ein, füllte sie bis über die Hälfte aus.

»Süß«, sagte Ibu Pilo und füllte einen Becher für mich. Es war Grundwasser. Wir machten das Loch größer, tauchten unsere Arme, die Gesichter hinein. Pak Lopang nahm den neuen Hahn und verschwand im Wald; wir weichten unsere Kleidung ein.

Das war so viel einfacher, als sie durch den Urwald zu einer Quelle zu tragen und nass und schwer wieder zurückzuschleppen. Jedenfalls für mich. Ibu Pilo hatte sich noch nie über etwas beklagt. Sie sagte immer, was es auch betraf: »Ich bin schon daran gewöhnt.«

Wenn wir die Sarongs aus der Kuhle zogen und wieder hineindrückten, blubberte das Wasser, dann lachten wir und machten es noch einmal, noch einmal. Ein bisschen wie Kinder waren wir. Dieses leichte Glück kam immer unerwartet. Zu Hause würde ich mich vielleicht nicht trauen, so zu sein, weil wir es albern nennen. Kann albern sein glücklich machen?

Auf einmal nahm Ibu Pilo meinen Arm und strich mit ihrer Hand darüber, immer wieder, sehr vorsichtig. Ulo rückte heran und tat es auch.

»Weich«, sagte Ibu Pilo.

»Weich«, sagte Ulo.

Unsere Wäsche lag auf dem Bootsdach, ihre Farbe verging in der Sonne. Wasser flog im Bogen aus dem Loch – wir warfen es mit Tellern, Ulo mit einer Tasse heraus –, bis nur noch frisches darin stand. Es lief an uns herunter. Ich holte Shampoo. Die Freude auf ihren Gesichtern war immer wieder neu. Schaum spritzte. Er schillerte in der Sonne, auf der Haut, den Steinen. Der Überfluss. Mit der Flut würde er sich uns entziehen.

Dann die Creme auf meinem Gesicht. Ein wundervolles Gefühl auf der gesäuberten Haut, das nur einen Augenblick andauerte, bevor die feuchte Luft wieder jede Pore verklebte.

Als Ibu Pilo mich zum ersten Mal beim Eincremen beobachtete, hatte sie gesagt: »Ihr wisst, was man tun muss.« Ihr!

Nach dem Baden in süßem Wasser gab ich ihr immer etwas von der Creme ab, sah zu, wie behutsam sie sie im Gesicht verstrich, fast mit Andacht, als wüsste sie, wie teuer sie war.

Ibu Pilo und ich liefen bis an das Ende der Insel. Wir fanden Tamarindenblätter und Milchgras, und Ibu Pilo schnitt ein paar Scheiben melonenfarbene Rinde von einem Baum.

Wie Ibu Sulastri und viele indonesische Frauen, die auf dem Lande leben, bereitete sie eine pflegende, vor der Sonne schützende

Paste zu. Dazu brauchte sie auch Reis und Muschelkalk. Pilo zerstampfte eine Zutat nach der anderen in der Schale einer Mördermuschel, goss Wasser dazu, mischte alles zu einem Brei. Heute hatte er eine grüne Farbe, manchmal wurde er gelb. Sie strich sich die feuchte, grobkörnige Paste über das ganze Gesicht. Ich tat dasselbe. Sie lag kühl und angenehm auf der Haut, anders als die europäische Kosmetik zerrann sie nicht in der feuchten Hitze. Und wusch man sie ab, zeigte sie einen weiteren Vorteil: Die Körnchen schliffen die Haut glatt wie ein Peeling.

Wir liefen den ganzen restlichen Tag mit der Maske herum. Pak Lopang lachte jedes Mal, wenn er mich so sah.

Der neue Hahn hatte ihm keinen Erfolg gebracht, noch nicht, nirgendwo war ein wilder Gockel aufgetaucht. Er setzte den Hahn, der ohne Pause kleine Laute von sich gab, auf das Boot, kam zurück zum Wasserloch und fing an, sich zu waschen. Mit Shampoo. Ich konnte sehen, wie viel Spaß es ihm machte. Ulo nahm ein zweites Bad.

Und dann, plötzlich, vielleicht, weil wir uns jetzt schon länger kannten, vielleicht, weil Ibu Pilo etwas gesagt hatte, nahm auch Pak Lopang meinen Arm, hielt mein Handgelenk umspannt, als wolle er verhindern, dass ich es wegzöge. Sein Finger strich vorsichtig über den Arm, meine Nase, die Stirn, meine Wangen, den Hals. Er handelte wie unter Zwang, betrachtete mich unentwegt staunend. Es war vollkommen still. Wir hielten beide den Atem an.

Trotz unseres engen Zusammenlebens berührten sich manchmal unsere Sarongs, niemals unsere Körper. Pilo und Lopang, die sich leicht und geschmeidig bewegten, war es gelungen, das zu vermeiden. Es gilt als respektlos.

Ibu Pilo lachte. »Ihre Haut ist weicher als unsere. Deshalb stechen die Mücken auch tiefer.«

Wie wahr!

Morgens segeln wir in die Helle, die Helle eines neuen, weiten Tages, der sich bis hinter den Horizont wölbt, der ohne Datum ist und ohne Namen. Nur eingepackt in einer Tasche, verborgen zwischen den Seiten meines Tagebuches, steht: Sonntag.

Völlig unbedeutend für die Helle, für die Weite, das Meer. Für uns. Am Himmel treiben Wolken. Pak Lopang reißt im Vorbeigleiten ein Büschel Seegras aus. Es schmeckt salzig wie das Meer und ist wunderbar knackig.

»Iss«, sagt er. »Iss.«

Ich wusste, sie waren ein wenig besorgt, weil ich so dünn geworden war und es nicht über mich brachte, die proteinhaltigen Würmer und rohen Muscheln zu essen.

Vor uns erschien eine Insel, die aussah wie die von Antoine de Saint-Exupéry gezeichnete Schlange, die einen Elefanten gefressen hat. Ibu Pilo erwähnte, dass dort Menschen wohnten. Ich wusste schon, was sie damit eigentlich sagen wollte: Da kannst du Zigaretten kaufen.

Die drei blieben im Boot. Ich lief einen Pfad hinauf, dessen Erde fest war und warm. Dichte, glatte Grashalme reichten mir bis an die Hüften, als liefe ich auf dem Scheitel eines riesigen Haarschopfes.

Der Laden eine Bretterbude. Es gab nur Tabak zum Selbstdrehen. Ich nahm ihn mit und Streichhölzer und Kerosin und eine Dose süße Milch. Die würden sie sich in die hohle Hand tropfen und sehr glücklich aussehen. Der Mann im Laden zählte die Tage. Ich konnte es sehen auf dem Kalender hinter ihm. Er hatte sämtliche Datenzahlen ausgestrichen. Es war der Monat Dezember. Der letzte Tag im Jahr.

Wir verbrachten ihn mit Nichtstun. Wie der Wind. Wir dümpelten im Inselschatten, tranken heißes Wasser, die drei rauchten, lachten, ich sollte noch einmal »Summertime« singen. Ich sang. Die Bedeutung des Textes kannten sie längst und kommentierten ihn immer wieder: »…and the living is easy« – nein, nicht leicht, schwer, nur manchmal ist es leicht, heute, wir leben zufrieden, zufrieden und schwer, schwer! »…fish are jumping« – das ist wie bei uns. Wer sind die Leute, bei denen die Fische auch springen? »…oh your daddy is rich« – falsch, nein, reich sind wir nicht. Warum ist der Mann im Lied reich? »…and your mom is good looking« – Ibu Pilo lacht – aber Pak Lopang sieht auch gut aus, Ulo auch, »…so hush little baby, don't you cry?…« Erzähl noch einmal, warum das Baby weint.

Ulo drängt sich in Pak Lopangs Arme und wird innig umfasst.

Manchmal ruhen ihre Blicke länger auf mir. Was mögen sie denken? Wenn ich sie frage, schütteln sie still den Kopf. Wie sollten sie mich je verstehen können?

Am Nachmittag, die Sonne stand schon tief, holte Pak Lopang eine Wurzel unter den Bodenbrettern hervor, die ich bisher für eine zerfaserte Schnur gehalten hatte. Sie war dünn und lang, und Lopang drückte einen Stein darauf, so, dass die dünne Haut an manchen Stellen riss und Saft heraustrat, dann steckte er sie locker aufgerollt an einen Speer. Unter uns war das Meer glatt und klar.

Wir rührten uns nicht, sprachen nicht, wurden unauffällig. Auf einmal schwamm ein Fisch heran, verharrte, atmete, seine Kiemen öffneten sich, schlossen sich. Unendlich langsam tauchte Pak Lopang den Speer in das Wasser, schob ihn dem Kopf des Fisches entgegen, berührte ihn fast. Ohne einen Flossenschlag legte sich der große braune Körper auf die Seite. Lopang lachte: »Nur ohnmächtig!«

Er nahm ihn mit beiden Händen aus dem Wasser. Es wurde dunkel.

Ich liebte das Feuer unter dem Wok, während wir langsam durch die Nacht glitten. Zum Essen warfen wir den Anker in eine flache Stelle. Ibu Pilo und Pak Lopang wussten immer, auch im Dunkeln, wo sie waren, sie kannten die Tiefe des Wassers, wussten, ob es Sand oder Koralle verbarg, lasen Zeichen, die mir verborgen blieben.

Im Westen Indonesiens gibt es eine Gruppe von Seenomaden, die sich *orang laut* nennen, »Menschen des Meeres«. Als solche empfinde ich Ibu Pilo, Pak Lopang und Ulo.

Wir zupften das weiße Fleisch von den Gräten. Es war fest, und es schmeckte ohne eine Zutat. Wir wuschen unsere Hände im Meer, trockneten sie am Sarong, dann zogen wir den Anker ins Boot. Langsames Eintauchen der Paddel, ihr Klappen am Holzrand. Die warme Luft.

Ich sehe die Schar der Sterne am Himmel, denke an meine Familie, meine Freunde. Ans letzte Jahr.

Heute ist Silvester. Die schönen Weine, Champagner. Die guten Vorsätze, die Träume. Freundschaft. Freundschaft, ohne die ich wohl nicht hier wäre. Der Fisch heute, wie sehr hätte ich den meinen Freunden gegönnt. Ich denke an Feuerwerk.

Hier funkeln die Sterne im All, spiegeln sich im Meer.

»Heute ist Silvester«, sage ich.

»Was heißt das?«, will Ibu Pilo wissen.

»Ein neues Jahr fängt an.«

Ihre Zigaretten glühen ein paarmal auf. Die Paddel klappen.

»Und woran merkst du das?«

Ich fühle mich geborgen bei Ibu Pilo, Pak Lopang und Ulo, vergesse manchmal, dass ich nicht dazugehöre und dass ich alles, was um uns herum geschieht, wohl anders wahrnehme als sie.

Das Meer. Ich liebe all seine Gesichter. Seinen Geruch. Die Gedanken, die es bewirkt. Alles, was kleinlich ist, anmaßend, was Besitz ergreifen will, ist hier nicht bedeutend. Hoheitsgewässer? Das Meer bleibt das Meer. Es registriert keine Grenzen. Wir sind jeden Tag über einem anderen Riff gewesen, an einem anderen Strand. Verschrumpelte Seegurken liegen unter dem Dach, konserviert von Feuer und Sonne. Irgendwann wird ein chinesischer Geschäftsmann sie Scheibe für Scheibe mit Stäbchen aus seiner Suppe fischen. Er wird nicht wissen, wie sie dort hineingekommen sind. Er wird sie einfach hinunterschlucken. Lächeln. Von der Börse reden.

Das Boot glitt über eine Korallenbank. Pak Lopang drückte es mit einer Bambusstange hierhin, dahin, und plötzlich taucht ein Kopf aus dem glatten Meer, richtet sich ein Mann vor uns auf, er steht auf dem

Riff, bis zur Brust im Wasser. Es läuft von ihm ab, vom Haar, das glatt auf seiner Stirn liegt, es tropft von seinen selbst geschnitzten Goggles, vom Kinn. Er lächelt uns an, als habe er uns erwartet.

Ein Freund beim Muschelsammeln. Die Frau, das Boot sind hinter einem Inselchen. Er ruft: »Oh Janna, Janna! Oh Janna oh!«

Der Bug erscheint. Sie paddelt langsam zu uns.

Und wieder schüttet Ibu Pilo Zucker in eine leere Zigarettenschachtel, Kerosin wird abgefüllt, Streichhölzer werden einzeln hinübergereicht, Tabak. Der Freund legt eine große Tridacna, so der lateinische Name der Mördermuschel, in die ausgestreckten Hände Pak Lopangs. Der öffnet sofort ihre gewellten Kalkhälften, trennt den Muskel heraus, er hängt weiß von seinen Fingern; nur die gerüschten Lippen, die unter Wasser so schön aussehen, sind dunkel. Er zuckt. Pak Lopang schneidet mit der Machete Bissen heraus.

Ibu Pilo erzählt wieder einmal, dass ich keine Würmer essen kann und immer »danke« sage. Sie wundern sich und rauchen.

Dann trennen sich die Boote. Wir paddeln eine Weile durch das zerfließende Licht, über Korallenköpfe hinweg, vorbei an porösen Kalkgebilden, die aus dem Wasser ragen; Seevögel kreisen über unseren Köpfen. Das Gefühl für das Leben ist grenzenlos. Das Meer mit seiner Weite verführt zum Darinaufgehen, Sichöffnen, Sichverschwenden, Sichverlieren.

Man geht nicht verloren.

Ich sehe Ibu Pilo, Pak Lopang und Ulo und weiß, dass ich sie liebe.

Wir näherten uns einer Insel. Die Dünung und Pak Lopangs lange Bambusstange drückten das Boot auf den weißen feinen Strand, einzelne Blätter aus dem Regenwald lagen darauf: grüne, gelbe und braune. Wir sammelten ein paar Äste Feuerholz und schoben das Boot wieder ins Wasser, paddelten etwas hinaus und warfen den Anker für die Nacht, umgeben von der Schönheit eines endenden Tages.

Wir waren müde. Ulo schlief in Pak Lopangs Schoß. Die Kerosinlampe brannte. Der rote Hahnenkamm.

Später lag ich wach. Ich sah, wie der volle Mond orangerot am Horizont auftrat. Das Glimmen der Sterne. Drüben vor dem Regenwald leuchteten Glühwürmchen auf wie kleine Feuerbälle.

Plötzlich hatte ich das Bedürfnis, durch diese schöne Nacht zu laufen, mich zu bewegen, und stand vorsichtig auf, ließ den Sarong im Boot, rutschte bis zu den Hüften in das mondhelle Meer.

Der Widerstand des Wassers auf den Beinen bei jedem Schritt. Kleine Strudel glucksten. Die warme Luft. Strand. Der feine Sand unter den Füßen. Die Seide der Nacht. Ich lief bis zum Ende der Insel wie zum Ende der Welt, kam zufrieden zurück und stieg leise ins Boot.

Am Morgen sind Ibu Pilo und Pak Lopang außer sich. Ich hatte sie noch nie so erlebt. Sie sitzen ganz still, aber das Boot, die Luft um uns herum scheinen zu beben.

»Du warst heute Nacht an Land«, sagt Ibu Pilo und sieht sorgenvoll aus.

»Ja.«

»Das darfst du nicht. Du darfst in der Nacht nicht an Land sein. Dort sind die Geister. Du siehst sie nicht, aber sie sehen dich. Sie sehen dich! Heimtückisch lauern sie dir auf. Es geht ganz schnell, und sie sind in dir drin. Du kannst krank werden oder sterben, und niemand außer dir trägt die Schuld daran, weil du nicht vorsichtig bist.«

Mein Argument, als Nicht-Bajo sei ich immun gegen ihre Geister, sie würden mich nicht erkennen, da ich nicht an sie glaubte, beeindruckte sie nicht.

»Du darfst sie nicht herausfordern. Sie machen keine Unterschiede.«

Meine Freunde wirkten angespannt und besorgt zugleich. Ich versprach, in Zukunft Acht zu geben.

Mir geschah nichts. Aber Ulo wurde krank. Eine oder zwei Wochen später lag er plötzlich apathisch auf den Bootsplanken. Er hatte hohes Fieber.

Ibu Pilo versuchte ihm Wasser einzuflößen. Er hing schwer und schlaff in ihrem Arm, verdrehte die Augen. Es war Mittag. Ein Tag ohne Wind. Heiß. Feucht.

Ich setze mich neben ihn. Seine Eltern fangen an zu paddeln, gleichmäßig, kraftvoll, schneller als sonst. Ibu Pilos schmaler Rücken vorne in der Öffnung des Daches, am hinteren Ende sehe ich in Pak Lopangs Gesicht. Es wirkt plötzlich alt.

Die Sonne fällt weiß auf das Boot. Inseln treiben vorüber. Manchmal bäumt Ulo sich auf. Seine Haut ist heiß, der Puls kaum zu spüren. Ich mache Feuer unter dem Wassertopf, koche Kaffee, löse Ibu Pilo beim Paddeln ab. Pak Lopang passt sich meinen langsameren Schlägen an. Wir sprechen nicht. Wir sind eine kummervolle Einheit auf dem Meer, klein, einsam bis zum Horizont.

Ibu Pilo paddelt wieder. Spätes Licht wandert über Ulos stilles Gesicht, über den offenen Mund, die Haare, die am Kopf kleben, den nackten, leblosen Körper; sein Gewicht in meinem Schoß. Ich habe mich noch nie so hilflos gefühlt. Wolken ziehen auf. Vielleicht bringen sie den Wind, der uns helfen würde, schneller anzukommen. Wo? Das weiß ich nicht. Es ist ein Ziel, das nur Ulo gelten kann. Die Nacht schließt uns ein. Ich löse Pak Lopang ab, der sich neben sein Kind legt, seine Hand nimmt und weint.

Kein Mond, keine Sterne. Die Dunkelheit wirft uns ganz auf uns selbst zurück. Sie hat keine Antworten. Ich koche Reis. Pilo und Lopang lassen es geschehen. Wir essen einer nach dem anderen, ohne die Fahrt zu unterbrechen. Es geht immer weiter, wie aufgezogen und in stummer Ruhe. Am Morgen kommt der Wind. Erst sanft, dann spüren wir ihn etwas stärker im Rücken, jetzt füllt er das Segel. Ulo bewegt sich nicht, er liegt immer noch mit verdrehten Augen da, die sich unter den halb geschlossenen Lidern bewegen. Ibu Pilo flößt ihm Wasser ein.

Wieder übernehme ich das Paddel, es geht viel leichter zusammen mit dem Wind.

Das Meer flüstert eine Beruhigung. Später klebe ich mir Pflaster auf die Blasen an den Händen.

Ulos Gesicht ist grau. Ich massiere seine Füße mit den Fingerspitzen, drücke sie ganz leicht, streichle seine Beine, Arme, seinen Bauch. Ich weiß nicht, was ich sonst tun kann.

Draußen gleißt das Licht. In der Ferne Inseln, ein Segel. Um uns herum stille Weite. Sie spannt sich zwischen uns und dem Ziel, sie verspricht, dass es da ist, wir müssen sie nur durchqueren, ihre andere Seite erreichen.

Pak Lopang isst kalten Reis. Die Wolken werfen ihre Schatten auf das Meer, auf uns. Ulo seufzt auf.

Wir verschwinden in der Dunkelheit. Ich muss daran denken, dass niemand außer Ibu Pilo und Pak Lopang weiß, wo wir sind. Auch ich weiß es nicht.

Die beiden segeln nach einer inneren Karte. Ich sehe, wie sie ihrem Ziel zustreben. Sie müssen Bilder davon im Kopf haben. Sie wissen, dass es da ist, und sie spüren, erfahren mit ihren Sinnen die zahlreichen Zeichen der Natur. Manchmal leuchtet der halbe Mond zwischen den Wolken. Der Wind – plötzlich ist er weg. Ich koche Kaffee. Ulo richtet sich halb auf und fällt wieder zurück, wie ein Stein.

Dann, auf einmal, paddeln Ibu Pilo und Pak Lopang nicht mehr, ein, zwei kleine Schläge noch. Aus dem Dunkel dringt ein Husten. Ich sehe nichts. Lopang ruft: »Oh Rumi! Oh Rumi oh!« Das Geräusch nackter Füße auf Bambusrohr. Stimmen. Wir sind nahe einer Hütte, erreichen gerade ihre Stelzen. Eine Kerosinlampe scheint auf. Ihr Licht fällt zwischen Bambusstangen hindurch, schaukelt auf den Wellen. Oben, in der Tür, eine Silhouette: Pak Rumi. Er streckt Pak Lopang, der auf der Leiter stehen bleibt, die Arme entgegen und nimmt ihm Ulo ab.

Drei oder vier Kinder, im Halbdunkel kann ich es nicht richtig erkennen, heben verschlafen die Köpfe und lassen sie wieder auf die Matte fallen. Pak Rumi hat eine lange Narbe über der Schläfe, ein sanftes, liebevolles Gesicht, große Hände. Er hockt vor Ulo, die Arme locker auf den Knien. Wir versammeln uns um ihn, auch Ibu Jumaia, Pak Rumis Frau, sitzt bei uns.

Das Atmen der schlafenden Kinder. Rauschen der Kerosinlampe.

Pilo und Lopang sehen aus wie erschöpfte Vögel, die zu weit geflogen sind. Genauso fühle ich mich.

Ein Junge schaut durch eine der beiden Hüttenöffnungen. Vom Kanu aus, in dem er steht, reicht er einen Stuhl für mich hinauf. Ich bleibe lieber auf dem Boden sitzen.

Pak Rumi streicht mit den Fingerspitzen über Ulos Körper, ganz leicht, kaum berührt er seine Haut. Sich zur Seite drehend, streicht er etwas Unsichtbares von den Händen, sprüht Speichel über das Kind, angedeutet. Dann löscht er die Lampe. Jumaia hat uns eine Matte hingelegt. Wir schlafen erschöpft ein. Ulo liegt etwas entfernt von uns.

Unruhe weckt mich. Alle sind wach. Alle sind um Ulo versammelt. Es ist früher Morgen. Pak Rumi und Ibu Jumaia flechten kleine Reusen aus Palmblättern, hastig, als hetze sie etwas oder jemand. In einer Schale verbrennt duftendes Holz. Fertige Reusen werden gefüllt mit gekochtem Reis, Fisch, kleinen Stücken Ei und eilig an einen Bambusstab gehängt. Sprechend und singend schwenkt Pak Rumi ihn über dem still liegenden Ulo.

Der reißt plötzlich die Augen auf, bewegt sie hin und her, wehrt den Bambus mit beiden Händen ab.

»Ich habe den bösen Geist. Bindet das Kanu los«, sagt Rumi. Schnell stehen die Erwachsenen auf, Ibu Pilo zieht mich mit aus der Hütte die Leiter hinunter in ein Kanu. Die Kinder bleiben bei Ulo.

»Du darfst jetzt nicht rufen, ausspucken oder zurückschauen«, sagt Rumi zu mir.

Pak Lopang und Ibu Pilo paddeln eilig dem Land entgegen. Am Bambusstab, den Pak Rumi weit von sich über das Wasser hält, wippen die Reusen. Unsere Füße klatschen auf braune feuchte Erde, als wir ihm an Land nachrennen, bis er stehen bleibt vor einem mächtigen Baum und sich reckt, um den Stab auf einem Ast abzustellen. Ruhe liegt jetzt auf den zuvor angespannten Gesichtern. Der böse

Geist, so erfahre ich, der Ulo krank gemacht hat, wohnt jetzt in diesem Baum.

»Es sind nicht die Geister unserer Ahnen, die uns das Leben schwer machen. Die kennen uns und lassen uns in Ruhe. Es sind die Geister der Menschen an Land. Wie sie mögen sie uns nicht, deshalb ärgern sie uns und machen uns krank«, erzählt Rumi.

»Ich bin ein Landmensch. Habe ich ihn mitgebracht?«

»Sie sind überall und lauern uns auf.«

Wir entfernen uns rasch, paddeln zurück zu Rumis Hütte. Dort hocken die Kinder auf der Leiter, ihre nackten Körper glänzen in der Sonne, während sie Nylonschnüre mit Haken und Köder ins Wasser dippen. Kleine silbrige Fische zappeln in ihren Händen, fallen zurück ins Wasser. Lachen. Schnaufen. Ulo mit baumelnden Füßen mittendrin.

Ich staunte und hätte gern mehr verstanden von den Kräften, die Rumi nutzte.

Über Nacht war ich mit Ibu Pilo, Ulo und Pak Lopang in einer neuen Welt angekommen. Das Meer war noch das Meer, aber es wirkte endlich in dieser Bucht, eher wie ein See. Den Horizont konnte ich nur durch eine schmale Öffnung im Osten sehen. Unter dem Boot ein tiefbrauner Grund. Zehn Hütten auf Stelzen spiegelten sich im Wasser, eine unregelmäßige Reihe, etwa vierzig Meter weit entfernt vom Regenwald. Zwei weitere standen – einen Steinwurf in die Mitte der Bucht hinein – vor einem Buckel aus leuchtendem Gras. Gras wuchs auch in einem weiten Bogen vor dem Regenwald; dahinter glänzten Palmen, und dazwischen – bis auf die Höhe des letzten Stelzenhauses – verlief ein weiß gestrichener Lattenzaun. Es sah aus, als begrenze er einen Vorgarten mit unwirklich groß gewachsenen Pflanzen. Sonne flutete über die eigenartige Idylle.

Als ich das nächste Mal aus der Hütte schaute, vergaß ich zu atmen. Das Meer war weg. Es gab nur noch schwarze fettige Erde. In Rillen und Mulden standen Pfützen. Baumstämme lagen kreuz und quer. Kanus. Abgebrochene, feuchte Äste ragten aus dem Morast in den Himmel. Apokalyptisch! Ein paar Jungen liefen durch den schmatzenden Grund. Er klebte schwer an ihren angehobenen Füßen. Ebbe. Die ganze Bucht ohne Wasser. Unser Boot lag vor der Hütte wie ein altes, verendetes Tier.

Ibu Pilo war unruhig. Sie bat mich, mit ihr zu kommen, und lief mit mir über den Trampelpfad neben dem weißen Zaun, fast bis ans Ende des Dorfes.

Sie kehrte um und machte mich leise aufmerksam auf eine Frau in der Türöffnung einer Stelzenhütte.

»Das ist Lopangs erste Frau«, sagte sie. »Sie hat mit ihm einen Sohn, der ist schon fast erwachsen. Ich fühle mich nicht wohl, wenn wir hier sind.«

Deshalb kamen Ibu Pilo und Pak Lopang selten hierher. Pak Lopang sprach nie viel mit seiner ersten Frau, begrüßte sie nur, fragte nach seinem Sohn, Nadu, der sich ihm und Pilo manchmal in einem eigenen Kanu anschloss. Ibu Pilo mochte Nadu, aber ihre Vorgängerin bereitete ihr Unbehagen, denn sie war es, die Pak Lopang wegen eines anderen Mannes verlassen hatte. Ibu Pilo fragte sich, ob Pak Lopang diesen Schritt möglicherweise bedauerte.

Ein paar Tage wohnten und schliefen wir bei Pak Rumi und Ibu Jamaia in der Hütte. Sie verbrachten die ganze Regenzeit hier. Wieder fiel mir auf, wie sanft die Bajos miteinander und mit mir umgingen. Stets höflich, nie aggressiv.

Besucher kamen und gingen, umlagerten mich den ganzen Tag; geduldig beantwortete ich die immer gleichen Fragen: »Woher kommst du? Wo ist dein Mann? Hast du Kinder? Bist du reich?«

»Nein.«

»Bist du mit dem Flugzeug gekommen?«

»Ja.«

»Dann bist du reich.«

»Kennt ihr Om Lahali?«

»Ja.«

»Wisst ihr, wo er ist?«

»Nein.«

Alle wollten fotografiert werden, einzeln, alle zusammen, jeder mit jedem. Sie fragten nicht nach den Fotos, sie wollten einfach nur fotografiert werden. Es war, als ehrte ich sie allein dadurch, dass ich mich ihnen zuwendete. Sie schauten ernst und still in die Kamera. Nach dem Klick schüttelten sie sich vor Vergnügen. Die Freude der Ältesten glich der reinen Freude der Jüngsten.

»Jetzt sind wir da drin! Jetzt bleiben wir immer um dich herum. Jetzt nimmst du uns mit in dein Land.«

Plötzlich steht jemand vor mir, den ich kenne. Es ist schon lange her, da sind wir uns bei Pak Puing und Ibu Hastuti begegnet, unmöglich, sich nicht an ihn zu erinnern: den Mann mit dem Fell im Gesicht. Er ist gekommen, damit ich ihn fotografiere.

Ich bin etwas gehemmt, ihn so ins Licht zu rücken wie die anderen vor ihm, denn das Interessante an ihm ist seine Anomalie. Doch er ist völlig entspannt. Sein nicht mit Fell zugewachsenes Auge schaut mich an, strahlend, warm, es lädt mich ein, Fotos zu machen. Seine unbefangene Haltung nimmt mir meine Unsicherheit. Ich fotografiere nicht mehr nur das Fell, ich fotografiere den Menschen mit seiner wunderbaren Ausstrahlung, seiner Freude darüber, fotografiert zu werden.

Die Bajos müssen meine Hemmungen gespürt haben. Als wir später zusammensitzen, sagt Pak Rumi: »Tole ist ein Glücksbringer.«

Jemand hebt seine Hand. Ich sehe einen kleinen sechsten Finger daran baumeln, zwischen Daumen und Zeigefinger. Ähnliches hatte ich schon öfter gesehen. Leises Lachen. Zurücklehnen an die Hüttenwände. Gute Laune.

»Auch ein Glücksbringer«, sagt Ibu Pilo.

Ich legte eine lange Liste mit Namen und Wünschen an: Mittel gegen Kopfweh, Magenschmerzen, Rheuma, Gicht, Pickelcreme. Es schien allen selbstverständlich, dass ich die Dinge besorgen konnte, dass sie schon ankommen würden.

Am Morgen trat ein Mann in die Hütte, die Haare ergraut, die Glieder ausgemergelt; er brachte ein Bündel gelbe Bananen. Abani. Sie waren für mich. Kniend reichte er sie mir auf beiden Händen über den Boden hinweg entgegen und erzählte von einem jungen Mann, der unter großen Schmerzen litt: Rheuma. Für ihn, der nicht selbst kommen konnte, bat er mich, ein Medikament aus meinem Land zu schicken.

Ich versprach, mit einem Freund, einem Arzt, zu reden und per Post zu senden, was sich ohne persönliche Untersuchung verantworten ließ. Aber wohin?

Zu Ino. Irgendwann würde es zu Abani gelangen. Was war schon Zeit.

Ein Junge, vielleicht sechs Jahre alt, setzte sich zu uns. Seine rechte Gesichtshälfte war monströs angeschwollen durch einen entzündeten Zahn. Er saß still, klaglos da, die Augen groß und ernst. Nichts und niemand hätte ihm helfen können. Wie hielt er die Schmerzen aus?

Pak Rumi erzählte von einer Krankenschwester, die manchmal in dieses Dorf kam. Bevor sie jemanden behandle, frage sie immer nach: »Schon *dukung?*« Verneine der Patient, verlange sie: »Erst *dukung*, dann Spritze« und schicke ihn zu ihm, dem Schamanen.

Früh am Morgen, ich hockte gerade neben der Feuerstelle, um zu pinkeln, stürzte ein alter Mann erregt vor Freude auf mich zu.

»Foto, Mississ! Foto!«, rief er und störte sich wenig an meiner Situation.

Ich tat, als sähe und hörte ich ihn nicht. Zum ersten Mal spürte ich die ständige Nähe anderer Menschen als Last. Andere Männer kamen in die Hütte geklettert; das übliche Frage-Antwort-Spiel begann. Niemand dachte daran, mir Gelegenheit zum Waschen, wenigstens Zähneputzen zu geben. Sie saßen arglos da und stellten ihre Fragen. Was mache ich hier?

136

Abends rief einer der Männer zum Gebet mit wenigen Worten, nicht mit *La ilaha illa 'llah – la ilaha illa 'llah*. Sie versammelten sich in einer Hütte, die sich durch nichts von den übrigen unterschied, aber als Moschee diente. Auch Pak Lopang folgte dem Ruf. Niemand verneigte sich nach Osten, sie hockten zusammen, redeten, Kinder drängten sich zwischen sie, sogar ich durfte im Eingang sitzen. Unterwegs, auf ihrem Boot, beteten Ibu Pilo und Pak Lopang nie, doch sie sagten von sich, sie seien Muslime.

In der Nacht wurde ich von Bauchschmerzen und Krämpfen hinausgetrieben. Es war Ebbe, die Bucht ohne Wasser, und ich lief durch die schwarze schmatzende Erde bis hinter den weißen Zaun, wo ich festeren Boden fand und mich unbeobachtet wähnte. Ich hatte genug mit mir zu tun und die Geister ganz vergessen. Als ich zurückkam, setzte ich mich unten auf die Leiter und wusch mir den Dreck von den Füßen mit Wasser, das dafür vorgesehen war.

Morgens war ich umringt von besorgten Bajos. Sie hatten mich gehört und wollten wissen, warum ich sie nicht rechtzeitig geweckt hätte, dann hätten sie mich in ihre Mitte nehmen und begleiten können. Diesmal fielen ihre Ermahnungen, nachts nicht umherzugehen, heftiger aus als beim letzten Mal. Sie sprachen vom Dümmsten, was sie mich je hatten machen sehen. Ihr Unmut beunruhigte mich. Zum ersten Mal fehlte ihren Gesichtern, ihren Stimmen die Sanftmut. In beiden lag Qual. Ich versicherte ihnen und mir selbst, einen weiteren nächtlichen Ausflug würde es nicht geben.

Wir verließen die Bucht gut gelaunt. Ulo war gesund. Der Horizont – seit wir hier waren, hatte ich immer nur einen kleinen Ausschnitt von ihm gesehen –, der Horizont weitete mein Lebensgefühl. Wind brach kleine Riffel ins Meer, verwandelte silbrige in blaue Schatten und blaue in silbrige. Die Mücken – sie hatten mich vollkommen zerstochen – blieben zurück. »Alles Malariastiche«, wusste ich von den Kindern, für sie war das Fieber so normal wie für uns eine Grippe. Der Hahn machte leise Geräusche. Sie vermischten sich mit dem sanften Zischeln der Ausleger, mit dem Anreißen eines Streichholzes – verschiedene Arten von Flüstern.

Das Boot glitt über die Haut des Meeres. Hockend oder sitzend haben wir eine andere Sehebene als jemand, der vorwiegend steht und läuft. Wir nehmen die Welt anders wahr. Näher. Direkter. Grenzenloser. Zeitlos. Jedenfalls hier auf dem Meer.

Wir gehören zu ihm wie ein Stück Holz, das darin treibt, wie ein fliegender Fisch, der über seine Oberfläche segelt, oder wie ein Vogel, der sich auf ihm ausruht.

Ich bin schon auf vielen kleinen Booten auf dem Meer gewesen, in Zodiacs, Boston Whalers, auf Flößen, in Kanus, doch was ich jetzt erlebte, war ein vollkommen anderes Gefühl. Die früheren Erfahrungen waren schön oder aufregend, flüchtige Bewegungen von hier nach da, es galt, eine Strecke zu überqueren. Selbst auf dem eigenen Schiff hatte ich das Meer anders erlebt, es war ein Stück weiter entfernt. Hier war es hautnah und durch Ibu Pilo, Pak Lopang und Ulo auch das Wissen vom Meer.

Woher kommen die Gedanken? Als ich zum ersten Mal wieder an Zeit dachte, war es Zeit, an meine Rückreise zu denken. Sofort nahm sie mich gefangen, die Zeit. Kaum hatte ich ihr wieder Bedeutung eingeräumt, engte sie mich ein und stand für eine andere Welt. Eine, in die ich zurückkehren würde und ausprobieren wollte, die Dinge neu zu betrachten. Auf dem kleinen Boot von Ibu Pilo und Pak Lopang erlebte ich mich plötzlich in einem Zustand zwischen den Welten und spürte, alles hatte immer nur die Bedeutung, die ich ihm zugestand. Wenn ich das im Alltag zu Hause nicht vergessen würde, könnte ich mich dann freier bewegen?

Irgendwann zwischen heute, Neumond und dem werdenden Halbmond wollte ich bei Ibu Sulastri sein, hatte ich Ibu Pilo und Pak Lopang erklärt, hoffte, diese Spanne würde ausreichen und sie nicht unter Druck setzen oder irritieren. Es gefiel ihnen überhaupt nicht, wenn ich sie bat, etwas zu einem anderen als dem jeweiligen Zeitpunkt zu tun, und sie darauf festlegen wollte. Bitten dieser Art überhörten sie mit ungewohnt abwesendem Gesichtsausdruck. Zwei- oder dreimal hatte ich solche Wünsche wegen eines vorteilhafteren Lichts zum Fotografieren ausgesprochen. Ich wusste, sie mochten mich, aber einer Einteilung der Zeit verweigerten sie sich; es machte sie unfrei. Sie planten nicht. Sie lebten.

Inseln versprenkelt im Meer. Die Farbe Grün des Regenwaldes, ihr besonderes Leuchten kühlt den Blick, mildert scheinbar die Last der feuchten Hitze. An einem Strand, kurz und schmal wie ein Pinsel-strich, liegt ein Bajoboot. Zwei Freunde, schon etwas älter, ihre Kinder leben längst auf eigenen Booten. Sie trocknen Seegurken. Das Ritual des Teilens, Erzählens und des Ausfragens beginnt. Wir sitzen auf einem umgefallenen Baumstamm, die Füße schieben Korallensteine hierhin, dorthin. Maleovögel rufen. Pak Lopang und Ulo boxen in einem Abstand voneinander, der eine Berührung ausschließt. Sie lachen so sehr, dass Tränen über ihre Wangen laufen. Dann holt Pak Lopang seine Gitarre. Er singt von der Armut der Bajos, vom Speerfischen, vom Sturm, vom Baby, dessen Mutter bei seiner Geburt starb – und aus dem Stegreif von mir. So wie Bob Dylan und John Lennon Lieder texteten über das, was sie auf der Straße sahen, reflektieren auch Pak Lopang und seine Freunde in ihren Liedern, was um sie herum geschieht – mit überbordendem Spaß.

In der Ferne wird das glatte Meer borkig. Rasch breiten sich Riffel aus, kommen näher. Mit dem ersten Windstoß, der uns erreicht, springen alle auf, rennen zu den Booten, einfach so, ohne ein vorheriges Wort.

Ich soll ein Stück weit auf dem größeren Boot der Freunde mitsegeln, ruft Ibu Pilo mir zu. So machen wir ein paar schnelle Meilen, die Inseln bleiben rasch hinter uns.

Ich sehe zurück zu Ibu Pilo, Pak Lopang, Ulo und staune. Auf diesem kleinen Boot lebe ich mit ihnen, fühle mich wohl darauf. Es wirkt auf unbegreifliche Weise vollkommen natürlich, wie es sich da auf das Meer duckt. So, als gehöre es zu ihm wie das Haus zur

Schnecke. Und das tut es ja auch, denn es ist das Meer, auf dem wir leben, und nicht das Land. Ich lächle in mich hinein, als mir der amerikanische Forscher Raymond Kennedy einfällt. Er schrieb über die Seenomaden: »Ihre Existenz ist eine fortwährende Reise. Sie reiten auf dem Busen des Ozeans wie die Vögel des Meeres.«

Der Wind wehte nicht mehr. Segeleinrollen. Paddelschläge. Die Boote näherten sich einander, ich stieg um. Lachen. Rauchen. Noch ein Löffel Zucker in die Zigarettenschachtel. Dann trennten wir uns.

Das Wasser war ein zerbrechender Spiegel. Sonnenübergossen. Silberne Splitter flogen bis zum Horizont, blendeten die Augen. Etwas platschte laut auf. Als wir hinsahen, war es schon wieder im Meer verschwunden. »Ikan«, sagte Ulo, Fisch. Ibu Pilo warf den Anker über einem Riff. Pak Lopang tauchte nach Seegurken. Ich schnorchelte über ihm, sah ihn tiefer und tiefer sinken, den Speer vor sich hingestreckt.

Der nächste Morgen war vollkommen still. Das frühe Licht floss über unsere Welt aus Wasser, vermischte sich mit ihr, färbte sie ein. Vor uns, zwischen Himmel und Meer, sah ich Punkte am Horizont. Sie bewegten sich nicht. »Feste Boote«, erklärte Ibu Pilo, und bald erkannte ich Hütten auf Stelzen über einem Riff im Ozean.

Unser Boot glitt über Wasser von tiefblauer Farbe, dazwischen war das Meer grün und glatt und bebend wie Gelee. Der Schatten unseres Rumpfes trieb über blaue Seesterne auf sandigem Grund. Von sechs windigen Hütten war eine bewohnt. Unter ihr dümpelte ein Boot, und auf der Veranda, drei Meter über dem Riff, saßen Ibu Nisa und Pak Udin mit ihren beiden Kindern und sahen zu, wie wir uns ihnen näherten. Freunde. Sie sahen aus wie Vögel im Nest.

Bald summte Wasser im Topf über ihrer Feuerstelle. Ulo wälzte sich mit den etwa gleichaltrigen Kindern Eta und Marten auf den Schlafmatten, schaukelte juchzend in unter dem Dach aufgehängten Sarongs. Ibu Nisa, dicht neben der Türöffnung sitzend, beugte sich über Ibu Pilos Kopf in ihrem Schoß, legte ihr Haar Strähne für Strähne in kleine Scheitel und zerdrückte Läuse. Hinter ihr zerfloss das Licht über dem Meer.

In drei Tagen würde Halbmond sein, daran dachte ich, und daran, dass meine Sorge um die Zeit so lästig war, so einengend. Sie hatte mit einem Gedanken angefangen, jetzt saß sie mir in den Knochen. Dabei hatte die Sorge gar keinen realen Bezug. Das Boot war nicht leckgeschlagen. Wir waren in keine andere Gefahr geraten und jeden Tag weitergekommen.

Aber wohin? Nach Samas? Wenn ja, wie weit war es noch, und lagen wir in der Zeit? Wieder spürte ich den Zwang, die Macht, die ich diesem Begriff einräumte. Es sind die Gedanken, die unfrei machen.

Überflüssig. Um mich herum reichte die Welt bis hinter den Horizont, die Bajos waren vollkommen entspannt. Warum sollte ich ihnen und dem Leben nicht einfach weiterhin vertrauen? Ich hatte mir fest vorgenommen, Ibu Pilo und Pak Lopang weder zu drängen noch zu fragen. Es fiel mir nicht leicht, doch ich blieb dabei.

Am nächsten Tag sitzen wir auf der Veranda, lehnen rechts und links von der offenen Tür an der Hüttenwand, über den angezogenen Beinen leuchten die Sarongs. Zigaretten brennen. Die Kinder hangeln an der Leiter zum Meer. Der Himmel ist ohne Wolken.

Auf einmal schauen alle hinüber zur linken Seite. Ein Boot nähert sich. Obwohl kein Wind weht, ist das Segel gesetzt, es steht gerade über dem Scheitel des Daches. Es ist eine *sope*, ein Hausboot ohne Ausleger, eines, wie der Professor es mir auf einem Bild gezeigt hatte.

Jetzt hört der Mann im Heck auf zu paddeln, er kriecht unter dem Dach hindurch in den Bug, richtet sich auf und drückt das Boot mit einer langen Bambusstange vorwärts durch das flache Wasser über dem Riff. Sein Körper ist uns zugewandt, nach jedem Schub steht er da; bewegungslos, die Bambusstange schräg vor der Brust, schaut er

uns an. Wenige Worte fallen. Zwanzig Meter von uns entfernt gleitet er vorüber, unendlich langsam, von links nach rechts, über ein
vollkommen glattes Meer, wassergrün, Büschel von Seegras, einen
Seestern; das Segel treibt über den Himmel. Unendlich langsam folgen unsere Köpfe, sind jetzt ganz zur anderen Seite gewandt – er
verschwindet. Wie aus einem Film. Niemand spricht. Ich warte.
Dann stelle ich meine brennende Frage: »Wer war das?«

»Om Lahali. Er wollte nicht bleiben, als er merkte, dass du da bist.
Er fühlte sich zu scheu.«

Wir sehen auf das Meer, schweigen. Dann sagt Ibu Pilo: »Er muss
sich erst an dich gewöhnen.«

»Darf ich wiederkommen?«

»Ja.«

Wenig später waren auch wir wieder unterwegs. Der Hahn führte
seine Selbstgespräche. Pak Lopang paddelte, Ibu Pilo hatte grüne
Kaffeebohnen im Wok geröstet und zerstampfte sie jetzt zu grobem
Mehl. Sie lächelte mich an und sagte: »Der ist für dich. Du nimmst
ihn mit und trinkst ihn zusammen mit deiner Familie, dann musst
du an uns denken. Wir möchten, dass du uns nicht vergisst. Wirst
du uns vergessen?«

»Niemals, Ibu Pilo, niemals.«

In der Nacht ankern wir in der Bucht, in der unsere gemeinsame
Reise angefangen hatte. Der halbe Mond steht am Himmel, sein
Schein schaukelt auf dem Wasser. Sie erzählen mir alles, was wir
gemeinsam erlebt haben. Pak Lopang singt davon, wie ich sitze, esse,
Dinge aufschreibe. Niemand will schlafen. Das Meer ist schwarz
und glatt.

Manchmal lachen wir, manchmal werden wir ganz still. Irgendwo
dort im Dunkeln liegt Samas verborgen. In dieser Nacht, es ist das
einzige Mal, legt sich Ulo in meinen Schoß zum Schlafen.

Es wurde hell, und wir fuhren nicht nach Samas, wir gingen zum
Strand. Zum Spielen. Ein bisschen Schattenboxen, ein bisschen Gitarre, ein bisschen hin und her laufen, erzählen. Und dann, auf ein-

mal, praktisch ohne Übergang, saßen wir im Boot und paddelten nach Samas.

Nur Pak Lopang nicht. Er stand mit dem Hahn unter seinem Arm im flachen Meer. Regungslos. Ich schaute mich um und schaute und schaute. Plötzlich war er nicht mehr zu sehen, wahrscheinlich verschwunden im Regenwald, wilde Hähne locken.

Ibu Pilo paddelte mit der Zigarette im Mundwinkel. Wind kam auf. Ich erinnerte mich daran, wie ich sie zum ersten Mal gesehen hatte, an jenem Markttag, das Segel im Gegenlicht, sie und Ulo mit Seegurken auf dem Weg zu Pak Ino. Diesmal ging ich mit ihnen. Die Leute blieben stehen.

Wenig später – es war immer noch heller Tag – lag ich in Ibu Sulastris Gasthaus in dem Zimmer ganz am Ende der langen Veranda auf dem Kingsize-Bett, vor den Augen ein Stummfilm, der nicht aufhören wollte, sich zu wiederholen: Ibu Pilo und Ulo segeln weg.

Immer wenn das Boot so klein geworden ist, dass sie schon bei Pak Lopang angekommen sein müssten, wird es wieder groß, liegt es wieder am Steg, steigen sie ein, entfernen sich neu, drehen sich um. Ihre ernsten, klaren Gesichter. Ibu Pilo trägt das rote T-Shirt von mir. Der Wind. Mein Schmerz.

Ich bin erschöpft, trinke gierig die Suppe, die Ibu Sulastri bringt.

Später, wach, Arme und Beine weit von mir gestreckt, sehe, spüre ich mich als das Meer die fernsten Ufer umspülen; ich umspanne die Welt, bin Dünung und Welle, bin Wasser, bin eins mit dem Ozean. Nur mein Kopf ist noch Kopf. Ich möchte, dass auch er wie mein Körper im Meer zerfließt. Aber der bleibt, was er ist. Glasklar. Er will nicht zerfließen.

Warum?

Deswegen kann ich mich erinnern, denke ich, denkt das Meer.

Sieben

Zurück in Deutschland, lernte ich, wie man einen solchen Zustand nennt: ozeanische Selbstentgrenzung. Die Subjekt-Objekt-Trennung wird aufgehoben. Man wird eins mit der Natur, der Welt, dem Göttlichen.

Ein australischer Freund sagte: Das ist eine Bewusstseinsveränderung, wie du sie unter Drogen erfahren kannst.

Ich betrachtete alle Erklärungen, dachte auch daran, wie es wahrscheinlich so weit hatte kommen können: Ein Minimum an Trinkwasser, einseitige Ernährung, weil ich Würmer und rohe Muscheln mit ihren Proteinen nicht essen mochte. Hitze. Anstrengung. Intensives Auseinandersetzen mit dem Meer. Dann entschloss ich mich, das Erlebnis nicht länger zu analysieren und zu kategorisieren. Dadurch verlor es seine Wirklichkeit. Wie ein hinter Glas aufgespießter Schmetterling.

Ich erinnere mich lieber an das, was es war: eine Erfahrung, die mich bereichert hat.

Als ich ankam in Deutschland, war Winter. Ich wollte meinen Augen nicht trauen: Wie eine Fata Morgana standen meine Freunde um sechs Uhr früh am Frankfurter Flughafen. Im Auto rollten wir nach Düsseldorf.

»Gemäßigte Klimazone« erschien wie ein Transparent in meinem Kopf, als ich aus dem Fenster sah und dachte: Ich stamme aus einem gemäßigten Land. Die Flüsse sind gebettet, die Bäume gezähmt, das Licht verschwendet sich nicht.

Gehen durch die vertraute Stadt. Viereinhalb Monate hatte mich die schwüle Hitze zu langsamen, ja trägen Bewegungen gezwungen. Jetzt machte mir die Kälte Beine. Eis an den Rändern der Straßen und in der Luft. Ich spürte sie wie eine unsichtbare Dichte, gegen die ich anlief, leicht nur, aber ich nahm sie wahr, denn ich kam aus einem heißen, tropischen Land, in dem sie nachgiebiger war. Ein reales Gefühl. Hier schien alles fester, zusammengezogen, auch die Menschen, die an mir vorüberliefen.

Im Schaufenster von Reisebüros und Banken sah ich, wovon sie träumten: von einsamen Stränden, türkisen Meeren, von Palmen – *Traumziele* stand auf den Bildern, und dass man Geld für sie braucht.

Ich lächelte in mich hinein. Unsere vermeintlichen Paradiese sind für Ibu Pilo und Pak Lopang Zuhause. Ich musste daran denken, wie sie über ihre nassen Weidegründe schweifen, Traumziele, noch nicht entdeckt von Europäern und Amerikanern, Japanern. Was würden die beiden denken, wenn sie wüssten, dass es Unternehmer gibt, die ihnen und anderen am Wasser lebenden Menschen die Idee abgeschaut haben, Hütten auf Pfählen ins Meer zu setzen? Zum Vergnügen von Touristen, denen eine Übernachtung und der Blick ins Weite fünfmal mehr wert sind als der Preis, den die Bajos für ein »festes Boot« aufbringen müssen? Würde es Ibu Pilo und Pak Lopang beeindrucken, wenn sie wüssten, wie teuer ihre Welt uns ist?

Menschen und Schneeflocken trieben an mir vorüber, Autos hupten.

Ich brachte ein Paket mit den Bajos versprochenen Medikamenten zur Post, adressiert an Ibu Sulastri. Tütchen mit Zucker, Salz, Milchpulver – von Freunden und mir gesammelt in Flugzeugen und Cafés – lagen dabei, Shampoo und eine Haarbürste. Ich sah Ibu Pilo sich freuen und alles teilen, vertraute darauf, dass sie die Sachen irgendwann bekommen würde.

Noch etwas war in dem Paket, das der Beamte jetzt auf die Waage stellte: eine Menge Bilder. Ich wünschte, ich hätte sie selbst verteilen, die Gesichter sehen können. Was das bedeuten kann, hatte ich auf der kleinen Insel Tikopia, die zu den Salomon-Inseln gehört, erlebt. Wir haben dort vier Wochen vor Anker gelegen. Ein amerikanischer Freund, der uns mit seiner Yacht dorthin gefolgt war, hatte die Bewohner mit einer Videokamera durch ihren Alltag begleitet. Sie hatten sich noch nie auf einem Foto gesehen und wussten nicht, was ein Film ist. Die Schwester der Krankenstation überließ unserem Freund Mark den Generator. Im Schatten des Waldes stellte er eine Leinwand auf, und die Tikopianer saßen auf Baumstämmen und auf dem Boden, lachten, kauten Betelnuss und warteten auf das, was Mark ihnen angekündigt hatte und sie sich nicht vorstellen konnten: sich selbst zu sehen.

Es wurde still, als die ersten Dorfbewohner über die Leinwand liefen, einen Baum fällten, ein Kanu bauten, Matten flochten, aus einer Hütte krochen und gleichzeitig dort im Wald saßen, die Köpfe dem Film zugewandt wie Blumen der Sonne, vollkommen selbstvergessen und gleichzeitig ganz und gar sie selbst. Offene, verletzliche Wesen, zu denen das Staunen uns macht. Ich staunte. Sie sahen auf die Videobilder, ich sah auf sie. Ihre Gesichter nur Mund und Augen. Die reglosen Gestalten fingen an, sich zu bewegen, zu reden, zeigten auf ihre Verwandten, sich selbst erkannten sie nicht. Diese Freude. Wie sie sich dem Wunder überließen, ohne es erklären zu wollen.

Darüber dachte ich nach, als der Postbeamte das Paket für Ibu Pilo und Pak Lopang auf einen Wagen warf, und war dankbar für alles Schöne, das ich durch sie und die Tikopianer erfahren hatte.

Diesmal war es einfacher, in der Stadt anzukommen, als nach meiner Weltumseglung. Damals lebte ich in einem Vakuum. Dort, wo die transparente Leere aufhörte, drei Armlängen von mir entfernt, drohten die starren Gesichter einer sesshaften Welt: Häuser, die sich nicht vom Fleck rührten, Luft, die ich nicht atmen wollte, Versicherungsvertreter, Sicherheitsdenken, Anpassung, die Angst vor der Angst, mich darauf einlassen zu müssen. Was nicht geschah.

Sieben Monate nach unserer Rückkehr trennten sich mein Freund

und ich. Meine sesshaften und auf Sicherheit bedachten Eltern und Freunde ermutigten mich, den vor viereinhalb Jahren eingeschlagenen Weg weiterzugehen. Ich war ihr Alter Ego. Es gab Phasen, da glaubten sie mehr an mich, als ich selbst es tat. Vielleicht muss man sich erst verlieren, um sich finden zu können.

Jetzt genoss ich die Vielfalt der Stadt, ihren Überfluss, der mich schon lange nicht mehr verführte, denn er machte die Dinge weniger begehrenswert. Ich erfreute mich an ihnen, doch musste ich sie nicht mehr besitzen. Dauernd dachte ich: Was würden Ibu Pilo und Pak Lopang dazu sagen? Besonders auf dem Wochenmarkt.

In Gedanken wanderte ich jeden Tag zwischen den Welten. Die Seenomaden hatten mich angerührt. Von ihnen ging ein Selbstverständnis aus, das mich nachdenklich und ernst machte und – ja, auch ein bisschen wehmütig, denn es war nicht meines.

Was ich empfand, erinnerte mich an meine Segelreise. Jahrelang – die erste Hälfte der Welt hatten wir schon umrundet – sprang ich bei jedem Delphin, der uns begleitete, wie ein begeistertes Kind auf dem Deck herum. Es war ganz und gar unmöglich, nicht außer sich zu geraten. Dann, auf einmal, freute ich mich stiller. Ich stand an der Reling, wenn sie kamen, sah ihnen nachdenklich zu, wurde ernst und ein bisschen wehmütig. Eben so, wie ich mich bei dem Gedanken an die Seenomaden fühlte. Es dauerte noch lange, bis ich klar ausdrücken konnte, warum.

Ich schrieb, schrieb über die Seenomaden für das *SZ-Magazin*.

Der stellvertretende Chefredakteur hatte meine Fotos gesehen und gesagt: »Schreiben Sie.« Ich war glücklich. Die Veröffentlichung begann mit einem Bild, dem einzigen, das es von ihm gab: Über eine Doppelseite glitt Om Lahali mit seiner *sope*. Ein Omen, dachte ich, ein gutes Omen.

Aber es kamen auch Zweifel. Durfte ich das? Durfte ich Bilder von den Seenomaden veröffentlichen in einem Land, in dem jeder Bürger ein »Recht am eigenen Bild« hat? Ich hatte Ibu Pilo und Pak Lopang gefragt und ihnen erklärt, warum ich Fotos machte. Aber was sollten sie sich darunter vorstellen? Sie wissen nicht, was ein Foto oder eine Zeitung ist, und kennen nicht deren Bedeutung in unserer Gesellschaft. Nur deshalb und weil sie es nicht überprüfen können, kann ich es mir erlauben, Bilder von ihnen zu veröffentlichen und über sie zu berichten. Welche Haltung liegt der Freiheit, die ich mir nehme, zugrunde?

Was würden sie sagen, könnten sie lesen, was ich geschrieben habe? Vielleicht: So sind wir nicht.

Wie wichtig sie für mein Leben sind. Durch sie konnte ich etwas über mich selbst erfahren, meine Neigungen und meinen Beruf miteinander verbinden. Rechtfertigte das mein Eindringen in ihre Welt? Ich war in hohem Maße von ihrer Großzügigkeit, ihrer Gastfreundschaft abhängig.

Wie wichtig war ich für ihr Leben?

Sie brauchten mich nicht.

Aufgenommen haben sie mich trotzdem, selbstlos. Gewiss, weil sie neugierig waren, und vielleicht, weil es sie ehrte, dass ein Landmensch ihnen ohne Vorbehalte begegnete. Und doch wird der Zwiespalt für mich bleiben. Auch mein Respekt und die Liebe, die ich für sie empfinde, ändern nichts daran, dass meine Beweggründe egoistisch sind.

Etwas lange im Voraus zu planen und darauf hin zu leben war nie meine Sache. Am liebsten war es mir wie mit Nan und Fred, amerikanischen Freunden, die, während ich schon wieder in Düsseldorf war, immer noch um die Welt segelten. An einem Montagmorgen riefen sie aus Durban an und sagten: »Wenn du noch mit uns um das Kap der guten Hoffnung segeln willst, musst du spätestens Samstag hier sein.« Drei Tage später lief ich in Durban über den Bootssteg. Auf meiner eigenen Weltumseglung waren wir nicht um die Kaps, sondern durch die sicheren Kanäle von Panama und Suez gefahren. Ich wäre auch bereit gewesen, innerhalb von vierundzwanzig Stunden in Durban zu sein.

So war es mir recht, als ich elf Monate nach meiner Rückkehr aus Indonesien morgens wach wurde und wusste, es war Zeit zu gehen. Befreiend das Gefühl, als ich wenige Stunden später mein Ticket buchte. Freude bei dem Gedanken, Ibu Pilo, Pak Lopang und Ulo wiederzusehen, Ibu Sulastri. Der Wunsch, Om Lahali zu finden, *pa ponka* zu machen mit Pak Taris, mehr über die lebenden Fische für Hongkong zu erfahren und mit den Bajos in ihren Stelzenhütten weit draußen über dem Meer zu leben. Ich hatte Lust, Geschichten zu finden, die ich mit Worten und Bildern weitergeben würde.

Doch hinter der Lust war es immer noch meine Sehnsucht, die mich antrieb. Woran erinnerte mich das Meer? Woran erinnerten mich die Seenomaden? Bestimmt lag die Antwort auch ganz in der Nähe, genau dort, wo ich gerade war, wahrscheinlich direkt in mir. Nur konnte ich so weit nicht sehen.

Am Tag meiner Abreise hatte mich eine Freundin mit hellseherischen Fähigkeiten angerufen und gesagt: »Ich wollte dir nur sagen, ich weiß, dass du gesund und sicher zurückkommst.«

Das Wort »weiß« hatte sie betont ausgesprochen und aufgelegt. Im Flugzeug fiel der Satz mir ein, und ich vergaß ihn gleich wieder. Ich denke niemals daran, dass mir etwas passieren könnte. Es ist eine Frage der inneren Einstellung.

Acht

In Indonesien setzte ich alles daran, die entnervende Reise mit dem Bus abzukürzen. So kam es, dass ich im Propellerflugzeug eines privaten Unternehmens einen Platz fand. Es sah aus wie ein bedauernswert ungepflegtes Museumsstück, eine Cessna 212. Alle sechzehn Plätze waren besetzt, acht an jeder Bordwand. Die muslimischen Frauen hatten ohne Ausnahme alles Haar unter einem Tuch versteckt. Die Männer saßen ohne Ausnahme auf der anderen Seite des Gangs. Vor dem Start stellten sie mir liebenswürdig, aber hartnäckig die bekannten Fragen.

Ich bin immer gern in kleinen Flugzeugen geflogen. Da fühle ich mich dem Wunder näher. Die Sitze sind hart, es klappert überall, es zieht und ist kalt. Der Raum Luft, er ist so leer und nah, und ich freue mich wie verrückt, das scheinbar Unmögliche zu erleben.

Jetzt flogen wir zwischen immer dichter werdenden Wolken. Weißen zuerst, dann leuchtete alles um uns her blau, violett, grau. Schnell aufeinander folgende Blitze und Donner, der ohrenbetäubend knallte. Die kleine Maschine gebärdete sich wie ein Holzschlitten auf einer buckligen Rodelbahn, schlitterte, hob und senkte sich. Im Cockpit drehten sich die Piloten zu uns um. Zwischen ihnen blinkten zwei rote Lampen. Für einen Laien wie mich bedeutete das nur eines: Gefahr.

Die Frau hinter mir krallte ihre Hände in meine Schultern. Die anderen Passagiere saßen mit nach vorn gebeugten Körpern da, die meisten mit den Händen auf der Vorderlehne. Einige übergaben sich. Ein Mann schrie, er wolle raus.

Mein Herz klopfte so hart, dass es im Hals schmerzte. Ich war erstarrt und dachte: Das hast du nicht erwartet. Es geht ans Sterben. Lieber Gott, mach, dass es schnell geht. Etwas in mir bereitete sich auf den Absturz vor. Ich gerate nie in Panik. Plötzlich hörte ich in mir eine Stimme, sehr ruhig, sehr klar. Sie sagte: Mach dir keine Sorgen. Mach dir keine Sorgen. Mach dir keine Sorgen. Die Stimme wiederholte diesen Satz ohne Pause. Sie klang fest und angenehm. Ich fühlte, wie sich mein Körper entspannte, der Kopf frei wurde, der Hals weit, und drehte mich um zu der Frau, die sich an mir festhielt, legte meine Hand auf ihre, lächelte sie an.

Dann sah ich wieder hinaus. Chaos. Aber jetzt konnte ich mich wieder begeistern am Drama der Natur, an ihren Bildern, die ich auf der sicheren Erde stehend niemals so sehen kann. Das Flugzeug schlitterte, rumpelte, die Piloten machten viele Handgriffe, und die Stimme sprach weiter: Mach dir keine Sorgen. Ich fühlte mich vollkommen sicher.

Plötzlich sackte die Maschine ab, wir fielen aus den Wolken, und da, die Kronen der Palmen, so nah, so dicht. Einen Moment war ich froh, dass die Stimme mich so lange vor der Todesangst bewahrt hatte, aber jetzt war er da, der Tod, das stand fest.

»Mach dir keine Sorgen«, hörte ich es in mir sagen.

Die Maschine wurde jäh wieder hoch in die Wolken gezogen. Außer Grau war nichts zu sehen. So blieb es eine Weile. Dann fielen wir erneut in die Tiefe, stiegen, fielen wieder, flogen unter den Wolken weiter. Ein paar Häuser waren da, Kinder liefen mit Bananenblättern über dem Kopf durch den Regen, dann rumpelten wir über eine Landepiste. Die Propeller drehten aus. Es wurde absolut still. Erbrochenes stank. Niemand bewegte sich. Dann drehten sich die Piloten um und lächelten uns an.

Auf einmal hatte ich das Bedürfnis, etwas zu tun, was ich sonst nach einer Landung von Herzen ablehne, ich klatschte. Sofort fielen alle fünfzehn anderen Passagiere ein. Uns alle verband das freudige Gefühl, noch einmal davongekommen zu sein. Wie schnell man wieder lacht.

Meine hellsichtige Freundin fiel mir ein. Später habe ich sie gefragt, was sie denn mit ihrer Bemerkung gemeint habe, sie wisse sicher, dass ich wiederkäme. »Hast du denn nicht in einem kleinen Flugzeug bei schlechtem Wetter gesessen?«, fragte sie zurück.

Ich bin kein Abenteurer, der bewusst Gefahr sucht, und auch nicht mutig, wie manche Leute denken, denn ich lasse mich nie auf etwas ein, wovor ich mich fürchte und was ich deshalb überwinden will. Das wäre für mich mutig. Aber mir gefallen Umstände, denen die meisten, die ich kenne, am liebsten aus dem Wege gehen. Oft haben sie mit Wetter und Natur zu tun. So war es auch auf meiner Reise mit dem Schiff um die Welt. Die Faszination des Meeres bei Sturm. Solange es zu verantworten war, blieb ich draußen im Cockpit unter die Sprayhood geduckt. Ich musste das Meer sehen, den Wind spüren, beider Kraft hören. Die Luken waren dann dicht, der Autopilot steuerte das Schiff, ich blickte auf die Wellen und wusste mich allein mit dem Ozean. Mir schien es, als sei ich zugegen bei der Erschaffung der Welt. Niemals überwältigte mich das Gefühl, angesichts der Leere, Weite und des Tobens klein und unbedeutend zu sein. Immer habe ich mich als Teil eines Ganzen empfunden. Vergleichbar vielleicht dem Tropfen, der zusammen mit vielen anderen den Ozean ausmacht. Möglicherweise habe ich deshalb keine Angst vor dem Meer, nur Liebe und Respekt.

Ich fuhr weiter mit einer Fähre, einem Bus und dem kleinen offenen Boot, das in Samas anlegte, wo sich nichts verändert hatte. Das Wiedersehen mit Ibu Sulastri eine herzliche Freude. Sie ließ ein Huhn schlachten, eine Kokoskrabbe holen und kochte eine Suppe und andere Kraft spendende chinesische Gerichte, die wir draußen im Wind auf der Terrasse hinter der Küche aßen. Von Om Lahali wusste sie nichts Neues, aber mein Paket war angekommen. Pak Ino hatte es Ibu Pilo übergeben, als sie mit Seegurken zu ihm gekommen war.

Die Sonne ging auf, und sofort war es heiß. Ibu Sulastri und Pak

Ino gaben Anweisung, das mächtige Einbaumkanu mit Lebensmitteln zu beladen. »Falls jemand da ist, brauchst du nicht den weiten Weg zurückzukommen«, meinten sie.

Aber es war niemand in den Stelzenhütten über dem Meer, als der Bootsführer Lan den Motor drosselte und das Kanu auf sie zusteuerte. Hier hatte ich zwei Tage mit Ibu Pilo und Pak Lopang, Ibu Nisa, Pak Udin und den Kindern verbracht; Om Lahali war in seiner *sope* vorübergeglitten. »Darf ich wiederkommen?«, hatte ich gefragt, und ein Ja zur Antwort erhalten. Diesmal fühlte ich mich nicht entmutigt. Ich war voller Vertrauen.

Zwei der Hütten gab es nicht mehr; nicht lange, und eine dritte würde zusammenbrechen. Sie stand schon ganz schief. Die Bajos würden neue bauen, hier oder anderswo.

Es war spät. Deshalb blieben wir über Nacht in der am besten erhaltenen Hütte und fuhren bei Tagesanbruch zurück nach Samas.

Dort wartete Rizal. Jemand hatte mich auf dem Schiff gesehen und es ihm erzählt. Er lebte immer noch bei den Bajos. Das kratzte an seinem Selbstwertgefühl; ich sah es an seinen Gesten, im Gesicht, hörte die Resignation in seinen Worten. Er wollte Lehrer sein. Die Behörden ließen ihn nicht. Das schwarze Kreuz auf seiner Brust war doppelt so groß wie das vom letzten Jahr. Manchmal beugte er sich beim Reden nach vorn, dann sah ich, wie schwer es an seinem Hals hing. Ich stellte mir vor, wie er es in beide Hände nahm und hochhielt, wenn seine Liebe, das muslimische Bajomädchen, ihn besuchen kam. Er war immer noch Jungmann, und auch das machte ihm zu schaffen.

Ibu Sulastri rief ein paar Anweisungen in alle Himmelsrichtungen. Mitarbeiter kamen und gingen. Dann war klar, ich hatte ein offenes Boot, mit dem Lan Rizal und mich in das Bajodorf bringen sollte.

Bald sah ich die Insel wieder am Horizont zwischen Himmel und Meer als diesen Fleck unbestimmter Farbe. Ich stellte mir vor, was noch verborgen war: die Hütten auf Stelzen, der Laufsteg zwischen zwei Inseln, der so niedrig über dem Wasser lag, dass man sich in sein Kanu ducken musste, um darunter hindurchzukommen. Die Gesichter. Die Kinder. Pak Taris.

Die Begrüßung ein einziger gellender Ruf aus vielen dicht aneinander gedrängten Kehlen. Ein Geschenk. Man kann es nicht kaufen. Es machte mich sehr glücklich, weil ich wusste, dass dieses Willkommen nur mir – Milda – galt. Ich hatte es mir nicht verdient.

Ich treffe Pak Taris in seiner Hütte. Er hockt neben der Feuerstelle und raucht *kretek,* eine indonesische Zigarette, die laut knistert, wenn er an ihr zieht. Sein Alter kann ich nicht bestimmen, vielleicht ist er vierzig, vielleicht älter. Er hat kurze, glatte Haare, verschmitzte Augen und trägt seinen besten Sarong. Wie die meisten Bajos ist er schlank und muskulös.

An den Wänden der Hütte hocken seine Frau, seine Mutter, Schwestern, Brüder. Die Kinder rutschen Zentimeter für Zentimeter näher an mich heran. Draußen treiben Kanus vorbei.

Es ist schon beschlossen, ich brauche nicht zu fragen: Pak Taris wird mich mitnehmen, wenn er hinausfährt, um *pa ponka* zu machen. Morgen. Ohne seine Familie. Die wird hier in der Hütte bleiben, während er in den Nächten seiner Arbeit auf dem Meer nachgeht. Seine Frau wirft einen der geflochtenen Hüte, die sie anfertigt und verkauft, in die Luft. Er segelt durch die Hütte und landet in meinem Schoß. Das laute Lachen. Ich habe Zigaretten mitgebracht. Eine nach der anderen löst sich auf in Rauch.

Wie im Jahr zuvor nahm Rizal mich auf. Wieder überließ er mir sein Zimmer neben der Krankenstation. Ich konnte den Laufsteg zwischen den Inseln sehen. Rizal war aufgeregt. Vielleicht würde ich unterwegs das Bajomädchen treffen, das er liebte.

»Sieh sie dir gut an, damit du sie mir beschreiben kannst, und erzähle mir, ob sie dir gefällt«, bat er eindringlich. »Sie heißt Toli«, erinnerte er mich.

Ich war froh zu sehen: Pak Taris' Boot war etwa einen halben Meter länger als das von Ibu Pilo und Pak Lopang. Ich würde einen gewissen Abstand halten können. Ibu Pilo, Pak Lopang, Ulo und ich hatten nah beieinander geschlafen. Es war normal gewesen, geweckt zu werden vom Fuß oder Arm eines anderen. Ich hatte es nicht als unangenehm empfunden. Zwischen uns war Wärme gewesen. Pak Taris wollte ich neutraler begegnen und ein wenig Abstand halten.

Er hatte die gleichen Dinge wie sie: Wok, Wassertopf, einen Löffel, Tassen und – eingeklemmt zwischen zwei Lagen von Dachblättern – Teller, eine zusammengerollte Schlafmatte, ein Kissen, eine Machete, Kerosinlampe, Bambusspeere über den Auslegern und auf dem Dach einen großen flachen Eisentopf, den er, so nahm ich an, zum Kochen von Seegurken benutzte. Eine Gitarre gab es nicht.

Es war ein Tag voller Licht und Schatten, an dem wir das Dorf verließen.

Große Wolken trieben langsam über den Himmel. Das Meer war glatt wie Stein, es glänzte in der Sonne. Zwei Männer in offenen Kanus begleiteten uns, mal paddelten sie neben, mal vor uns.

Wieder fiel mir die große Ruhe auf, mit der die Bajos ihre Paddel führen. Der Mensch, das Boot, das Meer: eine Einheit. Leises Klappern von Holz auf Holz, bevor sie das Paddel aus dem Wasser zogen, um es gleich darauf wieder einzutauchen.

Die Inseln, das Dorf blieben zurück. Andere, unbewohnte Inseln erschienen, leere Korallenstrände, bis wir ein trockengefallenes Auslegerboot sahen und einen Bajo, der vor einem Feuer hantierte. Pak Taris und einer der Männer, die uns begleiteten, paddelten darauf zu. Es war der Sohn von Pak Taris, Taju. Der andere – ich wusste nicht, wo er geblieben war.

Der Mann vor dem Feuer trocknete Seegurken, die er nachts gesammelt hatte. Die Beute vieler Nächte lag in Säcken auf seinem Boot. Jetzt war er auf dem Weg zurück zu seiner Familie und einem chinesischen Händler. Er fragte nicht mich, wie ich hieße, woher ich käme und wo meine Familie sei, sondern Pak Taris, und der antwortete auch.

Taju sammelte Feuerholz am Rande des Regenwaldes, holte Wok und Wassertopf vom Boot, fing an zu kochen. Er rührte Sago, bis es flockig wurde, und briet getrockneten Salzfisch in Kokosöl. Wir aßen am Strand. Das hatten Ibu Pilo und Pak Lopang nie getan – gekocht und gegessen haben wir immer im Boot, auch wenn es bei Ebbe trockengefallen war. Für sie war es Zuhause. Pak Taris fuhr damit zur Arbeit.

Bevor wir aufbrachen, schnitzte Pak Taris zwei neue Dachstützen – wie Lopang ermöglichte er mir dadurch eine bequemere Haltung beim Sitzen.

Dann paddelten er und Taju zwei Meilen oder drei über offenes Meer. Ihre Paddel tauchten in blaues, in violettes Wasser. Sie hielten auf ein Wasserdorf zu, dreißig, vielleicht vierzig Hütten auf Stelzen, weit vor den Ufern zweier niedrig bewaldeter Inseln. Die Kanus glitten ihnen entgegen über den türkisen Fleck im Meer, auf dem sie standen. Unter den Rümpfen teilten sich die Spitzen von Seegrasfeldern. Die fragilen Hütten, die »festen Boote«, ragten hier und da auf, einzeln und in vollkommener Stille. Es war niemand da. Das Wasserdorf war leer.

Mich erfasste eine Empfindung, wie ich sie nie zuvor erfahren hatte. Eine seltsame Aufregung. Unruhiges Staunen. Eine plötzlich erweiterte Wahrnehmung. Das Boot brachte mich in eine Welt der Seenomaden, die ihr anderes Denken und Wollen spiegelte, ihre anderen inneren Bilder. Bisher hatte ich die Bajos auf das reduziert, was ich wiedererkannte. Jetzt, in diesem verlassenen Wasserdorf, begriff ich, für einen winzigen Augenblick des Ver-rücktseins, das Andere. Wie wenig ich von ihnen wusste, wahrscheinlich je wissen würde! Sie durch bloßes rationales Vergleichen und Unterscheiden kennen zu wollen schien mir zu wenig. Was erfahre ich allein durch objektives Beobachten? Und ist nicht alles Beobachten subjektiv?

Taju paddelte voraus. Sein rosafarbenes T-Shirt brachte eine fremde Farbe zwischen das Petrol und Blau von Wasser und Himmel und das verwitterte Grau der Bambushütten. Er rief Pak Taris etwas zu. Beide richteten den Bug nach Westen, weg vom Dorf. Sie paddelten langsam bis hinter die nächste Insel, wo, ich mochte es nicht glauben, weitere Hütten waren, vierzig vielleicht, und näher an den palmenbewachsenen Ufern als die auf der anderen Seite. Die Bambusstreben hatten noch einen frischen Goldton und ruhten auf Pfählen, die nicht schief, sondern gerade aus dem Wasser ragten – grünem Wasser, apfelgrün und glatt. Auch dieses Dorf geisterhaft leer – bis auf zwei Hütten, sie waren bewohnt und lagen sich schräg gegenüber. Dorthin fuhren wir.

Die erste stand auf viel niedrigeren Stelzen als alle, die ich bisher gesehen hatte. Sie war nicht aus Bambus, sondern mit festen Planken gebaut. Auf der Veranda lagerte ein Mann, den Körper zurückgelehnt, gestützt auf die Unterarme; ein Bein baumelte im Wasser, das andere hatte er angezogen. Er war auffallend groß und sah mit seinem langen kantigen Gesicht aus wie einer, der sein Leben lang wichtige Verträge unterzeichnet hat. Neben ihm seine Frau; den Kopf auf die Arme gebettet, schaute sie uns gelassen entgegen. Aus der Tür hinter ihnen kam ein Kind gerannt.

Pak Taris steuerte sein Boot so an die Veranda heran, dass wir unsere Arme aufstützen und bequem mit der Familie reden konnten. Wieder wurde er über mich befragt, wieder gab er die Antworten an meiner Stelle.

Die Bajos der gegenüberliegenden Hütte sprangen ins Wasser, schwammen zu uns herüber, so wie wir eine Straße oder einen Platz zu Fuß überqueren. Eine Frau setzte sich triefend auf die Veranda, der Mann und zwei Kinder blieben im Wasser und hielten sich an unserem Boot fest. Pak Taris verteilte Zigaretten. Er redete ununterbrochen. Taju, der vielleicht zwanzig war, hielt sein Kanu mit kleinen Paddelschlägen auf einer Stelle hinter uns in der Strömung, rauchte und schwieg.

Wind kam auf.

Die Sonne ging unter. Taju hängte sein Kanu an das Boot von Pak Taris und kletterte zu uns an Bord. Etwas entfernt von den Hütten warfen sie ihren Anker. Die Petroleumlampe zischte. Taju öffnete den Sack mit meinen Gastgeschenken, zog sein Kanu heran und verteilte den Inhalt auf beide Boote. Die Kerosinkanister verstaute er unter seinen Bodenbrettern. Ohne ein Wort griff er nach dem kleinen Beutel, von dem ich gesagt hatte, er enthalte persönliche Dinge.

Ich wusste nicht, wie ich mich verhalten sollte. Alles, was zu ihnen gehörte, war auch für mich da, also ließ ich zu, dass er den Inhalt unter der Lampe ausbreitete. Er drehte jedes Teil hin und her, packte alles wieder ein und legte es ohne Kommentar zurück.

Ich konnte mir nicht helfen, sein Verhalten machte mich unmutig, aber ich ließ mir nichts anmerken. Ibu Pilo und Pak Lopang hatten meine persönliche Habe immer respektiert, obwohl sie es gewohnt waren, alles zu teilen.

Am Himmel stand der Mond. Von den Inseln drangen – für mich – fremde Vogelstimmen herüber. Licht fiel durch die Ritzen der beiden Hütten. Pak Taris wartete. Er lag im Bug und rauchte. Ihn störte der Wind, der zu viele Wellen über die Oberfläche des Meeres trieb. Solange das nicht aufhörte, würden die Seegurken sich eingraben oder hinter Korallen verstecken.

Wir bliesen die Kerosinlampe aus. Wohin sollte ich mich legen? Es gab nur eine Möglichkeit: da, wo ich saß, zwischen die beiden Männer. Sie hatten sich schon ausgestreckt.

Ich machte mich klein und dachte daran, wie normal es für Bajos war, sich neben jeden anderen zu legen. Sie hatten nicht den Wunsch, allein zu schlafen. Im Gegenteil. In der Hütte des Schamanen, der Ulo geheilt hatte, lagen jeden Abend neue mir Unbekannte auf den Matten, einer immer dicht neben dem anderen. Nur um mich herum war ein kleiner Raum, der nie überschritten wurde. Hier war das nicht möglich.

Morgens wehte kaum noch Wind. Taju kochte Kaffee und kletterte zurück in sein Kanu. Die Bajos in den Hütten wünschten sich, dass ich sie fotografierte, und sagten, ich solle warten, denn dafür wollten sie sich umziehen. Mir hatten sie so, wie sie waren, gefallen. Es amüsierte mich, dass auch sie eitel sind.

Das frühe Licht vergoldete die Luft. Ich stellte mir vor, wie sie, gehüllt in ihre besten Sarongs, auf die Veranda treten würden. Ihr Lachen und Reden drang aus den Hütten, es dauerte, doch dann erschienen sie feierlich ernst und stellten sich eng nebeneinander zu einer Reihe auf, als sollte die Nähe sie vor etwas Fremdem schützen. Die Frauen hatten Rock und Bluse angezogen, die Männer kurze Hosen und langärmelige Hemden, zugeknöpft bis zum obersten Knopf.

Es blieb den ganzen Tag über windstill. Pak Taris und Taju stakten ihre Kanus gemächlich zwischen den leeren Hütten umher, paddelten zum Ende der Insel und sahen auf das beruhigte Meer. Pak Taris war zufrieden. Es gab kaum noch Schwebeteilchen darin, die ihm die Sicht auf Seegurken trüben konnten. Die Wolken sahen nicht nach Wind aus. Heute Nacht würden er und Taju arbeiten gehen. Wir redeten nicht viel. Er sprach wenig Indonesisch, und mir war seine Sprache fremd. Doch gab er mir zu verstehen, dass er eine Thermoskanne benötige und eine Uhr. Taju auch. Er sammelte alles, was ich nicht mehr brauchte, wie eine zerrissene Gebrauchsanweisung und die Verpackung von Papiertaschentüchern. Für ihn waren es Dinge aus einer fremden Welt. Exotisch.

Mit der Dunkelheit kam Taju wieder auf unser Boot. Er kratzte das frische Fruchtfleisch aus einer Kokosnuss, goss etwas Wasser aus dem Kanister über die Raspel, presste sie mit beiden Händen fest zusammen, und heraus floss dicke weiße Kokosmilch. In einer Mördermuschelhälfte zerdrückte er mit einem Stein Chilischoten.

Die Bajos in den Hütten hatten uns Fische geschenkt. Taju schnitt sie in Stücke, briet sie zusammen mit Chilischoten in Öl und schüttete die Kokosmilch dazu. Er war ein guter Koch. Das trocken gerührte, flockige Sago schluckte ich wieder mit Mühe und nur, weil ich wusste, wie nahrhaft es ist.

Die beiden lagen da, rauchten und warteten auf den Mond. Als er aufging, stieg Taju um in sein Kanu. Sie paddelten bis weit hinter die Inseln zu einem Riff. Die Lampen wurden angezündet und vor den Bug gehängt. Goldbraune Lichtkreise beleuchteten das klare Wasser und machten die Korallen sichtbar.

Die Männer drückten ihre Boote mit langen, biegsamen Bambusstangen hierhin und dorthin, nahmen dann ihre Speere und stießen zu. Die Seegurken lagen nicht sehr tief im Wasser. Trotzdem hatte ich Mühe, sie auszumachen. Leicht zu sehen waren nur die auf hellen Sandflächen. Den geübten Augen der Bajos entgingen auch die zwischen den Korallen nicht.

Vor mir im Bug stand ein großer Topf. Da hinein streifte Pak Taris die Seegurken von der Spitze seines Speeres ab. Dreißig Zentimeter lange, dunkle Würste, dick, rund, manche voll weicher Stacheln, deren Spitzen sich leicht bogen. Im Topf sackten sie in sich zusammen. Manchmal bäumten sie eines ihrer Enden auf, Fühler tasteten in die leere Luft, dann fielen sie langsam wieder zurück. Schleim sammelte sich um sie herum. Stummes Sterben.

Als beide Töpfe voll waren, bliesen wir die Lampen aus und paddelten durch das Dunkel der Nacht zurück hinter den Schutz der Insel.

Sonst kommen mir meine Reisen nicht als etwas Besonderes vor. Jetzt dachte ich einen Moment lang, wie außergewöhnlich es war, mit den Bajos auf diesem Boot durch die Nacht zu schweifen, daran, wie meine Freunde leben. Plötzlich hatte ich das Gefühl, verrückt zu sein und etwas wirklich Merkwürdiges zu tun.

Wir schliefen nicht lange. Mit dem ersten Lichtstrahl setzten wir uns auf und waren sofort unterwegs zu einem kleinen Strand. Der große Eisentopf wurde vom Bootsdach genommen, mit Salzwasser gefüllt und an Land getragen. Taju sammelte Feuerholz und zündete es darunter an. Im Schatten eines Busches hockte Pak Taris mit den Seegurken, hielt eine nach der anderen hoch, drückte und zog einen hellen, klebrigen Schlauch aus ihnen heraus: die Eingeweide. Die

160

entleerten Tiere warf er in das brodelnde Wasser: braune, schwarze, graue Seegurken, die auch Seewalzen heißen, mit Seeigeln und Seesternen verwandt sind und zum Stamm der Stachelhäuter gehören. Die Bajos nennen sie *tripang*.

Dampf und Rauch vermischten sich mit der heißen Luft. Die Sonne stieg höher und höher. Pak Taris stand vor dem Topf und rührte um, drückte die eine oder andere Walze mit einem Stock unter Wasser.

Taju, der mit seinen weichen Zügen und Haaren, die ihm glatt in die Stirn fielen, manchmal wie ein Mädchen aussah, hatte Korallenbrocken zu zwei niedrigen Mauern aufgeschichtet, ein Stück Maschendraht darübergelegt und Feuer darunter gemacht. Er achtete darauf, dass die Flammen klein blieben, legte die ausgekochten Seegurken in ordentlichen Reihen auf dem Draht aus. Die schwarzen zu den schwarzen. Die braunen zu den braunen. Die hellen zu den hellen. Langsam, sehr langsam trockneten sie aus. Es war heiß zum Ohnmächtigwerden.

Gegen Mittag löschten wir das Feuer. Die dicken Würste waren auf die Hälfte ihrer ursprünglichen Größe geschrumpft. Dennoch enthielten sie Reste von Feuchtigkeit. Wir verteilten sie zum weiteren Trocknen auf dem Bootsdach. Die Sonne brannte.

Pak Taris kehrte mit einem Stück Holz aus dem Regenwald zurück, hockte sich an den Strand, schnitt zuerst die Kuppe von einer Kokosnussschale, schnitzte dann einen Stiel und verband beides mit Rattanband. Den fertigen Löffel hielt er mir hin mit einem Lächeln, ohne Worte. Eine schöne Arbeit, ich freute mich darüber und dachte, dass meine Art, mit den Händen zu essen, wohl immer noch unmanierlich war.

Paddelschläge.

Im Wasserdorf schenkten uns die Bajos ein paar Fische. Ich gab ihnen Zigaretten dafür.

Spät am Nachmittag holte Pak Taris die eingeschrumpelten Seegurken vom Dach und verstaute sie in einem Sack darunter. Taju kochte: Sago, Fisch in Kokosmilch mit Chili. Nach dem Essen begann das Warten.

Anders als in dem Gebiet, in dem ich mit Ibu Pilo und Pak Lopang gewesen war, vergruben sich die Seegurken tagsüber unter einer dünnen Schicht von Sand oder duckten sich in schattige Korallenspalten. Nachts kamen sie heraus, um zu fressen, Plankton und andere organische Teilchen. Einfach für Vater und Sohn, sie zu entdecken.

Es war so weit. Die Lampen wurden mit Kerosin gefüllt. Wir glitten durch die Nacht, weiter hinaus als gestern, bis zu einer Stelle, wo das Wasser tiefer war. Pak Taris und Taju rutschten hinein und schwammen, zogen das Boot an einer Leine hinter sich her, in der freien Hand hielten sie den Speer. Das Licht der Lampen tauchte ihre Rücken, die nächste Umgebung in braungoldenes Licht. Dahinter Schwärze.

Seegurken können sich nicht durch eine blitzschnelle Bewegung in Sicherheit bringen. Sie lagen einfach da, ohne ein Zeichen von Flucht, wenn der Speer sie durchbohrte. Manche der Stachelhäuter erreichten Pak Taris und Taju schwimmend von der Oberfläche, öfter ließen sie die Boote los und tauchten. Drei, höchstens vier Meter tief reichte das Licht.

Ich sah ihnen zu durch meine Maske und atmete durch den Schnorchel, wenn sie zurückkamen mit ihrer Beute.

Korallen neigten sich sanft in der Strömung. Dunkle Schluchten beunruhigten mich, sodass ich immer nah beim Kanu blieb. Plötzlich sah ich Pak Taris auftauchen mit einer Languste auf der Speerspitze. Unter Wasser sieht alles größer aus, doch diese war selbst im Schein des Lichtkegels riesig.

Morgens brannte neben den Feuern unter kochenden und auf dem Drahtrost liegenden Seegurken ein drittes unter einem Wok mit Wasser. Dort hinein ließ Pak Taris die Languste fallen. Taju bereitete sie zu mit Chili und Kokosmilch. Heute aßen wir schon mittags. Auf dem Bootsdach trockneten alte und neue Seegurken. Wir füllten die Wasserbehälter auf und sammelten Feuerholz.

Am nächsten Morgen waren wir weit weg von diesem Platz, so weit, wie uns Paddelschläge einen halben Tag und eine halbe Nacht lang bringen konnten. Pak Taris und Taju drückten lange Bambusstangen in das flache Wasser vor einem niedrigen Gürtel aus Mangroven. Das Grün der Blätter. *Dieses* Grün. Das versteckte Licht der Sonne, seit Stunden war sie hinter Wolken, ließ es auf diese besondere Weise leuchten. Im Rücken hatten wir die Weite des Meeres. Vater und Sohn griffen Schnecken und Muscheln aus dem Wasser. Unser Abendessen.

Nachts fuhren sie wieder zur Arbeit hinaus auf das Meer. Die Kerosinlampen wie Irrlichter darauf.

Pak Taris und Taju schienen sich den Kopf über mich zu zerbrechen. Warum war ich ohne Kinder hier, ohne Mann? Keine ihrer Frauen würde ohne Begleitung unterwegs sein wollen. Anders als bei Ibu Pilo und Pak Lopang fehlte uns eine gemeinsame Sprache. Wir konnten nur über einfache Dinge reden, manches über sie wusste ich durch Rizal. Ich musste ihnen ein Rätsel bleiben.

Taju hatte eine Frau und einen Sohn, der noch nicht laufen konnte.

Eine Tochter war gleich nach der Geburt gestorben. Wenn er *pa ponka* machte, blieb seine Familie zu Hause wie die von Pak Taris.

Die beiden hörten nicht auf, nach immer neuen Geschenken zu fragen und nach Geld.

Ich habe das Leben von Ibu Pilo und Pak Lopang nie als arm empfunden. Selbst wenn sie manchmal von sich sagten, sie seien es, oder in ihren Liedern davon sangen, hatte ich den Eindruck, dass sie dies nur taten, weil ich da war oder weil es dem entsprach, was die Leute an Land von ihnen dachten, so als wäre es eine Möglichkeit, sich über deren Vorurteile lustig zu machen, indem sie sie bestätigten. Vielleicht glaubten sie sogar einen Vorteil aus meinem Mitgefühl ziehen zu können. Aber ich wusste sicher, dass sie ihr Leben moch-

ten, wie es war, und nicht danach strebten, Geld oder Güter anzu-
sammeln.

Hier bei Pak Taris und Taju empfand ich etwas anderes. Sie lebten
nicht so, wie es ihnen gerade einfiel und weil Jahreszeit und wan-
dernde Fischgründe es vorgaben. Sie machten jeden Tag zur selben
Zeit das Gleiche, sie verdienten – von der Familie getrennt – ihr
Geld. Sie waren den Behörden verpflichtet. Was hatte sie dazu veranlasst, sich abhängig zu machen? Pak Taris und Taju waren nicht
frei. War es das, was ich als Mangel empfand?

Zwischen Wolken und Meer lag die Stille. Das Weite. Wir ankerten
darin. Die Augen, das Wahrnehmen der Welt dicht über der Wasseroberfläche. Da, wo sie sich mit dem Himmel vermischte, bewegte
sich etwas. Aus einem Punkt wurden drei Punkte. Durch das grau-
blaue Licht näherten sich Boote mit Dach, ihre Ausleger tippten
leicht auf die glatte Haut des Meeres, wie die dünnen Beine der Wasserläufer, die zur Gattung der Salzläufer gehören, der einzigen In-
sektenart, die das offene Meer bewohnt.

Es waren Bajos, ein Mann in jedem Boot. Nicht weit von uns warfen sie ihre Korallenanker. Bald lag jeder in seinem Bug, rauchte und
blickte zum Himmel. Eine entspannte, einsame Runde von Männern.

Es war noch hell, als durch alle vier Bootsdächer Rauch kräuselte.

Löffel rührten in Tassen, kratzten in Woks; Gräten flogen ins
Wasser. Aus einer Plastiktüte, die unter jedem Dach hing, nahmen
sie ihre Zigaretten und rauchten.

Von Rizal berichteten sie, er habe einen Malariaanfall.

Nach dem Essen lagen sie entspannt im Bug, die Beine unter dem
Sarong übereinander geschlagen, oder saßen auf der Bootskante, die
Zigarette gelassen in der Hand, unterhielten sich und lachten, als
Pak Taris ihnen erzählte, dass ich »danke« sage und »guten Morgen«. Das fanden sie komisch. Über diese Gewohnheit hatten sich
bereits Ibu Pilo und Pak Lopang gewundert. Solange es die Bajos nur
amüsierte und nicht ärgerte, würde ich sie beibehalten.

Es ist unerträglich schwül. Fünfzig Meter von uns entfernt kräuselt ein Wind das Meer. Er kommt nicht näher, es ist, als sei dort eine unsichtbare Wand, die ihn aufhält. Durch das klare Wasser neben unserem Boot sehe ich eine Nacktschnecke über Steine kriechen. Oval, schwarz und weiß gemustert, vorne ein dünner, hoch aufgerichteter Hals mit einem langen Fühler, giraffenartig. Wunderschön.

Dann, plötzlich, es war schon lange Nacht, holten alle ihre Anker ein und paddelten los. Den Mond verdeckten Wolken; massive Schwärze hüllte uns ein. Es gab keine Inselsilhouette, keine Sterne, an denen sie sich hätten orientieren können, trotzdem fanden sie weit draußen das Riff. Sicher. Zielstrebig. Wie?

»Wir spüren es in den Fußsohlen.«

Sie zündeten die Lampen an, nahmen ihre Speere und glitten in das dunkle Meer. Das Boot an der Leine, das Gesicht unter der Oberfläche des Wassers einer anderen Welt zugewandt, schwammen sie und suchten ihre Beute: Seegurken.

Zweimal fing Taju einen Fisch zwischen den Händen und warf ihn in den Bug. Die vier goldbraunen Lichtflecken der Kerosinlampen wanderten nah beieinander durch das Dunkel; Prusten und Rufe über dem Wasser.

Es gab Tage, an denen nicht jeder Bajo einen Fisch für sein Abendessen gefangen hatte. Dann wurde geteilt.

Pak Taris und Taju froren und waren müde, als sie in ihre Boote kletterten, atemlos, ihre Gesichter schmal und erschöpft. Mit zwei Tassen Trinkwasser spülten sie sich Salz von der Haut. Ich gab ihnen ein Handtuch, Sulastri hatte es mir zugesteckt. Die Lampen verloschen. Paddeln. Wir verschwanden in der mondlosen Nacht.

Die Bajos haben einen inneren Kompass. Unfehlbar. Sie wissen, wohin sie wollen, und kommen an. Am Morgen lagen alle Kanus dicht zusammen vor derselben Insel. Es war unheimlich. Sie sahen, rochen, hörten, fühlten ihre Umwelt, die sie leitete, die ich nicht wahrnahm.

Eilig brachten die Männer Eisentöpfe und Seegurken an Land, legten Stücke von Maschendraht wie Brücken über Korallenbrocken, machten Feuer. Wasser kochte. Seegurken schrumpelten. Lachen überall. Feuchte Hitze.

Woher nur nehmen sie ihre Energie?

»Kennt ihr Om Lahali?«, fragte ich.

»Jeder kennt ihn«, antworteten sie, aber wo er war, das wussten sie nicht. Wie sollte man das wissen von einem Seenomaden?

»Kennt ihr Ibu Pilo und Pak Lopang?«, fragte ich weiter.

»Ja.« Aber auch sie hatten sie nicht gesehen.

Einer der Bajos – die rechte Seite seines Gesichts war so ineinander verschoben, dass er das Auge nicht öffnen konnte – versuchte mir etwas zu sagen. Die anderen legten ihre Zeigefinger quer auf die Stirn und sagten: »Gila gila«, das hieß, er war nicht normal. Ihrem Tonfall nach hätten sie auch gesagt haben können: Er ist ein feiner Kerl.

Sein Name: Lavi. So hießen die Algen, die Pak Lopang für mich abgerissen hatte.

Ich frage mich, wohin, in welche Welt Verrückte ver-rückt sind, und stelle mir vor, sie muss nicht unbedingt schlechter sein, nur weil Verrücktsein nicht unserer Norm entspricht. Vielleicht brauchen sie keine Normen, machen Erfahrungen und haben Einsichten, die wir nicht erlangen können. Je mehr ich von der Welt sehe, desto weniger versuche ich, sie zu bewerten. Ich schaue sie mir an und spüre: Es gibt nichts Minderwertiges, nichts Überflüssiges. Alles hat einen Sinn.

Die schwüle Hitze bewirkte, dass ich mich ständig schmutzig fühlte.

Die Bajos würden noch lange mit ihren Seegurken beschäftigt sein. Ich hatte Lust auf ein Bad ohne Sarong und allein, nahm Shampoo mit und einen Kamm und ging um die Insel herum auf die andere Seite. Es fühlte sich gut an, mit sich allein zu sein und sauber zu werden. Vor einem Felsen gab es Sand unter flachem Wasser, dort saß ich und rieb mir mit den feinen weißen Körnern die klebrige Haut.

Auf einmal spürte ich sie und sah auf. Zwanzig Meter entfernt standen die Männer einfach da. Sie hatten sich nicht versteckt, rührten sich nicht und sagten nichts. Jeder hatte seinen Wasserkanister in der Hand. Ich drehte ihnen den Rücken zu und rief, ich würde gleich zu den Booten kommen. Mir fiel ein, wie Ibu Hasna und Pak Rachman auf der Insel Lalalu mich beim Waschen beobachtet hatten. Ich fühlte mich nicht bedroht und auch nicht belästigt. Sie waren nur neugierig, und sie zeigten es offen. Trotzdem, ohne Sarong würde ich nicht wieder baden. Als ich zurückkam, waren sie im Wald, um Wasser zu holen. Einzig Lavi lief über den Strand und sammelte Brennholz.

Die Bajos zogen weiter, wir paddelten hintereinander, nebeneinander, lachten, schwiegen. Riefen sie sich etwas zu, klang es immer wie ein Gedicht in meinen Ohren. Das Wasser unter den Bootsrümpfen war blau und violett. Auf einmal änderten die Bajos ihre Richtung. Ihr Bug zeigte nicht mehr auf das offene Meer, sie steuerten der Mangrove zu.

Pak Taris sprach davon, dass Wind und Regen kommen würden, er zeigte auf die Wolken, berührte seine Haut, griff in die Luft. Ich konnte keine Veränderung erkennen, für mich war es nur ein weiterer schwüler Tag.

Wir fanden eine kleine, v-förmige Einbuchtung in dem flachen Bollwerk eines Mangrovengürtels. Dort paddelten die Männer ihre Boote hinein, schoben sie, so weit es ging, zwischen Äste und Blätter.

Sie kauerten unter ihren Dächern, plauderten und rauchten. Lavi dichtete die Ritzen zwischen seinen Planken im Bug mit Rohkautschuk ab. Taju kletterte aus seinem offenen Kanu zu Pak Taris und mir ins Boot.

Die Wolken hingen tief über dem Ozean, sie waren mächtig und dunkel geworden, ein Windstoß rauschte durch die Blätter. Dann sahen wir sie: Wasserhosen. Zwei Rüssel, die aus den Wolken nach dem Meer langten. Ich war froh, als sie sich nicht in unsere Richtung bewegten, sondern weg von uns zogen.

Es wurde Nacht, Donner grollten über uns. Wir blieben, wo wir waren. Zigaretten glühten auf, erhellten einen Moment lang Gesichter, die dann wieder verborgen waren.

Plötzlich ein Unterwasserfeuerwerk.

Zwischen unseren Booten, unter den Rümpfen, überall um uns herum kalt leuchtende Funken. Sprühende Doppellinien zogen Wellen, endeten in einem verwirbelten Silberschweif.

»Seeschlangen«, erklärten mir die Männer. Es wimmelte von ihnen, trotzdem waren sie nicht zu sehen, nur das von ihnen bewegte phosphoreszierende Plankton zeichnete ihre Körper nach.

»Ob die auch mal in ein Boot kriechen?«, fragte ich nach und bekam die beruhigende Antwort: manchmal – und dass sie alle giftig seien, aber auch scheu. Man müsse sie nur in Ruhe lassen, dann würden sie nicht aggressiv.

Pak Taris wollte wissen, ob es denn dort, woher ich käme, keine Seeschlangen gebe.

Nur einmal zuvor in meinem Leben hatte ich phosphoreszierendes Plankton gesehen. Es geschah in einer Nacht ohne Mond, ohne Sterne. Die »African Queen«, so hieß das Schiff, auf dem ich die Welt umrundete, segelte in mächtigen Wellen und schnell durch eine Finsternis, wie ich sie noch nie erlebt hatte. Meer und Luft waren von merkwürdig stumpfem Schwarz, stumpf wie wabernder Ruß, der uns vollständig einhüllte, ja blind machte. Plötzlich wurde es weithin gespenstisch hell. Von den Schaumkronen strahlte kaltes, weißes, so nie gesehenes Licht, erhellte Wellentäler und Wellenberge, leuchtete das Meer aus bis zum unruhigen Horizont.

Spät in der Nacht verließen die Bajos ihren Unterschlupf. Unter jedem Wok brannte jetzt Feuerholz; Sago wurde flockig gerührt, Kaffee gekocht. Mehr hatten wir nicht zu essen. An diesem Tag war niemand dazu gekommen, einen Fisch zu fangen.

Pak Taris und Taju äußerten Wünsche: Maske, Schnorchel, Tasche, Feuerzeug, Kleidung.

Kopfschmerzen. Ich verteilte Tiger-Balm auf Schläfen, Stirn und hinter den Ohren. Die beiden schauten interessiert zu, nahmen die Glasdose in die Hände, fragten nach dem Tier darauf und warum ich mir den Inhalt ins Gesicht streiche. Ich erklärte es ihnen.

Sogleich stellte sich heraus, dass alle Bajos unter heftigen Kopfschmerzen litten. Tiger-Balm wurde von einem zum anderen gereicht, sein Geruch kommentiert, die Wirkung bewundert.

In dieser Nacht schlief Taju auf einem anderen Boot. Über dem stillen Meer Schnarchen und Furzen.

Ich war in tiefstem Schlaf, als ein Kanu vor unseren Bug stieß. Ein Mann kletterte zu uns herüber, lachte und redete auf mich ein. Er war lebhaft und sympathisch, ich fühlte mich vollkommen überrumpelt von seinem natürlichen Charme und musste lachen. Er wollte rauchen. Deshalb war er gekommen. Und wegen Tiger-Balm, von dem hatte er auch gehört. Ich gab ihm beides, und er strahlte und rauchte, kletterte zurück in sein Boot und verschwand im Dunkeln. Woher kam er? Wo wollte er hin?

Frühmorgens stießen drei weitere Kanus zu uns. Jetzt lagen sieben in schräger Reihe hintereinander, wie Tiere auf der Lauer in die kleinen Wellen geduckt.

Taju war plötzlich wieder da. Und schon bald brachen wir auf zu einem »frischen« Riff mit dem immer gleichen Ziel: Seegurken und Muscheln zu sammeln.

Auf den Dächern lag in verschiedenen Schrumpelstadien die Beute der Vortage zum weiteren Trocknen in der Sonne. Nicht die kleinste feuchte Stelle durfte bleiben, sonst verdarben sie. Nur wurden sie dadurch immer leichter. Für ein Kilo bekamen die Bajos sechzig Pfennig. In Hongkong kostete es etwa neunzig Mark.

Vor mir sah ich die Ausleger der Boote leicht das Wasser berühren, sich heben, senken. Wieder erinnerten sie mich an die Wasserläufer, die fragilen Insekten, die wie die Bajos auf dem Meer leben.

Der Himmel zog zu. Aus einer weißen Wolkendecke fiel diffuses Licht. Das Meer über den Sandflächen zwischen Seegras und Korallenblöcken hatte die Farbe von rohen Türkisen, und die Männer schwammen darin Zickzackbahnen, die Boote wie Hunde an der Leine; sie suchten Muscheln. Über die braunen Rücken schwappte das Wasser in Riffeln und Spitzen.

Nachts paddelten sie weiter zum nächsten Riff. Und am Morgen brannten an einem neuen Strand Feuer unter den Wasserkesseln, in denen neue Seegurken kochten. Harte Arbeit. Mir fiel Hartini ein, die Krankenschwester, und was sie gesagt hatte: »Viele Bajos sind krank. Sie bleiben manchmal für Wochen auf dem Meer und essen immer nur am Abend. So werden sie müde und kalt. Viele sind anämisch.«

Wenige Tage später näherten sich die sieben Boote einem Straßenzug im Meer. Zwölf Hütten, eine neben der anderen und sechs auf jeder Seite, standen sich in gerader Linie gegenüber. Die Sonne hatte jede Farbe aus ihnen herausgebrannt. Ihre Palmdächer und -wände waren verblichen wie Knochen, ebenso der Wirrwarr der Pfähle, auf denen sie zu balancieren schienen. Seegras überall. Kleine Wellen in mattem Eisgrün. Ohne Laut. Wir hielten uns am Ende der Hüttenzeile an einer Leiter fest. Durch die Wasserstraße glitt ein offenes Kanu, die Ausleger überspannten die gesamte Breite, langsame Paddelschläge.

Ein anderer Planet.

Wir ankerten an einem seiner beiden Enden.

Aus der einzigen bewohnten Hütte kamen Kinder geschwommen. Sie hängten sich an unsere Ausleger, zogen sich hoch an den Planken, quetschten sich zu mir in den Bug und sahen mich an. Ernste, aufmerksame Gesichter, zuerst ohne ein Wort, dann: »Woher kommst du?«

Ein Mädchen paddelt ihr Einbaumkanu an meine Seite, die Haare unter einem geflochtenen spitzen Hut, rundes Gesicht, runde Augen,

170

runder Mund, auf der gelben Bluse runde schwarze Punkte. Eine Schönheit. Sie fragt, und ich nenne ihr meinen Namen.

»Ich bin Toli«, sagt sie.

Rizals Liebe.

Am Abend ankerten alle sieben Boote nahe der bewohnten Hütte am Ende der Wasserstraße, die ich einen Tag später »Straße der Haie« nennen würde. Toli und ihre Eltern waren bei uns an Bord. Die Geschwister saßen mit hängenden Beinen auf der Veranda. Taju verschwand wieder. Manchmal schien der Mond zwischen den Wolken auf. Toli bat mich zu singen, das Lied, das ich für Ibu Pilo und Pak Lopang gesungen hätte, das, in dem Fische springen und die Mutter schön ist und der Vater reich.

Sie kannten Ibu Pilo und Pak Lopang! Wussten sie, wo sie jetzt waren? Nein.

Toli legte ihre Hände in den Schoß und wartete. Ich sang. Für eine Weile lag Gershwins »Summertime« in der schwarzen Luft, verklang, als ich zum Ende kam, leise über den verborgenen Hütten, Booten, dem Meer. Es blieb ganz still. Dann ein Ruf aus dem Dunkel: »Mehr!«

Ich sang, bat sie um ihre Lieder. Stille. Es dauerte einen Moment, bis Toli sagte: »Wir sind scheu. Sing du!«

Ich sang, wünschte mir wieder auch ihre Lieder. Stille.

Dann hörte ich Lavis Stimme und dann all die anderen. In dieser Nacht haben wir gesungen. Keiner ist hinausgefahren, um Beute zu machen.

Und am Morgen brauchte niemand Seegurken zu kochen. Unser Leben fiel aus dem Rahmen. Die Routine war unterbrochen. So kam es, dass ich in der »Straße der Haie« war, als ein offenes Auslegerboot hineinglitt, gepaddelt von zwei Männern und einer Frau, die mit zwei Hemden und doppelten Jacken ungewöhnlich warm angezogen waren. Sie hatten die Nacht auf dem Meer verbracht. Zwei tote Haie lagen zwischen ihnen, in den Augen das Entsetzen.

Später paddelte mich Taju in seinem Kanu die »Straße der Haie«

hinunter bis zu Tolis Hütte. Es war Ebbe, und die Pfähle ragten hoch aus dem Wasser. Oben auf der Veranda saßen Toli und ihre Familie. Die Haifänger gehörten dazu. Sie schnitten den Tieren gerade die Flossen ab, ließen die Körper in das klare Wasser der Straße fallen. Sie blieben silbern und glänzend zwischen Büscheln von schwankendem Seegras liegen und sahen so falsch, so falsch dort aus. So traurig. Meinem Impuls, Kritik zu üben, folgte ich nicht. Es war ihr Leben, und ich war ihr Gast. Ein Gast aus einem Land, in dem es entwürdigende Massentierhaltung und erbarmungslose Tiertransporte gibt.

Die Bajos hefteten die Flossen zum Trocknen an das Dach in die Reihe derer, die dort schon hingen. Sie forderten mich auf, in ihre Hütte zu kommen; ich stieg die Leiter hinauf und setzte mich zu ihnen.

Was für ein unwirklich schöner Blick über die windigen Hütten der »Straße der Haie« hinaus auf das Meer, dachte ich und sprach es aus.

»Wenn die Trockenzeit beginnt, sind wir nicht mehr hier. Dann wohnen wir auf unseren Booten und folgen den Fischen, wohin sie wandern«, sagte Tolis Mutter und fragte mich: »Kommst du jemals wieder zu uns?«

»Ich denke, ja.«

»Kannst du dann Kleidung mitbringen? Das Baby hier, das hat nichts, gar nichts, zum Anziehen. Es ist immer nackt. Und kannst du Uhren mitbringen?«

»Uhren? Wozu braucht ihr die?«

»Dann wissen wir immer, wann wir mit Fischen anfangen und wann wir damit aufhören sollen.«

Und Fotos. Sie wünschten sich, fotografiert zu werden. Dafür wollten auch diese Bajos sich erst umziehen.

Ich paddelte zu Pak Taris, holte meine Kamera, paddelte zurück und staunte. Alle trugen westliche Kleidung, wie erwartet, aber auch das Baby war angezogen. Es hatte sogar Söckchen an.

Dann ließ sich jeder einmal mit jedem fotografieren. Wie schon die Freunde von Ibu Pilo und Pak Lopang fragten auch sie nicht nach den Fotos. Wichtig war nur, dass ich sie fotografierte. Irgendwann, unerwartet, würden sie sich über ihre Bilder freuen können.

Sie zogen sich um, holten die Leiber der Haie auf die Veranda, schnitten das Fleisch in Streifen, salzten sie und hängten sie zum Trocknen über eine Holzstange. Schmal und blass baumelte im Wind, was einmal die Bläue des Meeres durchstreifte.

»Wie gelingt es euch, diese schnellen Jäger zu fangen?«

Sie zeigen mir eine Rassel aus Samenkapseln. Tolis älterer Bruder antwortet: »In Mondnächten fahren wir hinaus aufs Meer, tauchen die Rassel ins Wasser und bewegen sie hin und her. Haie hören gut. So werden sie angelockt. Wenn sie kommen, sehen wir ihre Finnen im Mondlicht glänzen und schießen eine Harpune ab. Der Speer mit Widerhaken, an einer Nylonschnur befestigt, trifft, und der Hai zieht los. Mit dem Boot. Dann rauschen wir, von ihm gezogen, durch die Nacht. Je nachdem, wie groß er ist, kann es Stunden dauern, ehe seine Kraft verbraucht ist und wir ihn zu uns heranziehen und ein Netz über ihn werfen können.«

Pak Taris, Taju und ich blieben ein paar Tage. Die Männer tauchten nachts in den Riffen, kochten und trockneten tagsüber Seegurken. Nachmittags paddelten wir zur »Straße der Haie«, und immer sah ich neue Haiflossen ans Dach gepinnt und mehr Streifen Haifleisch über der Holzstange hängen. Feinkost für den chinesischen Markt.

Jeden Tag drängen sich Bajokinder auf unserem Boot. »Deine Haut ist so schön, so weiß, nicht so dunkel wie unsere«, sagen die Mädchen wieder und wieder und »Pass auf, dass du nicht dunkel wirst, wir machen *bedak* für dich; wenn du das auf dein Gesicht und deine Arme streichst, bleiben sie hell wie deine Beine.«

Ich wasche mir die Haare neben dem Boot im Meer. Alle schauen zu. Pak Taris bringt einen Becher mit Frischwasser zum Spülen. Das Handtuch, das ich ihm und Taju nachts gegeben hatte, ist von Mann zu Mann gewandert. Es gehört jetzt allen.

Auf den Booten werden die Ritzen zwischen den Planken mit Rohkautschuk abgedichtet, Kerosinlampen gereinigt. Essen wird gekocht, wie immer auf allen Booten gleichzeitig.

Die Männer schnitzen den Kindern kleine Auslegerkanus, Segel aus Plastikresten werden zugeschnitten. Einen Tag dauert es, dann sind sie fertig, und die Jungen im Meer halten ihre Kanus nebeneinander auf das Wasser, in den Wind, lassen los, kraulen den dahinfliegenden Seglern hinterher, lachen, lachen, lachen.

Auch bei Regen und Wind schlafen die Männer immer in ihren Booten, niemals in den leeren Hütten.

Dann kam der Tag, da sammelte jedermann Holz, holte Wasser von einer nahen Insel – wir zogen weiter über die schimmernde See.

Routine.

Jetzt dösten sie wieder in ihren Booten und rauchten. Bis auf Lavi, der sang mit schöner Stimme. Von was mochten sie träumen?

Plötzlich Motorengeräusch. Nur ich schaute in die Richtung, aus der es kam. Die anderen blieben, wie sie waren. Pak Taris sagte nur: »Mita kommt.« Und als ich nachfragte, wie er das wissen könne: »Es ist sein Motor.«

Es war Pak Mita und der andere Mann im Boot Rizal. Sie hielten auf uns zu, legten ihre Bugspitze neben die von Pak Taris. Das große schwarze Kreuz auf Rizals Brust baumelte hin und her, als er sich vorbeugte und seine Hand auf die Planke legte. Etwas Offizielles ging von ihm aus. Und er war nervös. Seine freie Hand rückte unentwegt die Brille zurecht. Rizal redete mit Pak Taris, höflich, leise, lange.

Es ging um Geld, das Pak Taris den Behörden schuldete. Vom Bürgermeister hatte er etwa hundert Mark bekommen für ein Boot, Kerosinlampe, Kerosin. Zehn Prozent davon musste er zurückzahlen. Rizal war im Auftrag des Bürgermeisters hier. Er sollte Pak Taris dazu bewegen, zurück ins Dorf zu kommen, um seine Schulden mit den bisher gesammelten Seegurken zu begleichen, bevor er sie – wie schon einmal geschehen – an einen Händler verkaufte und das Geld sofort wieder ausgab.

Eine Weile hockten die beiden Männer sich gegenüber, schwiegen, rauchten. Sie waren höflich miteinander umgegangen, trotzdem lag etwas Explosives in der Luft. Dann übergab Pak Taris Rizal zwei Säcke mit getrockneten Seegurken. Zurück ins Dorf – das wollte er auf keinen Fall. Noch nicht. Rizal war einverstanden. Er sah erleichtert aus.

Es war zu spät für ihn, zurückzufahren. Deshalb wollte er in der »Straße der Haie« übernachten.

»Hast du Toli gesehen?«, erkundigte er sich, das Gesicht noch schmal und blass vom letzten Malariaanfall.

Ich kaufte von ihm Zigaretten und Kerosin für Pak Taris und freute mich über ein paar Chilis und Knoblauchzehen, die ich Taju geben konnte, dann war er fort, auf dem Weg zu Toli, seiner unerfüllten Liebe.

Aus meiner Tasche hatte jemand Geld genommen.

Nachts wünschte ich, ich bräuchte nicht unter dem Dach zwischen den Männern zu schlafen, sondern könnte im Bug liegen, könnte tief die klare Luft atmen, die so verschwenderisch da draußen war, überall; nur hier kroch mit jedem Atemzug süßsaurer Geruch von den rußgeschwärzten Töpfen und aus dem Schmutzwasser in der Bilge unter den Bodenbrettern in meine Nase. Anders als bei Ibu Pilo und Pak Lopang gelang es nicht, das mir Üble zu ignorieren. Weil schlechter Geruch in den eigenen Körper dringt.

Seit Wochen habe ich keine Nachrichten gehört. Merkwürdig, wie wenig sie mir fehlen, wo ich doch zu Hause mehrmals täglich das Radio anstelle, um mich auf dem Laufenden zu halten. »Wozu so viele Neuigkeiten aus aller Welt, wenn doch alles, was Leben und Tod betrifft, sich in mir vollzieht und arbeitet«, sagt Derek Jarman in seinem Film »Blue«.

Da, wo ich war, holten mich die Bürgerkriege und Katastrophen nicht ein, denen ich davongereist war, doch selbst bis hierhin, in diese abgelegene Gegend auf dem Meer, reichten die fragwürdigen

Machtansprüche einer Regierung über eine friedliche Minderheit und die Willkür einiger ihrer unterbezahlten Beamten, wie ich es mit Ibu Pilo und Pak Lopang erlebt hatte.

Als sollten die Gedanken der Nacht bestätigt werden, erreichten Pak Taris, Taju und ich am nächsten Tag ein Dorf, das ein Regierungsbeamter, der dort im Wechsel mit Kollegen lebte, ein Musterdorf nannte. Sechzehn Hütten, alle bewohnt, standen auf Pfählen nahe um eine Insel im seichten Wasser. Ein Regierungsprojekt.

Der leutselige Beamte, der sich nicht zu wundern schien, mich hier zu treffen, erzählte, dass die Hütten zwei Jahre zuvor noch auf der Insel gestanden hätten. Doch die Bajos seien nicht zu bewegen gewesen, an Land zu leben, weil sie an Geister und Krankheiten glaubten, die in den Nächten dort auf sie warteten. Deshalb seien die Hütten abgerissen und über dem Wasser wieder aufgebaut worden, nicht in der Leichtbauweise der Bajos, deren Hütten nach spätestens zwei Jahren Wind und Wellen nachgäben und umfielen, sondern mit massiven Planken. Seine Regierung setze sich dafür ein, dass die Seenomaden ihre veraltete Lebensweise aufgäben und unter Mithilfe und Kontrolle des Staates in eine moderne Dorfgemeinschaft hineinwüchsen, eine, in der die Kinder zur Schule gingen und Moscheen besucht werden könnten. Das sei ein gesünderes Leben als das auf Booten und in zerbrechlichen Hütten.

Die, in der wir standen, war dunkel. Keine Ritze, durch die ein Luftzug hätte kommen können, keine Bodenspalte, durch die Abfälle wie nebenbei verschwinden konnten. Es war unerträglich stickig und heiß. Sicher, stabil war sie, doch drückte sie mit jeder Planke das Denken und die Bedürfnisse von sesshaften Menschen aus.

Draußen hockten Bajos auf ihren Veranden, Fische trockneten in der Sonne. Einige der offenen Kanus hatten einen Außenbordmotor.

Der Beamte freute sich, einem unwissenden *orang barat*, einem Menschen aus dem Westen, etwas erklären zu können, und redete weiter.

Dies hier sei der Platz, so sagte er, den seine Behörde bestimmt habe, zu einem Zentrum technischer Entwicklung zu werden. Die Hütten seien kostenlos, für die Bootsmotoren müssten die Bajos bestimmte Mengen Fisch abliefern. Vom Erlös würden ein Teil der Kosten für den Motor abgezahlt, Steuern einbehalten, der Rest bleibe den Bajos.

Aber, so räumte der Mann ein, seine Behörde habe Mühe, die Nomaden zu kontrollieren. Sie segelten überallhin. Sie kauften, tauschten, was sie bräuchten, und zögen weiter. Manchmal kämen sie wieder und blieben während der Regenzeit. In der Trockenperiode seien sie nicht zu halten, sagte er. Nomaden seien Nomaden, die wollten umherziehen. Ihr Haus sei ihr Boot. Ihr Platz sei das Meer. Trotz aller Anstrengungen seiner Behörde hätten die Bajos das Dorf bisher nur zeitweise benutzt, so wie die von ihnen selbst gebauten Hütten auch, und sie arbeiteten nur, wenn sie Lust dazu hätten.

»Aber wir haben einen langen Atem. Im Südwesten und im Norden des Landes gibt es Bajogemeinden, die seit Jahrzehnten sesshaft sind«, sagte er, und wir verabschiedeten uns.

Autoritäre Regime fürchten die Freiheit wie der Teufel das Weihwasser.

Vor den Hütten, angebunden an einem Pfahl im Meer, lag ein Kanu mit dem Rumpf nach oben im Wasser. Ein Bajo erklärte mir, es liege schon lange dort und werde in bestimmten Abständen umgedreht. Das Salzwasser mache das Holz fest und schütze es später vor dem Eindringen von Würmern. Je länger es im Salzwasser bleibe, umso fester werde es. Ob ich sehen wolle, wie sie das Kanu anschließend noch stärker machten? Ich wollte.

Wir fuhren zu einem Strand, auf dem ein Bajo sein Kanu so zwischen Holzstämmen gelagert hatte, dass fast der ganze Rumpf den Boden nicht berührte. Er führte einen brennenden Palmwedel über die Außenseite der Planken, wobei er darauf achtete, das Holz nicht zu schwärzen. »So wird das Material noch dichter. Da dringt kein Wurm ein.«

Pak Taris und die anderen Männer hatten ihre Wasserkanister auf der Insel gefüllt und verstauten sie unter den Bodenbrettern ihrer Boote.

Wieder ziehen wir weiter, Paddel tauchen in klares Wasser, fliegende Fische vor uns über der glatten See. Als wir Bajos mit offenen Kanus an einem Netzkäfig im Meer erreichen, halten wir an.

Das Netz misst etwa zwei mal zwei Meter, es hängt in einem Rahmen, befestigt zwischen blauen Plastiktonnen. Mittendrin, direkt unter der Oberfläche, ein Kartoffelzackenbarsch in einem Drahtkasten, der, eineinhalb Meter lang, fünfzig Zentimeter hoch, den Fisch so eng umschließt, dass er keine Flosse bewegen kann: *ikan hidup,* lebender Fisch für Hongkong.

An einer Ecke des Drahtkastens ist eine Rattanleine befestigt, ein junger Bajo hält sie auf Spannung. Morgen oder übermorgen wird jemand den Barsch abholen und zu einer Sammelstelle bringen, wo er gefüttert wird, bis das Schiff kommt, das ihn nach Hongkong bringt. Inos Sammelstelle. Yances Schiff.

Die Bajos hatten den Fisch an die Oberfläche gezogen, als sie uns kommen sahen. Jetzt ließen sie ihn wieder in die Tiefe sinken. Die Vorstellung war grotesk. Der Barsch war in seinem natürlichen Lebensraum, konnte dennoch keinen einzigen Flossenschlag machen, um darin zu schwimmen. Ein wahres Gefängnis. Was mochte in ihm vorgehen? Mir fielen die Augen der toten Haie ein. Nicht Angst war in ihnen zu lesen, sondern überdeutlich das Wissen um den Tod, ihr Entsetzen darüber.

Pak Taris nahm dem Bajo die Rattanleine aus der Hand, zog daran, bis der Drahtkäfig aus dem Wasser ragte, der Zackenbarsch schnappte nach Luft. Wo sein Umfang am größten war, drückte der Draht auf die Seitenflossen. Die Augen starrten ihr Entsetzen in die feuchte Luft.

»Warum quälst du ihn noch mehr?«, rief ich, ohne nachzudenken. »Er leidet doch schon genug in dem engen Käfig.«

Einen Augenblick wurde es ganz still.

Dann sagte Pak Taris etwas zu Taju, der stieg in unser Boot, und ohne ein Wort fingen beide an zu paddeln. Ich war sprachlos. Was war passiert? War er verärgert? Vielleicht hatte er den Fisch extra für mich aus dem Wasser gezogen, damit ich ihn besser sehen konnte?

Wie auch immer, meine Bemerkung war ihm bedeutend genug gewesen, um sein Verhalten zu ändern, um stumm und wie aufgezogen einem mir unbekannten Ziel entgegenzufahren. Was würde jetzt geschehen?

Sie paddelten den ganzen Tag, durch die Nacht, bis wir am Morgen die Stelzenhütten im Meer erreichten, wo ich Om Lahali gesehen hatte. Auf dem Hüttendach von Nisa und Udin lagen Sarongs in der Sonne zum Trocknen; sie waren zu Hause. Pak Taris rief ihnen etwas zu, und sie lachten.

Er reichte ihnen meine Tasche hinauf und nickte mir zu. Ich verbot mir alle Fragen, bedankte mich und kletterte zu Nisa und Udin auf die Veranda. Ich schämte mich.

Ein Gefühl des Versagens drückte auf mir. Ich war jetzt vollkommen auf Nisas und Udins Hilfe angewiesen, und plötzlich schien mir meine Hilflosigkeit erpresserisch, denn was konnten sie anderes tun, als sich meiner annehmen. Und war es nicht das, wovon ich auf meinen Reisen beinahe selbstverständlich ausging? Ausgehen musste? Dass ich immer jemanden finden würde, der sich meiner annahm? Zum ersten Mal sah ich es so. Während es zum Selbstverständnis der Bajos gehörte, unabhängig zu sein, machte ich mich abhängig.

Pak Taris und Taju paddelten davon, ich nahm an, zurück, dorthin, wo Taju sein Kanu gelassen hatte, wo die anderen Bajos vielleicht auf sie warteten.

Ich fühlte mich elend, verunsichert. Später wird Ibu Sulastri mir von meinem Glück erzählen, dass Pak Taris und die anderen Bajos mich nicht einfach auf einer der blauen Tonnen des Fischkäfigs zurückgelassen haben. Etwas Ähnliches war einem chinesischen Matrosen von Yances Hongkong-Schiff passiert. Bajos wollten ihm auf seinen Wunsch hin zeigen, wie sie Fische in großer Tiefe fingen und lebend bis zu seinem Frachtschiff transportierten. Der Chinese geriet in Zeitnot und wollte zurück, da sein Schiff auslief und den Eigner jede Minute, die er zu spät zurückkam, Geld kostete. Er wurde auf der nächsten Insel abgesetzt und mit vier wassergefüllten Kokosnusshälften zurückgelassen.

Die Bajos, so hatte Sulastri weiter erklärt, waren bekannt dafür, Fremde, von denen sie sich verletzt fühlten, ohne Erklärung zu verlassen. Was einen Bajo irritieren und zu solcher Handlung bringen konnte, wusste sie nicht genau.

»Die Bajos sind anders als wir«, sagte sie.

Wenn ich ehrlich war, freute es mich, bei Ibu Nisa und Pak Udin zu sein. Hierhin zurückzukommen, das hatte ich ohnehin vorgehabt, wenn auch nicht auf diese Weise. Pak Taris hatte mein Ziel nicht vergessen. Dieses Ende unserer Begegnung schmerzte mich. Ich machte mir Vorwürfe. In Zukunft wollte ich, was ich nicht akzeptieren konnte, respektieren. Aber nicht wieder kritisieren und nicht missionieren – es sei denn, jemand fragte mich nach meiner Meinung. Vielleicht ergaben sich Gelegenheiten, in denen ich meine andere Auffassung durch mein anderes Verhalten ausdrücken konnte. Sie sollten kommen.

Neun

Ich saß nachdenklich auf der Veranda und erinnerte mich an Dennis und Niclas auf der karibischen Insel Bequia, zwei schwarze Kinder, zwölf und dreizehn Jahre alt. Sie besuchten uns täglich an Bord, zurückhaltende Jungen, die sich behutsam und staunend in der ungewohnten Umgebung bewegten. Oft kamen sie, legten sich still auf die Polster im Cockpit, jeder auf eine Seite, nicht selten schliefen sie ein oder taten so. Bei ihnen zu Hause, einmal hatten wir sie dorthin begleitet, gab es keine Betten, keine Kissen, es fehlte – nach unseren Begriffen – an allem.

Dennis und Niclas waren äußerst geschickt. Wir – handwerklich wenig begabt – bewunderten, wie wissend sie Werkzeug handhabten, und ihren praktischen Sinn. Anders als wir würden sie sich immer selbst helfen können und nicht auf kostspielige fremde Hilfe angewiesen sein.

Wie es schien, ging es ihnen gut, sie waren Kinder, die sich den Inselalltag vertrieben, ruhig, gelassen, auch gelangweilt, sicher bescheiden und mit wenig Aussicht auf ein regelmäßiges Einkommen.

Deshalb machte sich mein Freund Gedanken über ihre Zukunft, schlug ihnen vor, die Inselflagge – ein schwarzer Wal auf weißem Grund – herzustellen und an Gäste auf Charterbooten zu verkaufen.

Sie kamen nie wieder zu uns. Man darf sich nicht so direkt einmischen in das Tun anderer. Ich hätte es mir besser einprägen und mich daran erinnern sollen, dass ich selbst auch nicht gern bevormundet werde.

Jetzt wohnte ich in einer Hütte drei Meter über dem Meer, zwei, wenn die Flut ihren höchsten Stand erreichte. Ihre Stelzen waren in den hellen Grund einer Untiefe gerammt, die groß und rund und etwa hundert Meter im Durchmesser war. Eine Insel unter Wasser.

Zwei Paddelstunden entfernt, im Norden, erhob sich eine flache Insel über dem Spiegel des Meeres; im Osten brachen Wellen am Außenriff.

In den Hütten, es waren sechs, gab es Türöffnungen in beiden Giebelseiten, die sich genau gegenüber, jedoch nicht in deren Mitte lagen. Diese Anordnung teilte den Innenraum in eine schmale und eine breitere Seite. Auf der schmalen, nahe des einen Ausgangs, eine große Feuerstelle mit Wok und Wassertopf, Teller zwischen den Dachplatten aus Palmblättern, Tassen, Löffel in einem kleinen Regal. Auf der breiteren Seite Matten und Kissen. Das grüne Meer schimmerte durch alle Bodenritzen des »festen Bootes«. Steile Leitern führten an jeder Giebelseite zu ihm hinauf.

Ibu Nisa hatte schwere Brüste und einen schweren Hintern. Sie war die einzige dicke Seenomadin, die ich kannte, mit schräg stehenden Augen in einem flachen, breiten Gesicht, einem schönen Mund und kleiner Nase. Anfangs war sie scheu in meiner Gegenwart und redete nicht viel, aber immer sah sie mich warm, fast ein bisschen ungläubig an. Vielleicht war sie sechsundzwanzig.

Pak Udin, ihr Mann, dagegen war schlank und muskulös wie die meisten Bajos und noch scheuer als Ibu Nisa. Bisher hatte ich immer die Frauen als die Offeneren erlebt. Sie übernahmen ja auch den Verkauf ihrer Meeresprodukte an die Händler. Ich habe nie einen Mann dafür an Land gehen sehen. Im Umgang mit mir waren Männer scheuer als die Frauen, untereinander konnten sie lebhaft und ausgelassen sein.

Pak Udin stellte vier leere Wasserkanister an die äußere Kante der Veranda, kletterte die Leiter hinunter in sein Auslegerkanu. Marten, etwa eineinhalb, und Eta, drei Jahre alt, lagen auf dem Bauch und ließen die Kanister in seine Arme fallen. Von unten blendeten kleine türkisfarbene Wellen die Augen. Pak Udin entfernte sich, steuerte auf die Insel zu, um die Behälter mit Frischwasser aufzufüllen. Zwei Stunden würde er bis dorthin brauchen, denn es wehte kaum Wind.

Seit ich mit Ibu Pilo und Pak Lopang hier gewesen war, hatten Ibu Nisa und Pak Udin die beiden nicht mehr gesehen. Aber Om Lahali. Nahe der Insel, zu der Udin unterwegs war, stand ein Wasserdorf. Om Lahali hatte dort einen seiner Söhne besucht.

Ich dachte, ich hätte schon lange nichts mehr, was ich verschenken konnte. Aber hier war nichts noch viel. Ibu Nisa sah mir zu, als ich den Inhalt meiner Tasche ordnete, und band in ein Tuch, was ich wegwerfen wollte – ein Plastiktütchen, einen leeren Kugelschreiber, ein Stück Papier. Sie hängte es unter das Dach. Sie strahlte. Ich fand noch eine Sicherheitsnadel und einen Bleistift und sah das Glück auf ihrem Gesicht. Auch diese beiden Dinge kamen in das Tuch unter dem Dach.

Der wenige Wind strich durch Türöffnungen und die allgegenwärtigen Ritzen. Ibu Nisa ließ sich auf eine Matte fallen, die Kinder saßen auf ihr, neben ihr, unter ihr, hinter ihr, tobten.

Sie war völlig ungezwungen, manchmal schaute sie mich an, drehte ihr Gesicht über eine der Ritzen und spuckte aus. Was den Kindern aus der Nase lief, griff sie mit Daumen und Zeigefinger und wischte es ab an den Bodenritzen oder an ihrem Sarong.

Sie lag jetzt auf der Seite, und Marten griff nach einer Brust, saugte, spielte mit beiden Brüsten, unsanft, so schien es mir, drehte er selbstvergessen mit den Fingern die freie Brustwarze.

Nisa beschwerte sich nicht. Bald lagen alle drei eng nebeneinander; die Gesichter der Kinder zur Mutter gewandt, ihre Arme über die Köpfe hinausgestreckt, schliefen sie tief. Zum dritten Mal an diesem Morgen.

Der beinahe leere Raum, wie zerbrechlich er auf mich wirkte. Die vielen Spalten zwischen den Bambuslatten im Boden, den Wänden, ganze Stücke fehlten. Wellen plätscherten unten an die Pfähle. Die gleißende Sonne draußen. Das glitzernde Meer. Nirgendwo eine Bewegung. Wir waren allein. In einem Raum in der Luft über dem Meer. Ich schrieb einige Dinge auf, dann schlief auch ich. Die Tropen ermatten.

Plötzlich Lärm. Die Hütte knarrt, eine der Türöffnungen verdunkelt sich, herein stürzen drei Jungen, vierzehn oder fünfzehn vielleicht. Die ehemals schwarzen Haare sonnenverblichen zu rotblonder Farbe, nackte Oberkörper, schlaksige Glieder.

Nisa macht ein Auge auf, die Kinder bleiben liegen, nur ich sitze sofort. Sie lassen sich auf eine Matte fallen, lachen, lachen, strecken sich aus, balgen sich wie junge Hunde, kleine Katzen, rollen hin und her. Die Kinder drängen sich in die Arme der Jungen, lassen sich quietschend küssen und streicheln. Unter dem Dach schaukelt das Bündel mit Ibu Nisas Schätzen.

Manchmal sehen die Jungen mich verstohlen an. Wir liegen alle auf den Matten, den Kopf in die Hände gestützt. Ich nenne ihnen meinen Namen und frage sie nach ihren. Keine Antwort, aber ihre Blicke suchen mich häufiger. Nach einer Weile setzt sich einer von ihnen, die anderen rollen sich hinter ihn und verstecken ihre Gesichter. Der, der sitzt, sagt flüsternd: »Wir fühlen uns scheu. Deshalb können wir dir unsere Namen nicht nennen.«

»Das ist schade. Da muss ich, wenn ich an euch denke oder meiner Familie von euch erzähle, sagen: In Nisas Haus habe ich den mit dem Muttermal auf dem Arm getroffen, den mit den roten Locken, den mit der Narbe am Fuß.«

Sie kichern verlegen, werden wieder still und schlagen die Augen nieder. Dann flüstert der sitzende Junge wieder: »Meine Freunde sind zu scheu, dir ihren Namen zu sagen, deshalb sage ich dir, wie wir heißen: Ich bin Ebid, das ist Maron, das ist Sainodin.«

Beim Vorstellen berührt er jeden mit der Hand.

Sie waren aus dem Wasserdorf hinter der Insel gekommen, wo sie während der Regenzeit lebten, aber viel lieber hielten sie sich hier auf: weniger Menschen, mehr Meer. Und mit den saisonbedingt veränderten Winden und Strömungen wanderten *selar*, Makrelen, in die tieferen Gewässer nicht weit von den Hütten, hinter dem Außenriff. Deshalb standen die Hütten hier draußen und wegen der Schnecken und Muscheln zwischen den Korallen, die Nisa und andere Bajofrauen in dieser Zeit sammelten. Während des Wintermonsuns, wenn der Wind aus Nordwest weht und Regen bringt, pendelten die Bajos zwischen dem Wasserdorf und den »festen Booten«. Kam der Sommermonsun, mit Wind aus Südosten, schweiften sie über ihre nassen Weidegründe in ihren überdachten Booten.

Trotzdem war ich wieder in der Regenzeit hierher gereist. Von Ibu Pilo, Pak Lopang und Ulo wusste ich, dass sie auch jetzt auf ihrem Boot lebten, genau wie Om Lahali, das waren die Menschen, die ich am liebsten wiedersehen wollte.

Ibu Nisa stand auf, steckte Holzscheite unter den Wassertopf, zündete sie an. Die kleine Eta rutschte an ihre Seite, schaute zu, zog dann die Scheite ein bisschen vor, drückte sie wieder tiefer unter den Topf, legte noch eines dazu. Das Feuer knackte, bald hatten wir alle ein Glas mit Kaffee in der Hand.

»Ohne Zucker«, bedauerte Nisa.

Der war schon seit einiger Zeit ausgegangen. Mir war es recht, doch Seenomaden, das wusste ich, lieben den überzuckerten Kaffee so sehr wie die Zigaretten. Ich habe nie einen von ihnen sagen hören: Ach, hätte ich doch …, wenn das eine oder das andere oder, schlimmer, beides fehlte. Aber wenn es alles gab, sah ich ihr GIück.

Pak Udin kehrte zurück. Eta und Marten saßen drei Meter über dem Meer auf der Verandakante wie Vögel auf dem Nestrand, sahen zu, wie ihr Vater das Segel einholte und das Kanu an die Leiter manövrierte. Ebid und seine Freunde nahmen die Wasserkanister an und schleppten sie albernd zur schmaleren Seite der Hütte neben die Feuerstelle. Die Bambuslatten knackten bei jedem Schritt. Dann paddelten sie zu ihrer eigenen Hütte.

Pak Udin hat mir aus seiner Hütte im Wasserdorf eine Matte mitgebracht. Ich freue mich. Scheu rollt er sie neben mir aus, ohne ein Wort.

»Für dich«, sagt Ibu Nisa und strahlt. Pak Udin lächelt still und sieht zufrieden aus.

Die Matte macht das Schlafen auf dem Boden nicht wirklich bequemer, aber man fühlt sich wohler. Ohne sie ist man preisgegeben, ein Gefühl von Armseligkeit stellt sich ein.

Nachts werde ich wach. Etwas hat mich gebissen oder gestochen. Auf dem Unterarm ertaste ich eine Schwellung, hart und groß.

Wenn ich mich auf die Seite lege, sehe ich unter mir das Meer, im Mondschein ist es durchsichtig bis zum Grund. Wellen glucksen. Ich höre das Atmen der Kinder, das von Nisa und Udin, ich höre das Atmen des Meeres. Seine Wellen am Außenriff, wie Züge, die sich ankündigen, aber nicht eintreffen. Sonst ist es still. Ein Gecko raschelt noch.

Ich stelle mir vor, wo ich bin: in einer windigen Hütte über dem Meer, mondbeschienen, mit Menschen, die ich kaum kenne, aber glücklich, bei ihnen zu sein. Wo wohl Ibu Pilo und Pak Lopang jetzt sind?

Später werde ich noch einmal wach. Ibu Nisa hockt vor der Feuerstelle und pinkelt durch die Bodenritzen. Mit etwas Wasser aus dem Kanister spült sie nach. Es dauert nicht lange, da hockt Eta an derselben Stelle. Udin geht nach draußen auf die Veranda.

Der Morgen kommt mit seiner hellen Ruhe, wie man sie nur erleben kann, bevor die Sonne aufgeht. Licht ohne Strahlen. Die Welt im Augenblick vor dem Erwachen. Alles ist möglich.

Die Bodenlatten knacken. Pak Udins Schritte, er hält Marten im Arm und setzt sich auf das äußerste Ende der Veranda. Sein gelber Sarong, ein weiter Schlauch aus Stoff, ist bis über die Schultern gezogen, spannt sich über die Arme, die Knie. In die Öffnung vor Udins Brust kuschelt sich Marten.

Gemeinsam sitzen wir da, still, und schauen auf das ruhige Meer, bis die ersten Sonnenstrahlen kommen. *Mata hari,* das Auge des Tages, ist da.

Ibu Nisa steigt hinunter bis zur untersten Stufe der Hüttenleiter. Ihr Sarong bläht sich im Wasser. Eine braune Wurst schwappt auf türkisen Wellen mit der Tide davon. Kleine Fische machen sich über sie her. Nisa schaut mich gut gelaunt an. »Mandi!«, waschen!; sie zieht ihr T-Shirt aus, hängt es über eine Stufe der Leiter und taucht unter.

Ich warte ein bisschen und schwimme hinaus über das Riff.

Oben auf der Veranda wische ich mir später mit einem halben Glas Wasser das Salz von der Haut und putze mir die Zähne. Staunend sehen die anderen auf meine Zahnbürste. Ich habe mehrere und beschließe, eine zu verschenken. Nisa nimmt sie entgegen, alle probieren das Zähneputzen aus, behutsam, fast andächtig, jeder hat Zahncreme auf einer Fingerspitze.

»Enak!« Schmeckt!

Das Meer bewegt sich immerzu, trägt alles fort, was unter die Hütte fällt. Unsere nassen Sarongs und T-Shirts sind zum Trocknen in die Giebelwand geklemmt. Die Sonne brennt ihnen die Farben aus den Fäden. Ebid und seine Freunde sind fünfzig Meter entfernt auf ihrer Veranda, von mir aus gesehen eine wirre Ansammlung von Bambuslatten, unglaublich, wie sicher sie sich darauf bewegen. Kokosnüsse liegen dort, Holzscheite. An der Giebelwand hängen ein Eisentopf, ein geflochtener Korb, ein Stück Stoff. Die Stelzen unter der Hütte spiegeln sich im Wasser. Alles badet in Licht.

Dann gleiten die drei in ihrem Auslegerkanu an uns vorbei.

»Dayung, dayung, Missiis! Dayung, dayung!«, rufen sie: Paddeln, paddeln!

Die Bajos nannten mich nie bei meinem Namen, für sie hieß ich Missis. »Respekt«, wird Ibu Sulastri mir später erklären. Lieber hätte ich meinen Namen gehört.

Plötzlich ein Knall. In der Ferne, ganz klein, sehe ich ein Kanu. Ibu Nisa und Pak Udin sagen: »Gewitter.« Am blauen Himmel ziehen weiße Wolken.

Ich gehe vorsichtig. Die dünnen Latten der Veranda knistern und knacken, manche sind morsch. Bei jedem Schritt blicke ich achtsam nach unten, sehe Fische zwischen den Spalten hindurchschwimmen, in einigen könnte Eta verschwinden; drinnen sind die Lücken nicht ganz so groß. Außer mir bemerkt das niemand. Eta und Marten rennen raus und rein, werfen sich um, balgen – fallen immer genau neben die Löcher.

Pak Udin schneidet Streifen in ein blaues Plastikband. Er macht Angelhaken. Ibu Nisa liegt auf der Matte und döst.

Draußen Stimmen. Eine andere Familie ist angekommen, ihr Segel klappt leicht im Wind, bis es eingeholt ist. Pak Udin ruft ihnen etwas zu. Schon werfen sie mit heiteren Bemerkungen drei Fische auf unsere Veranda.

Eta hält mit ihren kleinen Händen die Machete an der Klinge, kratzt die Schuppen ab und legt die Fische neben die Feuerstelle.

Auf der Matte dreht Ibu Nisa sich um; Marten kommt gerannt und nimmt ihre Brust. Neue Stimmen. Durch die Bodenritzen und die offene Tür sehe ich Männer unten an der Veranda neben einem Netz, das darunter bis ins Wasser hängt. Drei rote Juwelenzackenbarsche schwimmen darin panische Kreise.

Die Männer klettern zu uns in die Hütte. Sie sitzen an die Wand gelehnt und rauchen. Einer öffnet einen Sack mit Seegurken und legt Udin einen der verschrumpelten Stachelhäuter in die Hand. Er ist hell und groß, eine gute Qualität, für die ein Bajo tief tauchen muss. Fast der ganze Sack ist mit ihnen gefüllt.

Der Mann, Pak Maat, ist auf dem Weg zu Pak Ino und Ibu Sulastri. Ich bitte ihn, den beiden einen Zettel zu überbringen, schreibe auf: Reis, Sago, Zucker, Kaffee, Zigaretten, Öl, Kerosin, Kekse und frage die anderen, was sie sich außerdem wünschen. Erst sind sie scheu und wollen nicht antworten. Doch dann sagen sie: Chili, Knoblauch, Salz, Bananen.

Ich hatte Pak Taris meine Maske und meinen Schnorchel überlassen und frage Ibu Sulastri in meinem Brief, ob sie mir neue besorgen könne, und Pak Maat segelt los, ein hoch gewachsener Mann mit dunklen, langen Locken, der leise und ernst erzählt hat, dass seine Augen von der Sonne qualvoll schmerzen und er manchmal nicht sehen kann.

Ibu Nisa zündet Holz an unter dem Wassertopf. Zigaretten werden halbiert und herumgereicht. Außer mir und Marten rauchen alle. Eta nimmt ein paar Züge von der Zigarette ihres Vaters und versucht, Ringe zu blasen. Die Männer fragen mich, woher ich komme, und sehen mich still an. Sie werfen ihre Kippen durch die Bodenritzen und segeln in das Wasserdorf hinter der Insel.

Kaum sind sie fort, hören wir Ebid und seine Freunde. Sie binden ihr Boot geräuschvoll an die Hüttenleiter, kommen zu uns hinaufgestürmt, jeder hält in jeder Hand einen Fisch. Die Jungen werfen sie sich gegenseitig zu, bevor sie sie neben die Feuerstelle zu den anderen Fischen legen. Ihre Anwesenheit lässt die Hütte zittern.

Gleich fängt Ibu Nisa an, Sago zu rühren. Dann schneidet sie den Fisch in Stücke, brät sie an in einem Wok und schüttet ausgedrückte Kokosmilch darüber.

Wir essen mitten im Raum auf der Erde von weißen und braunen Pressglastellern, trinken Wasser zu Fisch und Sago. Eta und Marten immer hautnah bei den Eltern. Von unten schimmert das Meer, Sagokrümel, die beim Essen auf den Boden gefallen sind, verschwinden zwischen den Ritzen, fallen ins Wasser, den wartenden Fischen direkt ins Maul. Auch die Gräten.

Mata hari ist untergegangen. Pak Udin stellt die Lampe vor sich, füllt Kerosin auf und zündet sie an. Neben ihm sitzen die Kinder und schauen zu. Draußen ist es fast dunkel.

Ebid und seine Freunde balgen sich auf der Matte, Ibu Nisa liegt satt und zufrieden da. Zwischen Pak Udins angewinkelten Beinen sitzen Eta und Marten. Das Licht fällt warm und gelb auf die drei Gesichter, dicht beieinander sehen sie still in die leuchtende Lampe, die Kinder mit großen Augen, Pak Udin ernst. In der Türöffnung verschmelzen Himmel und Meer zu violettem Schwarz. Eine Weile bleiben wir so, dann paddeln die Jungen zu ihrer Hütte, und wir schlafen ein.

In der Nacht wecken mich Stimmen, ein Bootsrumpf schlägt gegen die Hüttenpfähle, die Leiter knarrt. Ein Mann und eine Frau kommen in den dunklen Raum, laufen hin und her, setzen sich zwischen uns. Ibu Nisa und Pak Udin richten sich auf, die Lampe wird angezündet.

Es sind Ibu Muna und ihr Mann. Sie haben in der Nähe Seegurken gesammelt. Jetzt macht die Frau Feuer, kocht Kaffee; die Zigarette zwischen die Zähne geklemmt, hantiert sie mit Topf und Bechern.

Sie will ein paar Tage bleiben und morgen Muscheln und Schnecken suchen.

Ibu Muna hat ein klares, herzförmiges Gesicht mit schräg gestellten Augen, klugen Augen, die etwas von dem Wissen über das Leben auf dem Meer sagen. Sie schaut mich mit stiller Verwunderung und direkt an, etwas, was Bajos selten so tun. Ich lasse mich darauf ein, wir betrachten uns neugierig forschend, in Ruhe, und spüren, unsere Erfahrungen könnten nicht unterschiedlicher sein. Über ihrem Sarong trägt sie eine grün-schwarzsilbern gemusterte Satinbluse mit einem großen, über die Schultern reichenden Kragen aus schwarzem Organza. Vielleicht ist sie vierzig. Ich beantworte ihr die bekannten Fragen. Sie fragt ruhig, unaufdringlich. Ihr Mann hört zu. Einer nach dem anderen legen sie sich wieder hin. Jemand flüstert, etwas raschelt. Schon schlafen alle.

Morgens zogen schwere Wolken über den Himmel. Ein starker Westwind trieb Wellen gegen die Pfähle der Hütten. Unsere Hütte knarrte. Ibu Nisa und Pak Udin hielten sie für nicht mehr sicher. Wir packten die wenigen Dinge und zogen in die leere Hütte gegenüber. Sie war relativ neu, doppelt so groß und stand fest auf ihren Stelzenbeinen. Die schmalere Seite hatte einen Boden aus dünnen Bambuslatten, die breitere einen aus Holzplanken. Auch hier schimmerte überall das Meer durch die Ritzen, doch es gab keine großen Löcher. Auf der Veranda lagen dicke Bambusrohre nebeneinander, sie machten einen soliden Eindruck. Doch beim Darüberlaufen merkte ich, sie waren lose, rutschten auseinander, und meine Füße gerieten dazwischen; den anderen, die fest auftraten, passierte das nicht.

Der Himmel wurde dunkel. Wind fegte durch die Hütte. Wir setzten die Türen in ihre Öffnungen, und Pak Udin steckte ein Bambusrohr mit einem halbierten Ende durch die Wand auf der Seite der Feuerstelle. Es fing an zu regnen, zu schütten. Der Regen lief durch das Bambusrohr wie Quellwasser. Wir rückten nacheinander alle vorhandenen Töpfe und Tassen darunter, leere Wasserkanister. Der Eisenbottich, in dem sonst Seegurken kochten, war ideal zum Waschen. Alles, was wir nicht anhatten, kam hinein, schmutziges Wasser gossen wir über die Bodenlatten ins Meer, Pak Udin wrang es aus den T-Shirts und Sarongs; Ibu Nisa, Ibu Muna und ich tauchten sie in frisches Wasser. Und alle tranken immer wieder von dem, was so süß durch das Bambusrohr in die Gefäße rann.

Die Kinder tobten überall, nass von oben bis unten. Auf das Hüttendach trommelte der Regen. Es wurde dunkel, wir zündeten die Lampe an, Muna spannte eine Leine für die Wäsche. Dann mäßigten sich Wind und Regen. Wir öffneten die Türen. Es war Nacht. Rissen die Wolken auf, sahen wir den Mond am Himmel hinter der Hütte, in der wir bisher gewohnt hatten.

Bei unserem Umzug am Nachmittag war ein Glas vergessen worden. Udin paddelte hinüber, um es zu holen. Im Schein des Mondes flimmerte das unruhige Meer silbern um die Hütte und zwischen ihren Stelzen. Schwarz wie ein Scherenschnitt stand sie im Gegenlicht, warf einen pechschwarzen Schatten genau wie Udin und sein Boot. Er stieg die Leiter zur Veranda hoch, seine Silhouette bewegte sich zwischen den offenen Türen, dann paddelte er wieder im Boot über das Meer. Wir standen auf der Veranda und sahen ihm entgegen. Plötzlich ein Knarren. Stelzen fielen hinter ihm um. Noch mehr Stelzen. Die Hütte rutschte zur Seite, brach auseinander, platschte in das quecksilberfarbene Meer; ihre Einzelteile schaukelten auf den Wellen. Schwarze Flöße.

Ibu Nisa und Pak Udin lachten: »Wir bauen eine neue.«

Ich habe nie gesehen, wie eine gebaut wird, aber Pak Udin hat es mir erzählt. Eine harte Arbeit. Das Material wird in vielen Kanufahrten hergebracht; zwei, drei Männer rammen die Pfähle bei Ebbe und ruhigem Wetter tief in den festen Kalksand, der Boden wird gelegt und das Dach aus Palmblättern gemacht, die durch Rattanstränge zusammengehalten werden. Es kann Wochen dauern.

An diesem Abend hatten wir reichlich Wasser, aber keinen Fisch. Es gab Sago, wie bei den anderen Bajos. Sie unterhielten sich von Hütte zu Hütte. Den Mond verdeckten Wolken.

Langsam beruhigte sich das Wetter. Ibu Nisa lag auf der Matte, Pak Udin fuhr fischen. Ich begleitete Ibu Muna in ihrem Kanu. Sie segelte bis über ein Riff, glitt in das flache Wasser und zog es, die Hand auf einer Bugkante, neben sich her, während sie über Sand und Korallen lief; gebeugt, das Gesicht im Wasser, suchte sie Schnecken. Munas schwarz-grün-silberne Satinbluse glänzte unter den Wellen wie ein Fisch; der große Kragen aus schwarzem Organza wedelte wie eine Rochenflosse.

Bald bedeckten Kauris die Planken im Boot, einige Mördermuscheln und eine Seegurke lagen dazwischen. Salzspuren auf Ibu Munas Gesicht. Immer dieser ernste, forschende Blick. Aber auch Wohlwollen. Mir schien es, als würde ich sie genauso ansehen.

Zurück zur Hütte paddelten wir. Sie ragte über dem hellen Wasser in einen blauen Himmel mit weißen Wolken. Auf der obersten Leiterstufe saß Ibu Nisa; die Hand zum Beschatten über den Augen, schaute sie uns entgegen. Ihr roter Sarong.

Wir reichen ihr die Mördermuscheln auf die Veranda. Ibu Nisa bricht sie mit der Machete auf, trennt die weißen Muskeln aus den Schalen und lässt sie lange in Meerwasser kochen, schneidet

Küstenlandschaft auf Lalalu.

**Blick aus der Stelzenhütte
von Pak Bimbu und Ibu Hadija**

Pak Udin mit seinem Sohn Marten.

Rechts: Om Lahali im Arbeitsboot; im Hintergrund seine *sope.*

Ibu Pilo bereitet im trockengefallenen Boot eine Mahlzeit zu.

Zackenbarsche, die lebend nach Hongkong verschifft werden.
Rechts: Ibu Pilo trocknet Seegurken.

Pak Taris sucht Muscheln.

Nicht ungewöhnlich: Bajokinder werden lange gestillt.

Rechts: Bajomädchen mit Sonnenschutz aus zerstoßenen Muscheln.

Krankenschwester Hartini
auf dem Weg zum Wasserholen.

Pak Bimbu, Ibu Hadija, Janna und Ellis vor ihrer Stelzenhütte.

sie klein, zuerst die gewellten Ränder, lässt sie noch einmal kochen.

Wir essen sie in heißer Kokosmilch mit Sago schon gegen Mittag. Ebid und seine Freunde sind da. Nach dem Essen hocken sie vor meinem Wörterbuch, die Finger gleiten unter jede Zeile, Seite für Seite murmeln sie Buchstaben, liegen dann auf der Matte neben Ibu Nisa, Eta und Marten.

Muna sieht aufs Meer und raucht. Pak Udin repariert einen Speer. Ich fotografiere die Fische im Netz neben der Veranda, die lebend nach Hongkong verschifft werden sollen.

Ein Auslegerkanu mit Außenbordmotor näherte sich den Hütten, der Mann, der es steuerte, machte unten an unserer Leiter fest, blieb in seinem Boot, plauderte eine Weile mit den Bajos, die ihn zu kennen schienen. Nalfin und seine Frau aus der Hütte nebenan kamen herübergepaddelt. Der Mann zog eine Plastikplane von einem Stapel Sarongs, Hemden und T-Shirts. Zusammen mit Kämmen und Haarbändern legte er sie auf seinem Paddel aus. Die Hemden und T-Shirts stammten aus Kleidersammlungen in Europa und den USA. In Südostasien werden sie in kleinen Läden verkauft.

Viele Kommentare. Ibu Muna und Ibu Nisa saßen auf den unteren Stufen der Leiter und schauten sich alles an. Pak Udin, die Kinder lagen auf dem Bauch; die Köpfe über der Verandakante, überblickten sie das Ganze. Ein orangefarbener Sarong flatterte auf Ibu Munas Knien. Es fehlte an Geld, um ihn zu kaufen, niemand hatte welches.

Der Händler tauschte ihn ein gegen zwei Mördermuscheln und fuhr davon. Eine einsame Bewegung auf dem leeren Meer, bis jemand in die andere Richtung zeigte.

»Pak Maat!«, riefen die Bajos.

Sie erkannten jedes Segel, auch wenn die immer gleich, immer hellblau und weiß waren. Wir gingen hinüber zur anderen Hüttenöffnung, der, vor der keine Veranda lag, lehnten an den Seiten, saßen auf der Leiter, lagen auf dem Bauch und sahen Pak Maat näher kommen.

Nachdem er sein Boot festgemacht hatte, reichte er als Erstes ein Kissen hinauf – Ibu Sulastri hatte es ihm für mich mitgegeben –, hob dann Kartons, Kerosin und einen Sack mit Reis zu uns hoch. Ich stellte, was ich ihm abnahm, neben die Feuerstelle, die Bajos legten alles neben meiner Matte ab. Sie selbst teilten, was sie hatten, mit mir, aber wie Ibu Pilo und Pak Lopang setzten sie nicht voraus, dass meine Habe auch ihnen gehörte. Ich musste etwas ausdrücklich zu ihrem machen, bevor sie es benutzten.

Wir saßen um die Lebensmittel herum, drehten sie in den Händen, rochen an Chilis und Knoblauch; die kleinen, süß duftenden Bananen aßen wir sofort, die Schalen fielen durch die Ritzen, schaukelten eine Weile unter uns auf den Wellen. Ebid und seine Freunde kamen, Nalfin und seine Frau. Ibu Muna riss und faltete Papier zu Tütchen für Zucker und Salz, Chili und Lichtnuss – jeder sollte etwas mitnehmen. Ibu Sulastri hatte ein paar extra Gewürze beigelegt. Wir ließen uns Kekse auf der Zunge zergehen, andächtig still, tauschten bedeutungsvolle Blicke aus.

Später las ich Ibu Sulastris Brief.

Ibu Milda, liebe Freundin,

schon lange haben wir Dich nicht gesehen. Ich bin sehr froh, dass es Dir gut geht, ich wollte Dich schon suchen.

Om Hamma hat eine Nachricht von mir. Wenn Du es möchtest, bringt er Dich nächsten Monat nach Samas, wenn das Schiff aus Hongkong kommt und Yance hier ist. Om Hamma ist im Wasserdorf hinter der Insel, die Du sehen kannst. Er hat einen Außenbordmotor.

Maske und Schnorchel besorge ich Dir.

Ich bete jeden Tag für Dich. Gott segne Dich.

Sulastri

194

Wie dankbar ich für ihre Freundschaft war und bin, für ihre Hilfe, die sie mir gewährte, obwohl sie mich nicht gerne bei den Bajos sah; ich wusste es, auch wenn sie es nie aussprach. Sie half trotzdem, weil sie es konnte und mich mochte. Sie ließ mich, wie ich war. Ich vertraute ihr.

Am Abend ein Festmahl:

Kua ikan – Fischsuppe

Selar – Makrele, zwei

Cabe merah – frische rote Chilis, drei

Kemiri – Lichtnuss, so viel wie eine große Knoblauchzehe

Kunyit basah – frische Gelbwurz, so viel wie eine große Knoblauchzehe

Bawang putih – Knoblauch, eine Zehe

Bawang merah – rote Zwiebeln, zwei

Asam – getrocknetes Fruchtmark des Tamarindenbaums, einen Teelöffel

Garam laut – Meersalz, einen Teelöffel voll

Lada – Pfeffer, zwei Prisen

Minyak kelapa – Kokosöl

Wir waschen den Fisch, schneiden zwei Zwiebeln in Scheiben; Ibu Muna zerstößt in der Hälfte einer Mördermuschel Gelbwurz, Chilis, Lichtnuss, Knoblauch, Pfeffer, Meersalz; ich löse das getrocknete Fruchtmark des Tamarindenbaums in heißem Wasser auf, es wird dem Gericht eine feine Säure geben; Ibu Nisa gießt Öl in den Wok, wartet, bis es heiß ist, gibt die Zwiebeln dazu: »Sie müssen schwimmen!«, dann die zerstoßenen Gewürze: »Sie müssen schwimmen!«, dann den in Stücke geschnittenen Fisch, mit Kopf; sie lässt ihn kurz brutzeln, gießt zwei Gläser Wasser dazu, noch eines, lässt alles kurz köcheln.

Wir essen Sago dazu.

Dann liegen wir vergnügt auf unseren Matten. Ibu Nisa rollt auf die Seite und sagt:

»Makan dulu,
habis makan: tidur,
habis tidur: kopi,
habis kopi: memancing.«
Zuerst essen,
Ende essen: schlafen,
Ende schlafen: Kaffee,
Ende Kaffee: fischen.
Alle lachen.
Es war ein Fest.

Am nächsten Morgen hatten Ibu Nisa, Eta und Marten rote Flecken im Gesicht, auf dem ganzen Körper.

»Das sind die Kekse«, sagte Ibu Nisa, »die haben wir noch nie gegessen, unser Blut schüttelt sich.«

Dann, ein paar Tage später, kletterten Pak Bimbu, Ibu Hadija und ihre Kinder Robin, Janna und Ellis die Leiter zur Veranda hinauf. Sie waren hier zu Hause, die Hütte gehörte ihnen.

»Bleib, so lange du willst«, sagte Pak Bimbu, »wir wissen schon, wer du bist.«

Er war etwa dreißig, schlank, hatte ein schmales Gesicht, kurze Haare, und an der linken Hand wiesen sein Ringfinger sowie der kleine Finger Nägel von beachtlicher Länge auf. Sämtliche anderen: extrem kurz. Sein heiteres Wesen! Offen, weniger scheu als alle Bajos, die ich bisher getroffen hatte.

Zwei Plastiktüten mit Sarongs und T-Shirts kamen unter die Decke, drei Kissen flogen auf die Matten; unter dem Wassertopf brannte Feuer, Gläser mit Kaffeepulver standen bereit. Sie waren eingezogen.

Ibu Hadija, schlank, ebenfalls mit einem schmalen Gesicht, großen weißen Zähnen, dicken Locken, auch sie voller Wärme und Frohsinn.

196

Sie lief gut gelaunt umher, kramte drei Sarongs aus einer der Plastiktüten, knotete sie um eine Stange unter dem Dach: Schaukeln. Schon saßen Ellis, Eta und Marten darin, schwangen quietschend ihre Beine unter die Dachpfannen aus Palmblättern. Robin und Janna, älter, ungefähr zehn, kletterten einen Stamm in der Mitte der Hütte hoch und rutschten wieder an ihm hinunter.

Unbändige Spielfreude. Vollkommen selbstvergessen: die Erwachsenen gelassen mittendrin. Nie habe ich Bajos ihre Kinder zu Ruhe und Ordnung rufen hören. Es sei denn, in ihrer Bajosprache, die ich nicht verstand, durch ihr Verhalten ließ sich nicht darauf schließen. Und als ich danach fragte, lachten sie: »Sie stören nie!«

Ibu Nisa rekelte sich auf einer Matte, rauchte, spuckte aus zwischen die Bodenritzen, gab Marten – er wartete schon darauf – in der Schaukel neben ihr einen Stoß und plauderte und plauderte, bis Pak Udin Wok, Wassertopf und eine Tüte mit Kleidung auf die Veranda brachte – sie zogen um, in eine der leer stehenden Hütten, die Pak Udins Bruder gehörte, und weil sie winzig war, sollte ich bei Pak Bimbu und Ibu Hadija bleiben.

Die Kinder tobten gemeinsam weiter.

Plötzlich, durch das Kichern und Quietschen hindurch, ein kurzer Knall, nicht besonders laut, aber durchdringend, und ohne Zweifel war es kein natürliches Geräusch. Niemand reagierte. Draußen auf dem Meer sah ich – wie schon einmal zuvor – ein Boot, zu weit entfernt, um Details erkennen zu können, doch was dort geschah, war leicht zu erraten: Bombenfischer sammelten ihre Beute ein.

»Sind das Bajos?«, fragte ich.

»Ja«, sagte Pak Bimbu und ging in die Hütte zurück.

Drinnen, angelehnt an eine Türöffnung, saß Ibu Hadija und suchte nach Läusen auf Ibu Munas Kopfhaut. Dafür teilte sie das Haar in Scheitel, spähte die kleinen schwarzen Peiniger aus, zerdrückte sie zwischen zwei Fingern und zog im selben Moment laut hörbar Luft zwischen den zusammengebissenen Zähnen hindurch. Jagdglück. So machten es alle Bajofrauen, jede bei jeder und bei ihren Männern und Kindern. Warum die Läuse mich bisher gemieden hatten, war mir ein Rätsel.

Zwei Tage später segelten Ibu Muna und ihr Mann in das Wasserdorf hinter der Insel, die sich flach vor dem Horizont erstreckte. Beim Abschied saß sie vor mir, legte ihre Hände auf meinen Arm und berührte mit ihrer Stirn meine. Ich sah sie mit der Zigarette im Mundwinkel das Segel setzen. Eine Brise trug sie davon.

Jeden Abend versammelten sich die Bajos auf der Veranda, und wir schauten dem Licht zu, wie es verschwand, nachdem »das Auge des Tages« geschlossen war. Eine magische Zeit, in der niemand sprach. Ellis saß an Pak Bimbu gedrängt, er hielt ihre Hände in den seinen, küsste ihren Kopf wieder und wieder, Robin und Janna lehnten an Ibu Hadija, manchmal drückte sie die beiden fest an sich, manchmal noch ein wenig fester, wobei sie sich jedes Mal auf die Unterlippe biss: überbordende Liebe.

Zum Schlafen legten wir die Matten aus, die tagsüber zusammengerollt an der Wand lagen. Ibu Hadija und Pak Bimbu schliefen auf der einen, auf einer zweiten daneben Robin, Janna und Ellis, dann kam ich. Wehte der Wind nicht zu stark, blieben nachts die Türen unverschlossen, und Finsternis, Sterne, Mond oder Wolken waren zu sehen.

Manchmal ging ich leise auf die Veranda und blieb eine Weile. Um diese Zeit, dort in der Schwärze zwischen Himmel und Meer, kam es vor, dass ich mich wie auf einem anderen Planeten fühlte.

Auch tagsüber, wenn ich den Kindern zusah, wurde mir häufig die andere Welt bewusst, in der ich war, eine, in der man mit Gefahr und Angst anders umging, als ich es gewohnt war. Wir lebten unter einem Dach, in einer Hütte, an der dort, wo ich herkomme, ein großes Schild angebracht wäre: *Einsturzgefahr. Betreten verboten! Eltern haften für ihre Kinder.*

Hier rannte der kleine Marten, der nicht älter als eineinhalb war,

Ellis mit ihren zwei Jahren, Eta drei, Janna acht, Robin zehn, hin und her über die nicht fixierten Bambusrohre und -latten bis zum Rand der geländerlosen Veranda und wieder zurück. Haben die Augen unter den Füßen?, hatte ich gefragt, und nachdem der Sinn meiner Frage verstanden war, kam die Antwort: »Sie wissen auch, wie sie atmen.«

Ich konnte zusehen, was Vertrauen ist, von dem ich glaube, dass wir damit geboren werden und dass es uns im Laufe der Kindheit aberzogen wird.

Die Bajos sind achtsam. Nichts entgeht ihnen. Sie wissen in jedem Augenblick, wo sie sind und was um sie herum geschieht, immer bereit zu handeln. Sie denken nicht im Voraus darüber nach, was alles passieren könnte, wenn … Sie sind entspannt, haben Gespür für sich und ihre Welt, fühlen sich sicher und geborgen in ihr. Sie haben keine Angst. Keine, die übervorsichtig macht und das Handeln blockiert.

Eine Gabe der Seenomaden.

Es kam mir vor, als seien sie vollkommen darauf eingerichtet, sich ihrer Umgebung anzupassen. Es überraschte mich, wie vollkommen ihre Umgebung darauf eingerichtet war, sie aufzunehmen.

Was ich sah, berührt mich tief, beschäftigt mich. Ich habe Angst. Eine, die ich nicht als natürlich, sondern als anerzogen empfinde, die ich mir angezogen habe wie einen Mantel, der nicht passt. Mit ihr verlieren die Dinge ihre Unschuld und ich das Selbstvertrauen. Ich fühle mich mir selbst entfremdet, und ich habe schon erzählt, ich mache meine Reisen, weil ich mir ähnlicher werden will. Die Bajos erinnern mich jeden Tag daran.

All die Warnungen vor Gefahren, die wir, kaum können wir krabbeln, hören; die häufig übertriebene Sorge der Eltern, die uns konditioniert, unseren Impulsen und Wünschen erst gar nicht zu folgen. Wir stellen uns nicht vor, was wir erreichen wollen, sondern malen uns im Voraus aus, was alles schief gehen kann. Das ist keine natürliche Angst, die wachsam macht und auf Gefahr reagieren lässt, wenn sie da ist. Es ist eine, die hemmt, weil sie dem Leben, der Umwelt, der Zukunft misstraut. Angst schafft eine eigene Wirklichkeit.

Die Bajos bemerkten meine Vorsicht, mein fehlendes Vertrauen, dass ich, wenn ich durch die Hütte oder über die Veranda ging, die Füße schon richtig setzen werde. Ich konzentrierte mich auf die Lücken, nicht auf das, was Halt gab, sah mich hindurchfallen, ahnte den umgeknickten Knöchel. Mein Zögern war ein Signal. Nur bei mir sorgten sich die Bajos und riefen: »Hati hati, Mississ, hati hati!«, Vorsicht!, sobald ich aufstand.

Völlig ruhig bleiben sie dagegen, wenn Ellis, die noch Babyspeck an den Armen, den Beinen hat, mit der Machete in der Hand dasitzt, vor sich ein Bambusstöckchen auf einem Balken zwischen Hütte und Veranda, ihr rundes Gesicht entspannt, ungeteilt aufmerksam, und den Bambus von oben nach unten spaltet, erst in zwei Teile, dann in vier. Millimeterarbeit. Anschließend legt sie die entstandenen Stäbe vor sich hin und schneidet sie in Stücke, gleichmäßig, wie ein Sushikoch den Thunfisch, nur nicht so schnell.

Sogar der noch jüngere Marten spaltet Stöckchen, bislang nur in zwei Hälften, Eta auch. Alle drei machen es jeden Tag. Niemand klatscht oder lobt ihr Können, und sie legen es nicht darauf an.

Bajokinder dürfen alles anfassen und ausprobieren. Sie sind dabei, wenn ihre Eltern arbeiten, schauen ihnen still zu und ahmen sie nach, wobei sie kein Spielzeug, sondern die Gerätschaft der Eltern benutzen, und sie fangen – aus eigenem Antrieb – früh an, ihnen zu helfen. Außer beim Schaukeln im Sarong oder beim Austauschen von Zärtlichkeiten sehe ich sie nie sich einfach nur die Zeit vertreiben oder langweilen. Immer sind sie spielerisch mit dem beschäftigt, was sie einmal als Erwachsene tun werden.

Pak Bimbu und Ibu Hadija entging mein besonderes Interesse für die Kinder nicht. »Weißt du, was das Wichtigste ist, was unsere Kinder lernen?«, sagte er einmal: »Höflichkeit und Respekt vor den Älteren.«

200

Ellis hatte wenige glatte Haare, abstehende Ohren und in beiden Ohrläppchen Sicherheitsnadeln.

Sie betrachtete mich: ernst, aufmerksam, den ganzen Tag, jeden Tag. Außer wenn ich sie beobachtete, ihr zusah, wie sie Bambusstöckchen teilte, Feuerholz nachlegte, durch die Hütte rannte. Sie machte alles mit Hingabe. Sie sprach wenig. Lächeln sah ich sie viel. Heimlich war sie mein Lieblingskind. Manchmal hatte ich das Bedürfnis, sie in den Arm zu nehmen oder zu streicheln, aber ich tat es nie. Es schien mir plump und eine Grenzüberschreitung zu sein, die nicht von mir, sondern von Ellis ausgehen musste.

Tagelang war nichts passiert, plötzlich das Geräusch eines Außenbordmotors. Ein Kanu kam schnell auf unsere Hütte zu. Sechs Männer richteten sich darin auf, als sie die Leiter erreichten und mit den Händen nach den Stufen fassten.

Wild sahen sie aus. Salz in den Gesichtern, die Haare verklebt, ein stolzer Blick. Ihr Kanu war voller Makrelen; halb verdeckten sie einen Kompressor und Luftschläuche im Heck des Kanus. Die Bombenfischer!

Mit einem Eimer schütteten sie Makrelen auf unsere Veranda. Zweimal. Dreimal. Dann kamen sie die Leiter herauf, warfen sich auf die Matten in der Hütte und steckten sich Kissen unter die Köpfe. Ich war sicher, dass sie längst Bescheid wussten, aber sie fragten: »Woher kommst du?« und all die anderen Fragen und rauchten. Einer stand auf, als er Ibu Hadija Gläser für Kaffee vorbereiten sah, und nahm ihr die Arbeit ab.

»Ihr fischt mit Sprengstoff?«, fragte ich.

Sie nickten und erzählten von einem guten Fang. Mehrere Tage schon waren sie draußen gewesen, hatten keinen großen Schwarm ausmachen können und waren jeden Abend ohne Beute zurück ins Wasserdorf gefahren. Sie erzählten langsam, leise und mit größeren Pausen. Nur manchmal sahen sie mich an. Sie saßen jetzt alle nah beieinander neben der Tür.

»Könnt ihr mich einmal mitnehmen?«, fragte ich.

Es wurde still.

»Möchtest du uns fotografieren?«

»Nein, ich möchte nur zusehen.«

Wieder Stille.

»Wenn wir vorbeikommen, nehmen wir dich mit.«

Zum zweiten Mal war meine sonst so willkommene Kamera unerwünscht. Bombenfischen ist illegal.

Das erste Mal war es Rumi gewesen, der Schamane, der während Ulos Behandlung nicht fotografiert werden wollte. Als ich um Erlaubnis bat, hatte seine Frau sanft und bestimmt abgelehnt.

Die Bombenfischer waren fort, und wir saßen auf der Veranda vor einem Berg von Makrelen, ihre Augen blutunterlaufen durch geplatzte Gefäße.

Es war dunkel geworden, die Kerosinlampen brannten. Hadija schnitt mit der Machete die Rücken vom Kopf bis zur Schwanzflosse auf und breitete sie auf dem Boden aus. Wie große Schmetterlinge lagen sie da. Wir – von Pak Bimbu bis zu Ellis -wuschen sie in Salzwasser und streuten grobes Meersalz auf die weißen Innenseiten.

Wir lachten und sangen, immer wieder zeigten sie auf mich, freuten sich. Es war schon spät, als die Fische einer neben dem anderen auf der Veranda lagen, abgedeckt wurden; morgen würde sie die Sonne trocknen.

Und als der Morgen mit seinem Licht kam, wirkten sie in ihrer Anordnung wie ein Kunstwerk. Die Luft war rein wie immer. Frische Fische riechen nicht. In der nächsten Nacht stapelten wir sie wegen der nächtlichen Feuchtigkeit in der Hütte, am Morgen breiteten wir sie wieder draußen in der Sonne aus. So wurden sie zu Trockenfisch.

Auf meiner Segelreise habe ich viele Makrelen zubereitet und so, wie ein Franzose – damals der Einzige von uns Fahrtenseglern mit einer »Swan«, der alle Kaps umrundet hatte und viele Dinge wusste – es mir empfahl:

»Schneide nur die Filets aus dem Fisch, nicht salzen,

wenig Öl in die Pfanne,

eine Seite braten,

umdrehen, zweite Seite braten, salzen,

umdrehen, salzen, viel Butter dazugeben, schäumen lassen,

Limonensaft nach Geschmack zugießen.

Die einfachste und beste Art, Fisch zuzubereiten!«

Damit meinte er Fisch, der direkt aus dem Meer in die Pfanne kommt.

Bis heute esse ich an Land nur selten Fisch. Er ist mir nicht frisch genug. Konsistenz und Geschmack eines gerade gefangenen Fisches, der nie im Eis gelegen hat, sind unvergleichlich.

Wo wir auch sind, auf der Veranda oder in einem Kanu – springt ein Fisch aus dem Wasser, rufen meine neuen Freunde: »Ikan!«, Fisch!, und paddeln an die entsprechende Stelle; kommt ein Vogel geflogen, rufen sie: »Burung!«, Vogel!, und freuen sich darüber, ihn mir zeigen zu können.

An manchen Tagen sehen wir Bimbu weit draußen in seinem Kanu, gleißendes Gegenlicht verzerrt seine Umrisse, und Ibu Hadija ruft: »Oh Bimbu Bimbu oooh! Bimbu!« Für mich zu leise, für Ibu Hadija laut genug, kommt seine Antwort zurück. Sie unterhalten sich mit langen Pausen, ihre Stimmen reisen über das Meer.

Als sich Jannas Arme und Beine entzünden, habe ich schon lange keine Medikamente mehr, sie sind alle verschenkt. Die ganze Familie und Pak Udin, Ibu Nisa, deren Kinder und ich betrachten die dunkelroten Flecken interessiert und ruhig. Ein bisschen Lachen. Ein bisschen Streicheln. Pak Bimbu drückt Janna an sich und küsst ihr die Ohren. Ibu Hadija schlendert zu einem Ende der Hütte, wo die dicken, faserigen Schalen der Kokosnuss auf dem Boden liegen. Damit und mit einem platt gedrückten Bambusstöckchen kommt sie zurück. Wir schauen zu, wie sie die trockene Schale an der Spitze anzündet, die Flamme ausbläst und die noch glühenden Fasern fest auf den Bambusstab drückt, ihn hin und her reibt, bis Öl aus dem Bambus tritt. Ibu Hadija tupft es mit dem Stab direkt auf Jannas Entzündungen. Der Ruß von den Kokosfasern hinterlässt schwarze Flecken auf der Haut. Zwei Tage wird der Vorgang abends und morgens wiederholt, dann sehen wir zufrieden: Die Stellen sind abgeheilt.

Doch jetzt macht mich Ibu Hadija aufmerksam auf eine längliche Verdickung in Jannas Leiste. Manchmal sei sie zu sehen, manchmal nicht. Sie hatte keine Erklärung dafür und war ein wenig besorgt, eine unbekannte Krankheit könnte sich entwickeln. Ich mache ein Foto und werde später von einer Gynäkologin erfahren, dass es sich um ein Syndrom vollständiger Androgenresistenz handeln kann. Danach wären es Hoden, die in Jannas Leiste wachsen. Sie hat keine Gebärmutter, ihre Scheide ist angelegt, endet aber blind.

Die Bajos schliefen immer in den Sarongs und T-Shirts, die sie auch tagsüber trugen. Ich mochte nicht morgens in den Kleidern vom Vortag aufstehen, drehte Ibu Hadija, Pak Bimbu und den Kindern vor dem Einschlafen den Rücken zu und zog mich um, befreite mich von der Bluse über dem Badeanzug und steckte die Beine in meinen zweiten Sarong, immer darauf bedacht, das Schamgefühl der anderen nicht zu verletzen. An einem Nachmittag, ich war allein mit Ibu Hadija und den Kindern, saß sie da und staunte über mich, erzählte, dass sie sich jedes Mal neu wundere, wenn ich mich umzöge, und dass sie in ihrem ganzen verheirateten Leben noch nie ohne ihre vollständige Kleidung geschlafen habe, auch dann nicht, wenn sie sich mit Pak Bimbu liebe.

Ihre Kinder waren alle unter ihrem Sarong geboren. Hebamme oder Mutter tasten darunter mit der Hand nach dem Kind; es ist ein Tabu, den Schoß einer Frau entblößt zu sehen. Brüste ja, die durfte sie zeigen, nachdem das erste Kind geboren war.

Sie lachte und wollte wissen, wie es dort ist, wo ich herkomme.

»Anders!«, vermutete sie und staunte über das, was sie von mir hörte. Küssen kannten die Bajos nicht. Das hatte mir auch schon Ibu Pilo erzählt.

Den ganzen Tag hatte Pak Bimbu keinen Fisch gefangen. Wir kamen müde zurück, tranken dankbar den Kaffee, den Ibu Hadija uns gab. Ibu Nisa und Pak Udin kletterten die Treppe herauf, Zigaretten wurden angezündet. Die Kinder lagen nackt sternförmig auf dem Bauch und steckten ihre Nasen zwischen die Bodenritzen, um zu sehen, ob Fische in ihre Köder am Ende einer Nylonschnur bissen. Sie taten es. Jedes Kind zog seinen Fang aufgeregt in die Hütte; Marten mit eineinhalb Jahren brauchte Hilfe dazu, doch kaum war sein Fisch oben, stellte er sich hin und hielt ihn mit beiden Händen an der Schnur so hoch, wie er konnte, wartete, bis er aufhörte zu zappeln, und löste den Haken aus dem Maul, legte den Fisch zu den anderen in eine Ecke.

Die kleinen Fische steckten voller Gräten, schmeckten nach nichts und waren besser als kein Abendessen.

Sonne flutet. Von der Insel her steuert ein Boot mit Motor auf uns zu. Ein brummender Punkt, manchmal in einer Gischtwolke. Die Bombenfischer. Das Bombenboot.

Ich bin bereit, steige ein. Wir fahren in tieferes Gewässer, hinter uns eine Wasserfontäne, weiß, glitzernd, dann sind die Hütten nur noch klein in der Ferne zu sehen; jemand stellt den Motor aus.

Das Boot treibt schaukelnd auf kleinen Wellen. Ich schaue in sechs bekannte Gesichter. Eines von ihnen verschwindet hinter einer Tauchermaske. Der Mann kniet sich hin und taucht sein Gesicht ins Wasser. Er hält Ausschau nach Makrelen, einem möglichst großen Schwarm.

Sein rechter Arm stützt sich auf eine Seitenplanke, mit dem linken dirigiert er den Bajo im Heck, der das Boot mit seinem Paddel hierhin und dahin bewegt. Nur manchmal reden die Männer. Kurze

Pausen. Sie wechseln sich ab. Einmal macht der Mann, dessen Gesicht im Wasser steckt, ein Zeichen, und alle, die sitzen, stehen auf. Doch dann winkt er wieder ab.

Der Tag vergeht, unsere Schatten werden länger. Der Mann nimmt die Maske ab; wir fahren zur Hütte von Pak Bimbu und Ibu Hadija.

Auf der Veranda liegen ein paar Fische, die Pak Bimbu gefangen hat. Ibu Hadija beginnt, das Abendessen zuzubereiten. Diesmal stehen zwei der Bombenfischer auf, um ihr zu helfen. Der eine rührt Sago, der andere zerschneidet die Fische, sie nehmen dabei den ganzen Platz vor der Feuerstelle ein, bestehen darauf, dass Hadija ihnen das Kochen überlässt. Sie hat nichts dagegen. Die Kinder schaukeln wild in den Sarongs bis hoch unter das Dach.

Die Makrelenschwärme waren zu klein oder zu tief, erklären die Männer.

»Woher bekommt ihr die Bomben?«, frage ich.

»Die machen wir selbst.«

»Und wie?«

»Wir mixen Dünger mit Dieselöl in einer Flasche. Unter dem Verschluss bringen wir einen Zünder an.«

Sie liegen gelassen da, rauchen, essen hungrig; dann fahren sie zurück zum Wasserdorf.

Ibu Hadija wäscht die Teller mit Salzwasser ab. Pak Bimbu hackt Holz auf der Veranda. Ich nehme den Palmrippenbesen, fege die Sagokrümel durch die Ritzen ins Meer, rolle die Matten aus. Heitere Gesichter und anerkennendes Nicken der Familie. Ich fühle mich geehrt. Es hat lange gedauert, bis ich mehr sein durfte als nur Gast.

Am nächsten Morgen sind die Bombenfischer wieder da, nehmen mich mit; ihre Gesichter sind mir jetzt schon vertraut. Als ich einen ihrer Namen nicht erinnere, sind sie erstaunt und enttäuscht. In ihren wilden Gesichtern ist plötzlich etwas Zartes, Verletzliches. »Wir haben ihn dir schon gesagt.«

Ich hatte längst bemerkt, sie haben ein erstaunliches Gedächtnis. Einen Namen vergessen heißt die Person vergessen.

Wir dümpeln auf dem Meer. Der Kompressor leuchtet signalrot in der Sonne, schwarze Luftschläuche liegen wie eine Schlangenbrut davor. Der Mann mit der Maske taucht sein Gesicht wieder bis zu den Ohren ins Wasser. Er gibt ruhige, exakte Handzeichen, der Bajo mit dem Paddel im Heck reagiert sofort auf sie, mal haben wir die Sonne im Rücken, mal brennt sie auf die Nase. Niemand spricht. Der Tag verrinnt.

Dann passiert es. Schnell. Ein Zeichen. Alle stehen auf; vorne im Boot reißt Halfis ein Streichholz an und hält es an eine Zündschnur, die aus einer Bierflasche kommt, in der ein paar Zentimeter Flüssigkeit schwappen. Die Zündschnur brennt, aber er wirft die Bombe nicht, hält sie fest, ich mache die Augen zu; ich mache die Augen auf und sehe die Flasche im Wasser landen, nicht weit entfernt, zwanzig Meter ungefähr. Nach einem Moment folgt eine Explosion, die alle meine Sinne betäubt. Ein wüster Strauß aus Gischt spritzt auf, die Bootsplanken flattern unter meinen Füßen. Das macht Angst.

Der Motor springt an; nur der Mann am Kompressor bleibt im Boot, die anderen Männer greifen nach Luftschläuchen, Netzen und springen ins Wasser. Überall Fischleichen, große, kleine, an der Oberfläche, beim Absinken, die rot unterlaufenen Augen. Dazwischen Fische, die sich gebärden, als seien sie verrückt geworden.

Der Motor brummt.

Zwei der Bajos sammeln die oben treibenden Fische ein, die anderen tauchen den sinkenden nach, zehn, fünfzehn, zwanzig Meter tief, sammeln sie vom sandigen Plateau; die vollen Netze schütten sie aus zwischen Kompressor und Bugspitze. Bald kommen die Männer mit immer weniger Fischen zurück, klettern nacheinander sichtlich erschöpft zurück ins Boot. Ihre Gesichter wirken grau.

Das Boot liegt tief im Wasser, als wir zu Pak Bimbu und Ibu Hadija fahren. Ein paar Eimer Fische schüttet ihnen die Bombencrew auf die Veranda. Dann fahren sie weiter. Beim Abschied von mir führen sie alle ihre Hand zum Herzen. Ich auch. Aber wie elend ich mich fühle.

Wir fangen gleich an: schneiden die Fische auf, salzen sie, legen sie zum Trocknen aus.

»Geht es dir weniger gut?«, fragt Pak Bimbu mich.

»Ja, weniger gut.«

»Die Bombe.«

»Ja.«

»Ich gehe nie mit. Aber sie kommen immer und bringen Fische vorbei, wenn sie auf dem Rückweg sind. Sie sprengen nicht oft, aber immer wieder. Ich fange die Fische lieber einzeln. Du weißt, wie schön das ist, es gefällt mir, so ruhig auf dem Meer zu sein. Ich sage ihnen, Sprengstoff ist zu gefährlich und macht die Riffe kaputt, und zwei Männer haben schon einen Arm verloren. Sie brauchen das Geld, sie haben Schulden. Kerosin und Lebensmittel, die nicht aus dem Meer kommen, sind schnell aufgebraucht, aber die Schulden dafür bleiben.«

»Machst du keine Schulden?«

»Nein. Ich möchte meine Ruhe haben.«

»Warum machen sie Schulden?«

»Wenn sie Geld haben, geben sie es aus, einfach weil es da ist. Sie kaufen auch unnötige Dinge, wenn es nichts gibt, was sie gebrauchen können. Dann haben sie keins, wenn sie es brauchen, und kaufen auf Kredit. So sind wir.«

»Wir nicht«, sagt Ibu Hadija.

»Wir wissen nicht, was Geld ist, wir, die Bajos«, sagt Pak Bimbu und lacht.

»Wie viele Bombenboote gibt es hier?«

»Nur das eine.«

Zwei Tage später, ich wollte gerade mit Pak Bimbu zum Fischen segeln, näherte sich ein schnelles Boot. Ibu Sulastri schickte mir eine Nachricht.

Pak Yance war in Samas, kurz nur, Sulastri und Yance wünschten sich, mich wiederzusehen. Wenn ich wollte, würde Om Hamma mich hierhin zurückbringen.

Wir sind noch einmal in die Hütte gegangen. Der Bote hatte Wasser mitgebracht, Zucker und Zigaretten. Ibu Hadija machte Kaffee. Die Kinder sahen den Fremden aufmerksam und ernst an.

Ich dachte nach. Wollte ich jetzt weg hier? Unterbrechen, in was ich mich eingelebt hatte?

Weil ich nicht abgelenkt werden möchte auf meinen Reisen, nehme ich nie ein Handy mit und bin meistens ohne Adresse. Für mich ist unerreichbar sein und selbst niemanden erreichen wollen reizvoll und notwendig, um mich ganz auf das Fremde einzulassen, zu spüren, was macht es mit mir? Mit dem Kopf allein kann ich es nicht fassen. Wenn es überhaupt zu fassen ist mit all den fertigen Bildern vom Fremden, die ich mit mir herumtrage. Was ist objektives Verstehen?

Als ich um die Erde segelte, war ein Amateurfunkgerät an Bord. Wir konnten nicht sprechen, weil wir keine Lizenz hatten, aber mithören. In seinen Nachtwachen schaute mein Freund sich im Cockpit alle fünfzehn Minuten nach möglichen Gefahren um und verbrachte viel Zeit unten am Kartentisch und vor Radio und Funkgerät. Anonyme Stimmen drangen zwischen Fiepen und Rauschen in den nächtlichen Salon auf dem Meer. Tagsüber gaben Segler auf einer bestimmten Frequenz zur immer gleichen Zeit ihre Koordinaten bekannt, die Wetterverhältnisse, in denen sie sich befanden, welche Probleme sie hatten oder was es zu essen gab. Die schon angekommen waren, wo wir noch hinwollten, übermittelten Hinweise und Warnungen: zum Beispiel, wo man was einkaufen konnte, auf wen oder was zu achten war, wen man wiedersehen würde, ob wir einer gefährlichen Gegend entgegensegelten oder einer friedlichen.

Für mich war das eine Nabelschnur, über die Erfahrungen und Bilder aus zweiter Hand zu uns kamen. Bei allen Vorteilen, die diese Art von Nachrichtenübermittlung haben kann – sie vermindert das Selbstentdecken, die Überraschungen, die Konfrontation mit dem Unbekannten, mindert all das, weswegen ich aufgebrochen bin. Wie das Handy stören diese Stimmen von draußen das schwierige Sicheinlassen auf das Fremde, denn sie sind das Vertraute und holen mich zurück.

Ich hatte Ibu Sulastris Boten noch keine Antwort gegeben, als wir erneut Motorengeräusch hörten. Die Bombenfischer kamen. Sie setzten sich zu uns, tranken Kaffee, den Ibu Hadija an sie verteilte.

Der Bote stand auf, er wollte auf meine Antwort im Boot warten.

Halfis, der Mann, der die Bombe geworfen hatte, fragte, ob ich noch einmal mitkommen wolle.

»Ibu Sulastri hat eine Nachricht geschickt. Ich fahre nach Samas.«
Sie schwiegen, sahen mich verstohlen an.

»Ich habe auch Angst, dem Dynamit so nahe zu sein.«

»Gibt es da, wo du herkommst, keine Dynamitfischer?«

»Doch. Nur finden sie keine Fische mehr. Sie haben zu viele Bomben geworfen, die Fische konnten sich nicht vermehren. Für eine kurze Zeit haben die Fischer schnell viel Geld verdient, aber jetzt geht es ihren Familien schlecht. Sie fangen kaum noch genügend Fisch, um satt zu werden. Es dauert lange, bis die Bestände sich erholen. Habt ihr nicht ähnliche Probleme?«

Die Männer saßen da, verharrten in ihrem Schweigen. Ich hatte ihnen von Dynamitfischern erzählt, dabei aber auch an die Betreiber von Fabrikschiffen gedacht, die den Ozean mit Schleppnetzen leer fegen und damit viel größere Probleme hervorrufen. Wie hätte ich sonst höflich und ohne erhobenen Zeigefinger meine Bedenken ausdrücken können? Eine Gelegenheit dazu hatte ich mir gewünscht.

Ich krame Zigaretten heraus und lege sie in die Mitte, frage Ibu Hadija und Pak Bimbu, ob ich in ein paar Tagen wiederkommen dürfe, und sie sagen ja mit einem Lachen, das mich freut.

Ellis schaut mich mit ihren aufmerksamen Augen an. Ich bin sicher, sie weiß mehr vom Leben, als ich mir vorstellen kann. Dieses kleine Mädchen erleben zu dürfen bedeutet mir viel.

Zehn

Auf dem Weg nach Samas übernachten wir in einer Hütte, die ganz allein über einem Riff im Meer steht. Unwirklich. Niemand ist da. Kein Wok, kein Wassertopf auf der Feuerstelle. Wir essen und trinken, was Ibu Sulastri vorbereitet hat.

Ich glaube, ich mache es meiner Familie und meinen Freunden nicht leicht. Ich lebe einen Zickzackkurs und tanze aus der Reihe. Aber sie sind es, die mir ein solches Leben möglich machen. Das liegt daran, dass sie mich trotzdem lieben.

Ibu Sulastri. Eine neue Freundin, von der ich weiß, dass sie meine Vorliebe, bei den Bajos zu sein, nicht versteht, kommt mir auf dem Bootssteg entgegen, und da ist diese Liebe, für die ich so dankbar bin und von der ich nicht weiß, warum sie mir geschenkt wird.

Ich schaue in den Spiegel und sehe in ein dünn gewordenes, gebräuntes Gesicht und nachdenkliche Augen. Sonnengebleichte Haare. Die Haut auf den Armen, den Beinen schuppt sich. Es dauert eine Stunde, bis alle Zwirbel abgebürstet sind.

Pak Yance bleibt nur einen Tag. Mit einem Beamten aus der Bezirkshauptstadt hat er über Zollgelder für die Verschiffung der Fische nach Hongkong verhandelt. Im nächsten Monat, wenn es so weit sein würde, wird er dasselbe Gespräch noch einmal führen müssen, erfahrungsgemäß mit einem anderen Ergebnis. Die Fracht wird teurer.

Am Abend sitzen wir lange im Schein einer Petroleumlampe auf der Terrasse. Pak Ino ist längst im Bett. In Indonesien kamen die Menschen immer wieder auf das Thema Ehe und Sexualität. Wie ist es dort, woher ich komme, mit der Treue, mit der Scheidung?

Ibu Sulastri und Pak Yance erzählen von der Loyalität, mit der chinesische Paare gegenüber ihrem Clan leben, und davon, dass sie auch traurig macht und Verzicht auf das Eigene bedeutet, Heimlichkeiten und Zwang. Tatsächlich ist es ein trauriger Abend. Verschlüsselte Wunschbilder wurden entworfen und verworfen.

Pak Yance reist ab. In andere Wassergegenden, wo andere Hongkong-Fische für ihn gefangen und gesammelt werden, andere Beamte verhandeln möchten.

Ibu Sulastri verbrachte den ganzen nächsten Tag mit mir. Bis zu einer bestimmten Grenze machte sie, was sie wollte. Sie war die innere Kraft der Familie. Mit ihrer unfasslichen Energie wurde sie jedem gerecht. In ihrem Leben hatte sie ihre persönlichsten Gedanken und Gefühle immer für sich behalten. Ich hörte ihr zu. Deshalb war ich gekommen.

Am nächsten Morgen wartete Om Hamma auf mich, ein großer, stiller Mann mit einem Streifen Bart um das Kinn. Er sollte mich zurück in die Hütten über dem Riff bringen. Eine Frau und drei Männer saßen schon in seinem soliden Kanu mit einem Sechzig-PS-Außenbordmotor. Om Hamma wollte, nachdem er mich abgesetzt hatte, mit ihnen in das Wasserdorf fahren, das zwei Paddelstunden von den Riffhütten entfernt lag.

In der Nacht ist Wind aufgekommen. Himmel und Meer sind von leuchtendem Grau. Hohe Wellen. Wir übernachten in der einsamen Hütte über dem Meer, hoffen darauf, dass es sich beruhigt, und fahren am nächsten Tag weiter.

Die Wellen sind immer noch hoch. Höher.

Om Hamma nimmt sie langsam, als wären sie mit ihm im Gespräch, gibt Gas, drosselt es. Er ist vollkommen aufmerksam und entspannt. Er kämpft nicht, will nicht bezwingen, nichts beweisen, er fügt sich ein, beherrscht die Natur, indem er ihr gehorcht. Hier hat einer die Pinne im Griff, der amphibisch aufgewachsen ist. Das ist unvergleichlich.

Merkwürdigerweise habe ich in solchen Situationen keine Angst. Mit uneingeschränktem Vertrauen, voll von Glück, genau hier zu sein, sehe ich die Wellenwände vor uns; Om Hamma führt uns an ihnen hinauf, hinunter. Er nimmt nur die, in denen er erkennt, dass sie nicht brechen werden und nicht so steil sind, dass sie uns abwerfen. Wir so klein zwischen ihnen. Niemand spricht. Bis Om Hamma sagt: »Mississ, es wird zu gefährlich, weiter in Richtung der Hütten zu fahren. Ich fahre ins Wasserdorf.«

Meine Gedanken gingen zu Ibu Hadija, Pak Bimbu und den anderen. Hatten sie genug Wasser? Sago? Vielleicht war noch Reis da. Den haben sie nicht gern gegessen, weil er, anders als Sago, nur für kurze Zeit satt machte.

Hinter der Insel, die ich bisher als Streifen über dem Meer gesehen hatte, stand eng zwischen niedrigen Kalksteinfelsen das Wasserdorf. Manche der Hütten waren durch Stege verbunden; Wellen klatschten darunter. Wir kletterten auf eine Bambusplattform, dem Beginn des Dorfes, auf dem sich dreißig, vierzig Menschen versammelten und mich neugierig und freudig erregt betrachteten. Sie hatten längst von mir gehört, und ich wusste, ich war willkommen, und freute mich. Das Kanu wurde entladen, ich folgte Om Hamma in seine Hütte, die, mit drei Räumen riesig, über einer Felsspalte lag.

Das schwappende Wasser dazwischen war voller Dreck: einzelne Flip-Flap-Plastiksandalen, Fischgräten, eine tote Katze, Plastikfetzen, Holzstücke, zusammengehalten von grauem, fettigem Schaum.

Auf einem Steg, der zur nächsten Hütte führte, stand eine blaue Tonne mit Süßwasser. Hier konnte ich mich waschen, die Ritzen zwischen den Bambusstäben unter meinen Füßen waren das Klo. Über den Türen der Hütten hingen Scheiben aus Perlmutt.

»Was bedeuten die?«

»Sie lassen die Geister nicht herein.«

Mir schien, das ganze Dorf hatte sich in Om Hammas Hütte um mich herum versammelt, so dicht saßen die Bajos. Sie fragten nach meinem Woher und Wohin, nach meiner Familie, ihre Stimmen ruhig, lachende Augen. Und dann schauten sie mich einfach an, machten Bemerkungen, die ich nicht verstand, verbreiteten eine Stimmung, in der ich mich wohl fühlte.

»Wisst ihr, wo Ibu Pilo und Pak Lopang sind?«, fragte ich.

»Nein.«

»Om Lahali?«

»Er war hier, er weiß schon, dass du ihn treffen möchtest. Aber jetzt ist er weg.«

»Und wo ist Ibu Muna? Ist sie wieder zurück ins Stelzendorf gefahren?«

»Ibu Muna ist tot.«

»Tot?«

»Sie konnte nicht atmen. Sie musste husten.«

Ich war traurig, konnte die Nachricht nicht fassen. Ich hatte sie viele Male beim Muschelsuchen begleitet, erinnerte mich an ihre Bluse aus Satin mit dem großen schwarzen Organzakragen, wie sie unter den Wellen schimmerte, wenn sie sich nach Muscheln bückte.

Jetzt stellte ich mir vor, wie sie Ibu Muna im Meer bestattet hatten und was dann mit ihr geschehen war.

»Wickelt ihr eure Toten ein, bevor ihr sie dem Meer übergebt?«

»Wir übergeben sie nicht dem Meer. Da würden wir ihrem Geist begegnen und sie stören. Wir legen sie in die Erde auf einer Insel.«

»Darf ich Ibu Muna einmal dort besuchen?«

Sie staunten.

»Da, wo ich herkomme, werden die Toten auch in die Erde gelegt. Um sie zu ehren, gehen wir sie besuchen.«

Kurze Besprechung.

»Wenn der Wind aufhört, bringen wir dich hin.«

Die Ältesten erinnerten sich, früher hatten sie ihre Toten in ein Kanu gelegt und beerdigt. Sie konnten sich nicht genug darüber wundern, dass ich angenommen hatte, sie würden ihre Toten im Wasser bestatten. Und Grabbesuche machten sie nicht.

In der Nacht fegte der Wind durch die Ritzen. Ratten.

Zum Fischen war das Meer zu wild. Wir aßen Sago, Om Hamma zusammen mit mir an einem Tisch, dem einzigen, den es im Wasserdorf gab. Die Familie aß, wenn wir fertig waren. Er hatte sechs Kinder, das jüngste war drei Wochen alt.

Ich wurde den ganzen Tag umlagert, von Kindern und Erwachsenen gleichermaßen. Sie taten so, als merkten sie und ich nicht, dass sie näher rückten, mich berührten, und hatten sie es einmal getan und ich hatte nicht protestiert, fassten sie sich ein Herz und ließen ihre Finger prüfend über einen Arm oder ein Bein von mir gleiten.

Mein Kamm wurde begutachtet, die Bürste, Om Hammas Tochter Arti probierte sie aus in ihrem dicken Haar und gab mir mit entzückten Blicken zu verstehen, wie begeistert sie war. Ich wollte mein Glück nicht herausfordern, bisher hatte ich noch keine Läuse, und schenkte sie ihr. Ihre Mutter nahm sie ihr aus der Hand, gab sie mir zurück und fragte sanft: »Hast du für alle Kinder eine?«

»Nein.«

»Dann ist es besser, die Bürste bleibt bei dir. Sonst sind die Kinder nicht mehr gleich.«

Durch die Tür auf der Rückseite der Hütte gelangte ich auf einen flachen Felsen, der so klein war, dass sechs Schritte reichten, um wieder zum Meer zu gelangen. Dort stand eine Bank. Auf die zogen mich die Bajos, als die Sterne kamen.

Neben mir saß Ibu Uca, die vielleicht dreißig war, meine Hand nahm und sagte: »Ich möche immer neben dir sitzen und dich ansehen, weil du so schön bist. Wenn ich wieder ein Kind bekomme und es eine Tochter ist, werde ich sie Milda nennen.«

Ich bin keine Schönheit. In einer anderen Welt schön zu sein ist einfach. Die hellere Haut, blaue Augen. Das Fremde. Trotzdem berühren solche Worte. Umgekehrt geht es mir genauso. Ich sehe auch die Bajos gerne an, finde ihr Anderssein anziehend.

Ob ich das Lied von der schönen Mutter und dem reichen Vater singen könnte, wollten sie wissen. Das, was ich für Ibu Pilo und Pak

Lopang gesungen hatte? Auch bis zu ihnen hatte es sich herumgesprochen: Gershwins »Summertime«. Ich sang.

Die Väter standen da, drückten zärtlich ihre Babys an sich.

Später, als ich einschlief, bemerkte ich dicht gedrängte Kinderköpfe in der Tür. Tuscheln. Atmen. Schnaufen.

Wegen der hohen Wellen geht niemand fischen. Wir essen viel Sago und wenig Stockfisch, liegen auf den Matten und ergeben uns der Wucht der schwülen Hitze.

Ibu Rana, die Frau Om Hammas, hält ein Mädchen im Arm, dessen Haut über und über mit schorfigen Flecken bedeckt ist. Immer wieder spuckt sie leicht darauf, tupft Süßwasser, pustet und beruhigt das Kind mit dieser besonderen Stimmlage, die alle Bajoeltern haben, wenn sie trösten. Worte und Sätze sind dann ein warmes, dunkles Summen. Immer geschieht alles mit Gleichmut.

Das Wetter beruhigte sich, die Wellen wurden flacher. Om Hamma und die Bombencrew boten sich an, mich zu Ibu Munas Grab zu bringen. In nördlicher Richtung fuhren wir im Bombenboot davon, hinter uns ein blauweißer Wasserschweif bis zur Toteninsel. Sie war klein, drei Quadratkilometer groß vielleicht. Die Männer begleiteten mich ein Stück, ließen mich dann allein weitergehen.

Sand unter meinen Füßen, vom Wind bewegte Schattenblätter, Blätter, braune Palmenwedel knacken, ich bleibe stehen: zwischen den Bäumen im sandigen Boden Pfähle aus Holz mit abgerundeten Enden, willkürlich hier und dort, glatt geschliffen, weiß gestrichen, einen halben Meter hoch, einen Meter, alle Höhen dazwischen. Es stehen keine Namen darauf. Welcher wohl zu Ibu Muna gehört? Das Meer ist von hier aus zu sehen. Im Gedenken an die Bajofrau gehe ich zurück.

Am nächsten Morgen saß ich bei Pak Maat auf der Veranda. Wir sahen hinaus auf das Meer, wie die Wellen am Riff brachen, Seevögel schwebten, der Horizont sich mit Wolken vermischte.

»Was machen deine Augen, Pak Maat?«

»Die Sonne scheint nicht, dann habe ich weniger Schmerzen.«
»Warst du mal in einer Krankenstation?«

»Da fühle ich mich weniger wohl.«

»Möchtest du, dass ich dich dorthin begleite?«

»Ich fühle mich da weniger wohl.«

»Der Schamane?«

»Er sagt, ich soll die Bilder in mir sammeln.«

Ich hatte eine Ersatzsonnenbrille dabei und gab sie ihm.

»Vielleicht möchtest du die haben?«

Er probierte sie aus, freute sich. Dann zeigte er auf das Meer: »Es ist schön. Auch die Fische und das Mädchen, das ich heiraten will. Ich sammle schon lange alle Bilder in mir.«

Von der anderen Seite der Felsen kamen Stimmen, die ich kannte. Ibu Hadija, Robin, Janna und Ellis kletterten triefnass aus ihrem Boot auf die Bambusplattform. Wasserkanister und Segel lagen schon darauf, auch das Dach. Pak Bimbu stand im Boot, nahm die Bodenbretter hoch, schöpfte Wasser heraus und ließ den Wind das Holz trocknen.

Gemeinsam gingen wir zur Hütte von Ibu Hadijas Eltern. Sie war ein kleines Kunstwerk. Das Bambus der Wände – zweifarbig – bildete ein geometrisches Muster, wie der Boden. Es gab sogar ein Fenster, aber nicht zum Hinaussehen, sondern um eine bestimmte Stelle des Musters auf dem Boden einmal am Tag, am frühen Morgen, im Sonnenlicht leuchten zu lassen.

Warum?

»Wir sehen es so besser. Es ist schön.«

Sie sagen es so, als hätten sie es nie zuvor ausgesprochen, so scheu, mit verlegenem Blick und einem Lächeln.

Warum bin ich nicht selbst darauf gekommen?

Die Hütte war groß und vollkommen leer, bis auf die Feuerstelle und Kissen auf der Erde. In einem fast leeren Raum zu leben, das wünsche ich mir. Aber immer wieder füllt sich meiner. Hier passierte das nicht. Es gab die Dinge nicht, es gab die Mittel nicht, es gab das Bedürfnis danach nicht. Noch nicht. Draußen lagen die Boote.

Ibu Hadijas Eltern wünschten sich, mit mir in ihrer Hütte zu essen, und schickten Robin mit dieser Nachricht zu Om Hamma. Dann saßen wir auf dem schönen Bambusboden, alle zusammen, ich brauchte nicht allein zu essen. Anders als in Om Hammas Familie, wo eine Art Schwermut die Hütte auszufüllen schien, lachten und redeten hier alle miteinander.

Es gab nur Sago, aber es war, als feierten wir ein Fest.

Pak Bimbu beugte sich über Ellis, seine großen schlanken Hände umfassten ihr kleines Gesicht; während er sie mit Küssen bedeckte, juchzte sie und streckte ihm Arme und Beine entgegen. Robin drängte sich an Ibu Hadija, Janna in die Arme ihres Großvaters. Neben ihm lag seine Frau; ein Bein angezogen, das andere ausgestreckt, den Kopf gestützt in eine Hand, schaute sie ihre Familie an, zufrieden, rollte von einer Seite auf die andere, entspannt, wie ich es sonst nur von den Katzen kenne.

Wieder fiel mir Tikopia ein, die Insel im Pazifik, vor der unsere »African Queen« vier Wochen geankert hatte. Dort, in der Hütte des Häuptlings Ariki Tafika, empfand ich zum ersten Mal, wie unterschiedlich ich mich im Vergleich zu natürlich lebenden Menschen bewege. Seine gewichtige Frau lag in einem Wickelrock aus Baumrinde und mit großen, nackten Brüsten zwanglos und geschmeidig auf einer Matte und sah gelassen zu, wie der Älteste des Clans in Blätter eingewickeltes Taropüree brachte, vor mir ablegte, wie ich aß. Dieses offenkundige Sichwohlfühlen im eigenen Körper, uneitel, allein dadurch schön.

Wie sehr es mich beeindruckt. Beim Hinsehen spüre ich die eigenen Zwänge, den Wunsch, ohne sie zu leben.

Er wehte nur noch leicht, der Wind, die Wellen waren flacher; wir füllten Wasser in die Kanister und segelten zum Riff hinaus zu Ibu Hadijas und Pak Bimbus Hütte. Dort, in ihrem »festen Boot«, fühl-

218

ten sie sich wohler als im Wasserdorf. Was für mich einsam gewesen war, empfanden die beiden als zu voll, zu felsig, zu weit weg vom Meer, obwohl es doch ununterbrochen unter uns geschwappt hatte. Auch ich war erleichtert, wieder fast nur Meer zu sehen. Merkwürdig, dass ein paar Felsen und eine kleine Insel in unmittelbarer Nähe des Wasserdorfes schon den Eindruck von Enge und Festland entstehen ließen.

Zwei Tage später waren auch Ibu Nisa und Pak Udin wieder da, und am Nachmittag kamen die Dynamitfischer vorbei. Sie hatten keinen passenden Schwarm gesehen, also auch keine Bombe geworfen. Jetzt lagen sie auf der Matte durcheinander, auf der Seite, auf dem Rücken, auf dem Bauch, Arme und Beine verflochten wie Wurzeln. Bald standen Gläser mit übersüßtem Kaffee vor uns. Obwohl ich immer wieder sagte, dass ich keinen Zucker mag, kam auch in mein Glas wenigstens ein Löffel voll. Kaffee ohne Zucker: unvorstellbar, wenn es welchen gab.

Ellis zog Holzscheite aus den Flammen. Zigaretten wurden angezündet. Marten und Eta schaukelten. Ibu Hadija war dabei, eine Matte zu flechten. Pak Bimbu stopfte sich ein Kissen unter den Kopf und zog Robin in seine Arme, der, sonst so wild, die Nähe still genoss. Einer von vielen ereignisarmen Tagen.

Und plötzlich stand ein Satz im Raum. Ich kann nicht sagen, wie es dazu kam, dass Ibu Hadija zu Pak Bimbu sagte: »Als ich schwanger war, hast du im Wasserdorf gerne mit dieser jungen Witwe gesprochen, die ihre Schwester besuchte.«

Sie sprach ohne Vorwurf, eher so, als erzähle sie eine unterhaltsame Geschichte. Pak Bimbu lachte ein bisschen und brummte.

Ibu Hadija: »Du bist immer wieder hingegangen, obwohl ich dich gebeten hatte, es nicht zu tun.«

Sie sah belustigt aus; Pak Bimbu, ein wenig verlegen, lachte lautlos.

Ibu Hadija: »Als Ellis geboren wurde, hast du sie besucht.«

Sie legte Pandanusblätter für ihre Matte über- und untereinander. Leichte Hände. Sie lächelte, war ohne Groll, aber nicht aufzuhalten. Jeder, der noch in der Hütte war, schwieg, nicht peinlich berührt, innerlich lächelnd, heiter. Die Kinder tobten um uns herum.

Ibu Hadija: »Es hat mir weniger gut gefallen.«

Pak Bimbu ließ Robin los, wälzte sich auf die andere Seite.

»Es hat mir nicht gefallen«, sagte Ibu Hadija ungewöhnlich direkt.

Pak Bimbu drehte sich wieder zurück, die Augen auf seine Frau gerichtet. Die überlangen Fingernägel am kleinen und am Ringfinger der rechten Hand tippten auf eine Falte in seinem Sarong. Er fuhr sich mit den Händen durch die Haare.

Halfis stand auf und kochte Wasser für einen weiteren Kaffee. Noch nie hatte es zwei Kaffees hintereinander gegeben. Einen Moment lang fühlte ich mich, als gehörte ich dazu.

Draußen Geräusche. Ebid und seine Freunde kletterten auf die Veranda; mit Fischen in den Händen erschienen sie in der Türöffnung. Pak Bimbu entzündete Holz auf der Feuerstelle, zusammen mit Ibu Hadija fing er an zu kochen.

Bei den Bajos blieb nie etwas übrig. Ellis zupfte akribisch jeden Rest Fisch von der kräftigen Gräte, die sie in der Hand hielt. Überall in der Hütte zufriedene Gesichter. Die Dynamitfischer fuhren zurück ins Wasserdorf.

Pak Maat ist in der Nacht angekommen, und am Morgen paddeln er, Pak Udin, Pak Bimbu und ich in offenen Auslegerkanus über ein leeres, glattes Meer, drei flache, ruhige Kanubewegungen nach Westen, Atmen in der Weite und Stille klarer Luft. Paddeln fast ohne Laut. Gerade geht die Sonne auf. Bronzefarbenes Wasser zuerst. Durchsichtig dann. Blau, als die Sonne steigt. Helle Schwebeteilchen leuchten darin. Wir gleiten über die Haut des Meeres, schweigen. Wir sind ein Teil dieser Welt, ihrer Schönheit. Andacht.

Zwischen Korallenköpfen schwärmen Doktorfische. Hier lassen die Männer ihre Kanus dümpeln, rutschen ins Wasser mit einem

Netz, warten, bis der auseinander stiebende Schwarm wieder beisammen ist, kreisen ihn ein, enger, schließen das Netz. Kleine, schwappende Wellen werfen Lichtreflexe auf die dunklen Körper der Männer, auf die Korallen, die Fische, die entkommen sind. Die immer noch tief stehende Sonne wird heißer.

In den Kanus grenzen zwei Schotts die breitere Mitte von den schmaleren Enden ab. Holzpflöcke werden aus Seitenplanken gezogen, Salzwasser flutet die Kammern. Im Netz zappeln die Fische, klein, leuchtend; Pak Bimbu teilt sie auf zwischen Pak Udin und Pak Maat, zupft seinen Anteil aus den Maschen, setzt die Fische in der Kammer aus, sie schwimmen aufgeregte Zickzackkurse. Planken werden darüber geschoben.

Die Männer trennen sich. Bald sehe ich weit entfernt flüchtige Bewegungen zwischen Himmel und Meer und weiß: Das sind sie.

Pak Bimbu und ich paddeln, bis das Wasser von violettblauer Farbe ist. Er setzt sich eine Brille auf, geschnitzt aus Eisenholz, blau angemalt; Rohkautschuk hält die Gläser fest.

Das Kanu dümpelt in einsamer Weite. Bimbu fängt einen der Doktorfische aus der Kammer, befestigt ihn an einem Angelhaken, lässt ihn zusammen mit einem Gewicht in die Tiefe sinken. Er kniet quer im Kanu, beugt sich vor und taucht – so wie der Bombenfischer es getan hatte – sein Gesicht ins Wasser. Er wartet darauf, einen roten Juwelenzackenbarsch zu sehen oder einen braunen Kartoffelzackenbarsch. Jedes Mal, wenn er Atem holt, erzählt er aufgeregt: »Da war einer. Frech! Hat den Köder angebissen und ist weggeschwommen. Schlau. Ich warte. Auch schlau. Der kommt wieder. Oder ein anderer. Einer wird schon kommen.«

Pak Bimbu tauscht den Köder aus. Juwelenzackenbarsche mögen lebende Fische.

Die Sonne brennt. Der Tag dehnt sich, geht auf in den vielen anderen Tagen, arm an Ereignissen und zu wenigen Seiten in meinem Notizbuch geronnen.

Plötzlich zieht Pak Bimbu an der Nylonschnur. Ein roter Juwelenzackenbarsch kommt durch das klare Ozeanblau nach oben, spritzt durch die Oberfläche, zappelt vor leuchtendem Himmelsblau in der warmen Luft. Pak Bimbu löste den Haken aus seinem Maul, nimmt ihn in beide Hände, zeigt ihn mir: »Sieh nur, wie schön er ist. Ist er nicht schön? Er ist sehr, sehr schön.«

Er zeigt ihn mir von allen Seiten, sie sind gesprenkelt mit hellblauen Tupfen. Habe ich Pak Bimbu schon einmal so begeistert gesehen?

Mit einer dünnen Kanüle sticht er in den Bauch des Barsches.

»Die Luft, die muss raus. Sonst verliert er sein Gleichgewicht. Er wohnt tief, und ich habe ihn schnell hochgezogen.«

Pak Bimbu lässt ihn in die Kammer gleiten. Plötzlich verändert der Fisch seine Farbe. Das Rot wird blass, helle Streifen legen sich in gleichmäßigem Abstand wie Ringe um seinen Körper. Über rote Zackenbarsche kann man lesen, sie passen ihre Farbe ihrer Umgebung an. Mir signalisieren die Streifen Stress.

Er wird auf eine lange Reise gehen, als lebende Fracht in einem Schiff nach Hongkong. Bis auf eine klappen wir die Bodenplanken wieder über die Kammer. Ein trauriges Bild: Das Kanu auf dem Meer, das Meer im Kanu, darin schwimmt ein Fisch und kann sich doch nicht fortbewegen.

Pak Bimbu beugt sich wieder über das Wasser. Dem Stand der Sonne nach muss es Nachmittag sein. Der erste bleibt der einzige Fisch an diesem Tag. Wir paddeln zurück. In unserer Mitte der gefangene Barsch. Die Stressringe verschwinden. Was fühlen Fische?

Die Kinder standen in der offenen Tür der Stelzenhütte und sahen uns entgegen. Bimbu setzte den Fisch in eine große Netzreuse darunter. Wieder bildeten sich die Stressringe. Der Juwelenzackenbarsch wird noch mehrere Male »umsteigen«, bis er in Hongkong ist.

Wir liegen auf den Matten, schweigen. Die Kinder rennen, in den Händen mit Sago gefüllte Teller, aus der Hütte auf die Veranda, essen dort draußen, lassen die Beine baumeln, klatschen die Hände gegeneinander, haben die Welt vergessen.

An den folgenden Tagen fahren Pak Bimbu und ich allein hinaus, verbringen viele Stunden über das Meer gebeugt, sehen in die Farbe Blau, Fische durch sie gleiten, Licht auf sie fallen, Köder darin locken; mehr als zwei *ikan karapu* täglich fangen wir nicht. Bimbu möchte an anderer Stelle weiter entfernt von seiner Hütte nach Zackenbarschen suchen.

An einem Morgen, an dem die Wolken wie Pinselstriche auf dem Himmel liegen, paddeln wir weiter nach Westen. Seine Freude über die Schönheit der Fische äußert Pak Bimbu immer neu und so begeistert, als wäre jeder Fisch der erste, den er sieht.

Als ein Stück Zellophan auf dem Wasser treibt, es muss von seiner Zigarettenschachtel sein, streckt er gleich das Paddel danach aus, zieht es zu sich heran, wirft es ins Boot und sagt: »Plastik ist nicht gut im Meer. Die Fische fressen es und sterben.«

Am Abend paddelten wir mit drei lebenden Juwelenzackenbarschen und einem toten Silberfisch in der Kammer bis zu einer einzelnen Hütte über einem Riff. Bimbu steckte die Barsche in eine Netzreuse, hängte sie unter die Hütte; den Silberfisch aßen wir oben auf der Veranda roh. Wir wollten über Nacht bleiben, hatten Matten mitgebracht und einen kleinen Wasserkanister; ein Glas für mich.

Wind kam auf. Wolken zogen. Es fing an zu regnen. Wir saßen an die eine trockene Wand gelehnt, hörten das Rauschen, schwiegen. Pak Bimbu rauchte, nieste, fing an zu husten. Es tropfte überall durch. Ein altes brüchiges Nest über dem Meer, das bei jeder Bewegung knackte. Letztes graues Licht schimmerte durch Ritzen und Löcher am Boden, in den Wänden, im Dach. Es ließ die Hütte noch fragiler, noch unwirklicher werden. Wir saßen in der Luft.

Lange blieben wir still, jeder mit seinen Gedanken, nachtumhüllt, eine Lampe gab es nicht. Pak Bimbu fing an zu erzählen.

Er konnte gerade laufen, als seine Eltern an Tuberkulose starben, wuchs im Boot seiner Großeltern auf und während der Regenzeit im Wasserdorf. Er hatte schweres Asthma und hörte die anderen sagen, dass er es nicht überleben würde. Ein Schamane hatte immer nur vorübergehend Besserung herbeiführen können. Obwohl ihm alle liebevoll begegneten, war er überzeugt, dass ihn niemand wirklich liebte: Wie konnten sie jemanden lieben wie ihn?, fragte er sich wegen der häufigen Anfälle, wegen seiner Schwäche, wegen ihrer Zweifel an einer Besserung. Er fühlte sich minderwertig. Andere Kinder tobten, während er geschwächt am Boden lag.

Pubertät. Hadija kam ins Wasserdorf. Sie lachte mit ihm, erzählte Geschichten, war da, wenn er sich durch einen Anfall quälte, Angst hatte zu ersticken; sie verbrachte ihre Zeit an seiner Seite, ließ sich nicht von *sassaknapas,* Asthma, irritieren. Sie tat ihm gut. Er fing an, daran zu glauben, dass sie ihn trotz seiner Krankheit liebte. Langsam hörten die Anfälle auf, blieben ganz aus. Sie heirateten.

In der Nacht hörte ich ihn niesen, geräuschvoll atmen, manchmal husten. Er fror. Ich hatte mir einen zweiten Sarong mitgebracht und eine Decke von Ibu Sulastri. Irgendwann, als ich den Eindruck hatte, es gehe ihm schlechter, nahm ich die Decke, tastete mich so leise wie möglich die wenigen Schritte vor bis zu seiner Matte und deckte ihn zu. Ich erinnere mich, wie ich im Dunkeln nach seinen Schultern gesucht habe, um sie ganz zu umhüllen.

Von meiner Fürsorge erzählte er immer wieder staunend. Jedem. Solange ich da war, auch mir.

Unruhiges Meer am Morgen. Keines, in das Pak Bimbu sein Gesicht tauchen wollte. Den Fang vom Vortag holten wir aus der Reuse unter der Hütte, segelten zurück; über seinen Schultern flappte die Decke im Wind.

Wir warteten auf ruhiges Wetter; als die Wellen sich glätteten, paddelten wir wieder hinaus, beugten unsere Gesichter über die einsame See, lachten; in der Kammer die Fische und ich hörte Pak Bimbu singen.

An manchen Tagen kam Om Hamma mit seinem Kanu zu den

224

Riffhütten und brachte die roten und braunen Zackenbarsche zu einer Sammelstelle.

An einem gleißenden Mittag – wir lagen auf den Matten und dösten – alarmierte uns fremdes Motorengeräusch. Im Boot saßen ein indonesischer Bootsführer und ein Paar aus Deutschland. Der Mann, fünfzig, war Vermessungsingenieur bei einer hiesigen Firma, die Frau, seine Assistentin, fünfzehn Jahre jünger. Sie hatten aus der Ferne die Hütten gesehen und wollten einen Blick hineinwerfen. Die Frau, im Bikini, setzte sich, winkelte ihre Beine an, legte ihre Ellbogen auf die Knie.

Pak Bimbu, Ibu Hadija, Ibu Nisa, Pak Udin, alle Kinder hockten schweigend und misstrauisch vor der am weitesten von den Fremden entfernten Wand.

Der Mann, kurze Hosen, voll gestopfte Seitentaschen, Hut, saß da im Schneidersitz, schaute sich um, nickte und sagte: »Denen sollten wir mal ein paar Leute vorbeischicken, die ihnen zeigen, wie man eine anständige Hütte baut.«

Ich schaute ihn abwartend an, er sah aus, als hätte er mehr zu sagen.

»Ich kenne die, die sind alle gleich, ich habe drei Wochen mit Indios in Südamerika gelebt. Abenteuerurlaub mit Familienanschluss. Teuer, aber lohnt sich. Ist mal was anderes.«

Die Frau stand auf, schaute herum und fragte: »Wo ist denn hier die Toilette?«

»Tagsüber im Meer, nachts vor der Feuerstelle«, antwortete ich.

Sie gingen schwimmen.

»Komm«, sagte Ibu Nisa zu Ibu Hadija, »lass uns *orang barat* beim Schwimmen zusehen.«

Ihre Gäste kamen nicht zurück in die Hütte, sie fuhren ohne Abschied davon.

Ibu Hadija und Ibu Nisa lachten, Pak Bimbu und Pak Udin zeigten sich verlegen.

»Wir haben uns nicht wohl gefühlt«, sagte Pak Bimbu, »wir wissen nicht, wohin wir sehen sollen.«

»Sie haben sich angefasst«, sagte Pak Udin leise.

»Orang barat«, sagte Robin.

»Sehr weiß«, fügte Ibu Nisa hinzu.

»Wir sind ihnen zu arm, deshalb sind sie nicht wiedergekommen«, meinte Pak Bimbu.

»Was haben sie erzählt?«, wollte Ibu Hadija wissen.

Als Om Hamma das nächste Mal kam, steuerte Halfis das Auslegerkanu. Eine Frau und zwei Kinder hockten vor ihm, und die Fischkammer war schon halb voll.

»Morgen kommt das Schiff aus Hongkong zur Sammelstelle. Ibu Sulastri und Pak Yance erwarten dich«, sagte er mir.

Wenig später saß ich mit im Kanu. Zwischen mir und Om Hamma eine zwei Meter lange seewassergeflutete Kammer. Darin ein mächtiger brauner Zackenbarsch, ein Juwelenzackenbarsch und ein Napoleonfisch. Wir rauschten über das Meer, es schäumte weiß zwischen Kanu und Auslegern. Was mochte in den Fischen vorgehen? Wie empfanden sie den Motorenlärm? Die Geschwindigkeit?

Und die Feinschmecker in Hongkong? Mussten sie nicht irren? Konnte ein Fisch nach so lange anhaltendem Stress noch schmecken?

Om Hamma saß vor der offenen Kammer, rauchte, schaute nachdenklich auf den Fang, zwischen seinen Füßen eine Schachtel Zigaretten, ein Päckchen Streichhölzer. Der Zackenbarsch bewegte kaum merklich die Flossen, glitt ein wenig unter den Napoleonfisch. Zigarettenasche verwehte im Wind, hinten im Boot lachten die Kinder, die Frau.

Wolken zogen. Inselchen trieben vorüber. Das Licht wurde härter, greller. Om Hamma deckte Planken über die Kammer, in der die Fische ruhig standen, alle Köpfe in dieselbe Richtung, nach vorn.

Halfis änderte den Kurs, zog einen weiten Bogen in das milchblau

schäumende Wasser, noch einen, dann waren wir da, bei den Fischkäfigen, wo ich ein Jahr zuvor gesessen und auf nomadisch lebende
Bajos gewartet hatte.

Ibu Hastuti und Pak Puing arbeiteten nicht mehr hier. Eine junge,
dralle Frau lief uns entgegen, in einer Hand Bleistift und Papier.
Halfis legte das Boot an eine der drei Plattformen neben eine Waage,
fischte mit einem Kescher den braunen Zackenbarsch aus dem
Kanu und übergab ihn Om Hamma. Der hängte den Kescher an die
Waage, Gewichte kratzten über Eisen, die junge Frau schrieb auf:
8,9 Kilo. Om Hamma tauchte den Fisch in ein Bassin, sagte: »Obat«,
Medizin, und eilte im Laufschritt mit ihm weiter, bis zu einem
Netzkäfig, in dem viele andere braune Zackenbarsche schwammen.
Die Frau, die Kinder schwatzten im Boot, während Halfis den grün-
blauen Napoleon und die roten Juwelenzackenbarsche aus der Kammer fischte. Om Hamma machte die immer gleichen Handgriffe: Er
wog, tauchte die Fische in Antibiotika und setzte sie aus zwischen
ihren Artgenossen im Netzkäfig. Vielen Artgenossen. Planken wurden zurück über die Käfigöffnungen geschoben.

Ich schaute auf die ruhige, friedliche Landschaft. So abgelegen. Im
fernen Hongkong wusste niemand von diesem Platz im Meer und
wohl kaum einer von den Seenomaden. Sie gingen mir nicht aus
dem Kopf, die Menschen und die Fische.

Es war spät geworden, wir blieben über Nacht in der Hütte, in der
ich vor so langer Zeit Ibu Hastuti und Pak Puing begegnet war, sprachen über das Schiff aus Hongkong, das kommen sollte, über die
Stadt, einen Ort, in dem die Leute nicht in ihren Hütten, sondern
in Restaurants aßen, seltsame Leute, die ihre eigenen Fische nicht
essen wollten und somit auf diese hier angewiesen waren und auf
Seegurken, Schildkröten und Haiflossen. Früh am Morgen fuhren
wir weiter nach Samas.

»Kurus!«, riefen Ibu Sulastris Kinder, als sie mich sahen: dünn!
Ibu Sulastri kochte Suppe und dämpfte Fisch für mich. Frische
Palmherzen. Tee. Große Gläser Limonensaft. Pak Yance, Pak Ino, sie

kamen, und wir saßen alle zusammen an einem Tisch, auf Stühlen, ungewohnt und vertraut. Sofort setzen die eingeschliffenen Mechanismen ein: gerade sitzen, Hände auf den Tisch, mit Löffel und Gabel manierlich umgehen. Wer am Tisch die Haltung verliert, macht einen schlechten Eindruck. Beim Sitzen oder Hocken auf der Erde ist das anders. Bei den Bajos war mir aufgefallen, sie wirkten nie würdelos, so entspannt und bequem, wie sie, dem Körper angemessen, hockten und saßen. Nur mir schliefen die Beine ein, es drückte hier oder da, ich musste wieder und wieder die Haltung ändern. Trotzdem kam mir das Sitzen auf der Erde jetzt natürlicher vor, das auf Stühlen eher merkwürdig steif, die städtische Angewohnheit, die Beine übereinander zu schlagen.

Vor der untergehenden Sonne tanzte etwas auf dem Wasser. Schneller als alles, was ich je in dieser Gegend auf dem Wasser gesehen habe. Ein »Boston Whaler« näherte sich. Mit ihm legten der Kapitän des Hongkong-Frachters, sein Erster Offizier und der Bordingenieur an Pak Inos Steg an. Sein Schiff, so sagte er, läge längsseits an den Fischkäfigen. Er sei bereit, in der Nacht zu laden, morgen früh wolle er nach Hongkong auslaufen. Die Zollbeamten, wann würden die kommen?

Tee. Wasser. Bier. Hinundherlaufen auf der Terrasse.

Pak Yance erläuterte die Situation. Ein zweiter Chinese in der Region, für den Bajos Zackenbarsche fingen, hatte seine Lieferung noch nicht zur Sammelstelle gebracht. Ibu Sulastri hatte ihn über die Ankunft des Schiffes benachrichtigt und die Antwort erhalten, er sei mit den Fischen unterwegs. Das war vor zwei Tagen gewesen. Unbewegte Gesichter, Gemüter.

Auch am nächsten Morgen gab es keine Neuigkeiten. Auf der Terrasse versammelt, tranken wir Tee, Kinder kamen zweimal mit Nachrichten auf Zetteln, die sie Ibu Sulastri hinhielten.

»Vielleicht lädt er heute Nachmittag«, sagte sie.

Abends standen wir immer noch herum und warteten. Der Kapitän äußerte leise und mit gleichgültigem Gesicht seinen Unmut. Er

228

erzählte mir von sieben Tonnen Fisch, die schon an Bord seien, eingesammelt in ähnlich abgelegenen Gebieten wie diesem.

Jeden Tag sterben etwa fünfzig Kilo. Jeder Wartetag ist verlorener Profit.

»Was bekommst du in Hongkong für ein Kilo?«

»Hundertzwanzig bis hundertfünfzig Hongkong-Dollar.«

Die Bajos erhielten zwischen zehn- und zwölftausend Rupien, etwa drei Mark.

Der Frachter konnte neun Tonnen Fisch transportieren.

Ein weiterer Morgen, an dem wir auf der Terrasse Ingwertee trinken und warten. Angespannte Gesichter, doch niemand spricht aus, was er fühlt. Den säumigen Chinesen mahnen? Ihm den verlorenen Profit in Rechnung stellen? Ausgeschlossen. Das verbietet die Höflichkeit. Vielleicht bietet er selbst an, den Verlust auszugleichen; das würde niemand ablehnen.

Endlich die erlösende Nachricht. Jetzt müssen die hingehaltenen Zollbeamten – sie waren extra aus der Bezirksstadt angereist – informiert werden. Pak Yance wird sie aufsuchen und zum Frachter begleiten. Der Kapitän und seine Crew nehmen mich mit in ihrem »Boston Whaler«. Gischt fliegt in die Luft, immer neue Regenbogen entstehen durch das Brechen und Reflektieren der Sonnenstrahlen in den Wassertröpfchen, bis wir die Richtung ändern und die Sonne nicht mehr hinter uns steht.

Den Frachter sehe ich erst, als wir auf die Fischkäfige zufahren, so versteckt liegt er in der Bucht. Dunkelgrün glänzt er im warmen Nachmittagslicht neben einer Plattform. Om Hamma ist da, drei weitere, mir unbekannte Männer ziehen die Schutzplanken von den Käfigen. Ich stehe auf dem Frachter und sehe hinunter auf rote und braune Fischleiber, die unruhig an der Oberfläche schwimmen und in der Sonne leuchten. Um von der Brücke auf das Vorschiff zu kommen, muss ich eine große und tiefe Öffnung im Boden überqueren und mich dafür an einer zwei Meter langen Wand entlanggreifen. Ob das auch auf hoher See so sei, frage ich nach.

»Ja.«

Ganz vorn im Bug des Schiffes entdecke ich einen kleinen, rotgoldenen Schrein.

»Wir laufen nie aus, ohne vorher die Götter um ihren Segen zu bitten.«

Pak Yance und die Zollbeamten kommen, sie schauen sich mit zusammengekniffenen Augen um und verschwinden während der gesamten Dauer des Ladens in einem Raum ohne Bullauge neben der Brücke.

Unten beugen sich Männer mit Keschern über den Käfig mit roten Zackenbarschen. Die Wasseroberfläche schäumt. Zum ersten Mal machen es die Fische ihren Fängern schwer.

Es sieht aus, als säßen die braunen Barsche in den Netzen, in denen die Männer sie im Laufschritt zum Schiff tragen, immer nur einen, so viel größer als die roten sind sie. Ihr Gewicht lässt die Armmuskeln der Männer anschwellen, ihre Zehen legen sich flink um die Kanten des schmalen Balkens, der zum Schiff führt und sich biegt.

Wir tasten uns entlang eines Vorsprungs auf der Wand neben der offenen Stelle im Schiffsboden zurück zum Heck. Der Erste Offizier bringt mich auf das grün gestrichene Eisendeck. Ein weißes Hündchen rutscht darauf aus, als es uns entgegenrennen will, rappelt sich wieder auf, springt an meinem Begleiter hoch, bellt, fiept, bellt.

Am Ende der Eisenfläche liegen die Kajüten, weiße, fensterlose Behälter mit Bett, Tisch, Stuhl, Fernsehapparat. Die Küche, das ist ein Waschbecken, ein Kerosinofen, ein Kühlschrank, gefüllt mit Geflügel und Fleisch.

Um uns herum im Deck zwanzig Bodenklappen, von denen der Erste Offizier ein paar für mich öffnet. In salzwassergefluteten Kammern sehe ich nach Arten getrennt Fische, die in der Natur tief im Wasser schwimmen, an der Oberfläche wimmeln, die offenen Mäuler schnappen nach Luft. Drei Wochen wird die Fahrt nach Hongkong dauern. Auf dem Weg nach Norden wird der Ozean kühler. Einen Abfall der Temperatur würden die Fische nicht überleben, deshalb wird sie mit heißem Dampf konstant auf fünfundzwanzig Grad Celsius gehalten. Trotzdem, ich habe es schon erwähnt, sterben viele Fische an jedem Tag der Reise, fünfzig Kilo.

Das ist schlimm.

Aber nicht schlimmer als Tiertransporte per LKW, Hühner in Legebatterien, Kühe- und Schweinehaltung auf Zementböden, Stopfenten, Blue-Marlin-Sportfischen.

Wir müssen über unsere Einkaufsgewohnheiten, Essgewohnheiten, unsere Erwartung an den Markt, ganzjährig alles aus aller Welt kaufen zu können, nachdenken. Vielleicht auch darüber, wie viel uns Leben wert ist. Und ob der Zweck die Mittel heiligen darf.

Es war längst dunkel, als ich zurück zu Pak Bimbu und Ibu Hadija kam.

Sie fragten nicht, wie es war beim Fischeverladen, so wie sie mich – außer zu meiner Person – nicht fragten, wie es in Europa zugeht, und nie, was Ibu Sulastri und Pak Ino machten. Es interessierte sie nicht. In diesem feuchten, schwülen Klima ist vieles nicht so wichtig, nur das, was unmittelbar geschieht.

Ich hatte schon lange aufgehört, Fragen zu stellen, nur um Antworten in meinem Notizbuch festzuhalten. Wegen der Trägheit, die mit der Hitze einhergeht, aber auch aus Sorge, meine Neugier könnte als Zudringlichkeit empfunden werden. Einseitiges Ausfragen befremdete sie und machte mich mehr zur Fremden, als ich es ohnehin war, und oft hatte ich den Eindruck, dass ihre Antworten so ausfielen, wie sie glaubten, dass sie mir gefallen würden. Ich war nicht gekommen, um sie zu studieren. Ich wollte einfach mit ihnen sein. Möglicherweise von ihnen lernen. Nichts, was sie mir auf Anfrage mit Worten hätten vermitteln können.

Aus Surabaya hatte Pak Yance Masken, Schnorchel und Flossen mitgebracht. Die Flossen, eine Maske und einen Schnorchel behielt ich für mich, die beiden anderen Sets schenkte ich Pak Bimbu und Ibu Hadija. Sie freuten sich, schauten sie sich genau an, sahen hindurch; und jeder andere im Raum auch.

Längst war ich daran gewöhnt, dass sie sich nicht bedankten. Geben und Nehmen ist für sie selbstverständlich. Ihr Zusammenleben beruht auf Gegenseitigkeit.

Am Morgen probierten wir Masken und Schnorchel aus, schwammen um die Hütte herum, zum Riff. Ebid und seine Freunde kreisten uns mit ihren Kanus ein, nahmen Pak Bimbu die fremden Gegenstände, die er trug, sachte ab und begutachteten sie wortlos.

Masken und Schnorchel bekamen einen prominenten Platz in der Hütte, wurden rechts neben die Türöffnung gehängt, in Augenhöhe von Pak Bimbu; er war der Größte. Jeder, der in die Hütte kam, drehte und wendete sie behutsam, ohne Kommentar, eher lächelten sie in sich hinein, manchmal hörte ich ein glucksendes Lachen.

Ein paar Tage später waren die Masken nicht mehr da, ich sah Männer damit in ihren Kanus vorbeipaddeln, dann hingen sie wieder neben der Tür, oder Pak Bimbu hatte eine aufgesetzt, dann waren sie wieder weg. Das Interessante an meinem Geschenk war für sie, dass sie es weitergeben konnten. Nur meine Maske fand ich immer dort, wohin ich sie gelegt hatte.

An einem Tag, der vielen anderen glich, schnitt Pak Bimbu Köder aus einem Plastikstreifen, Ibu Hadija flocht an einer Matte, die Kinder schaukelten, ich lernte Vokabeln. Es wurde ein besonderer Tag. Ellis kam langsam auf mich zu; die Sicherheitsnadeln in ihren Ohren standen zur Seite, sie drückte eine Fingerspitze gegen die Zähne, lächelte und setzte sich mit mir zugewandtem Rücken dicht vor mich hin, rutschte näher, bis sie mich berührte. Janna zeigte auf uns und rief: »Ellis ist bei *nenek putih*«, der weißen Großmutter.

Um uns herum zustimmendes Lächeln. Fast hätte ich geweint. Später saßen wir auf der Veranda, schauten zu den Sternen am Himmel.

232

Pak Bimbu nannte seinen Kindern ihre Namen in der Sprache der Bajos und erklärte, welche Sternenkonstellation im Bogen über den Himmel wandere und bald kopfüber am Horizont verschwinde und damit die kommende Trockenzeit anzeigen werde.

Sehe ich aus wie eine Oma?

Während unserer Weltumseglung standen mein Freund und ich manchmal gemeinsam im Cockpit und suchten die fünf Sternbilder beziehungsweise Sterne, die wir kannten: Kreuz des Südens, Orion, Sirius, Castor und Pollux und den Aldebaran. Wir hatten niemanden, der für uns auf die Sterne zeigte, ihre Namen nannte, und leider keine Bücher oder Sternkarten.

Pak Bimbu erwähnte das Verschwinden der blauen Seesterne und paddelte zusammen mit Pak Udin los, um Wasser zu holen. In der Nacht flimmerten die Sterne im Westen, als seien sie in Bewegung geraten.

»Angin barat«, sagte Pak Bimbu, und am nächsten Tag rüttelte der Westwind an den Hütten.

Starkwind aus Westen, das war bekannt, hielt drei Tage an, dann flaute er ab. Diesmal nicht. Ohne dass jemand darüber gesprochen hätte, tranken wir schon am zweiten Tag nur einmal Kaffee, benutzten kein Wasser zum Waschen, Teller und Tassen wurden nicht mit Süßwasser nachgespült. Der Wind blieb. Niemand ging zum Fischen auf das unruhige Meer.

Ibu Hadija rührte Sago, briet getrockneten Salzfisch in Kokosöl und wählte dabei die kleinen, flacheren Stücke aus, die großen ließ sie liegen für den Tausch gegen Zigaretten. Über diese Wahl staunte ich immer wieder.

Pak Bimbu und Ibu Hadija, Robin, Janna, Ellis, Pak Udin und Ibu Nisa, Eta, Marten, sie alle lagen im Kreis um mein Wörterbuch, mein Notizbuch. Beides wurde von einem zum anderen geschoben, durchgeblättert, ohne dass eine Seite verknickte.

»Wie viel du geschrieben hast. Die Tage sind doch alle gleich«, sagte Pak Bimbu.

Sie sprachen mir Worte der Bajosprache vor, die ich aufschreiben und behalten sollte, aber ich fühlte mich ohne Antrieb. Anders als sie machte mich das wenige Trinken mürbe. Oder ließen sie sich ihre Erschöpfung nur nicht anmerken? Ihr Leben war kräftezehrend, jeden Tag. Meines nur auf Reisen. Ich konnte doch unmöglich größere Wasservorräte mitnehmen, und selbst wenn, ich würde sie nicht für mich reservieren, sondern mit den anderen teilen, so wie es für sie selbstverständlich war. Es würde ihnen zwei Paddelstunden zur Quelle ersparen. Am Ende stünde immer der Mangel.

Die Windböen kamen ohne Regen, zum Wasserholen waren die Wellen zu hoch.

Zum ersten Mal bekam ich Läuse. Mein Kopf lag in Ibu Hadijas Schoß, während sie nach ihnen suchte. Die anderen lachten. Sie wunderten sich schon lange darüber, dass ich als Einzige verschont blieb, schließlich gehörten Läuse zum Leben. Mir fiel das Lächeln schwer, alles schwer, ich lag am Boden. Warum war nur ich dreckig hier? Warum rochen nicht auch die anderen nach Schweiß?

Ibu Nisa fächerte Wind mit der Hälfte einer Kokosnuss.

Hungrig. Durstig. Auch das zum ersten Mal im Leben.

Nach zehn Tagen legte sich der Wind. Am elften kam Pak Maat aus dem Wasserdorf mit Wasser, Pak Bimbu paddelte zum Fischen. Außer mir waren alle gesund.

Ibu Hadija achtete zwinkernd darauf, dass ich nur kleine Schlucke trank; wenn ich einen großen versuchte, zog sie an meinem Ärmel.

Ich sehnte mich nach viel Wasser, zum Trinken, zum Waschen.

Die Läuse bissen mich.

Wie viel länger will ich bleiben? Wie viel Gastfreundschaft darf ich annehmen?

Am Abend bat ich darum, Om Hamma zu fragen, ob er mich mit dem schnellen Bombenboot nach Samas bringen könnte. Aber Om Hamma war gerade in Samas.

Pak Bimbu und Ibu Hadija segelten mich dorthin. Unendlich langsam, denn jetzt wehte kaum noch Wind. Ich lag im Schatten unter dem Dach und hörte sie »Ikan« rufen, wie immer, wenn ein Fisch aus dem Wasser sprang; sie lachten und zeigten auf die Kreise, wo er wieder eingetaucht war.

Wieder hatte Ibu Sulastri unser Segel schon lange gesehen und wartete am Steg.

Sie rief ein paar Namen und Anweisungen. Den Umgang mit Landmenschen nicht gewohnt, wollten Pak Bimbu und Ibu Hadija nicht aussteigen und sich lieber im Boot von mir verabschieden.

Über den Steg lief ein Mann mit Wasserkanister auf uns zu; aus der Küche kam Sul mit Limonen, Chili und Reis. Pak Bimbu und Ibu Hadija nahmen die Sachen scheu entgegen, nach Bajomanier ohne ein Wort des Dankes, doch in ihren Augen konnte ich ihn sehen.

»Wir warten auf dich«, sagte Pak Bimbu, und Ibu Hadija fügte hinzu: »Dann kannst du bei uns weiter auf Om Lahali warten.«

»Selamat jalan, selamat tinggal!«, sagen wir leise. Gute Reise, leb wohl!

Elf

Wasser. Viele Schöpfbecher Wasser. Fließen. Glucksen. Kühlen. Verrinnen. Mehr Wasser. Wellige Haut an den Innenflächen der Hände, der Füße. Mehr Wasser. Süßes und salziges vermischen sich, plätschern ins Meer unter dem Raum am Ende der Veranda, meinem Lieblingszimmer. Mehr Wasser. Mehr.

Schwer auf dem Bett der Rücken, die Glieder. Trinken. Pure Brühe von zwei langsam gedämpften Hühnern, Tropfen für Tropfen aufgefangen. Fieber.

Ibu Sulastri liegt neben mir, unsere Gesichter sind nach oben gewandt, die kühle, trockene Hand hält die heiße, feuchte.

Vergangenes schiebt sich vor die Augen, gar nicht lange her, so real die Bilder, durchlebe ich es noch einmal, oder passiert es jetzt? Der Mann, den ich liebe, stirbt; wir liegen Hand in Hand, reden über den kommenden Tod, warten auf ihn; er nimmt ihn in der Nacht, lässt mich liegen.

In der offenen Tür Ibu Pilo, Pak Lopang und Ulo. Zögernd treten sie ein, kommen näher, hocken sich neben dem Bett auf die Erde, bleiben stumm. Wie viel sich schweigend ausdrücken lässt. Alles, wofür es keine Worte gibt. Keine Floskel überdeckt unsere tiefe Zuneigung füreinander, hilft uns über die innere Bewegung hinweg.

Später öffnen sie eine Plastiktüte, zeigen mir den Karton, in dem ich ihnen Medikamente geschickt hatte, und alle leeren Verpackungen. Ein Andenken. Sie wollen es immer aufheben. Und dann erzählen sie von den Seitenablagen ihres Bootes, die haben sie erneuert und etwas verbreitert wie auch das Dach erhöht, damit ich es bequemer habe, wenn ich wieder bei ihnen bin.

Obwohl mein Zimmer viel größer ist als ihr Boot, sehe ich sie unruhig werden. Noch nie waren sie in einem Raum wie diesem; sie fühlen sich beengt, er raubt ihnen die Luft zum Atmen. Dass sie überhaupt hier sitzen, besonders der scheue Lopang, der, solange ich an seiner Seite gewesen war, keine bewohnte Insel betreten hat.

Wir verabschieden uns, und sie lassen ihre Hände für einen langen Moment auf meinen Armen ruhen. Eine ungewöhnliche Geste. Es ist nicht üblich, sich zu berühren, umso mehr rührt sie mich an. Wann wir uns wiedersehen, bleibt offen. Wie soll man sich verabreden mit Seenomaden?

Om Hassan kam, drückte seine Finger in jeden meiner Zehen. Schmerz.

»Wenn es nicht mehr schmerzt, ist alles wieder im Fluss«, erklärte Ibu Sulastri. Om Hassan behandelte sie jeden Abend mit Akupressur, von den Füßen bis zum Kopf. Jetzt auch mich. Tagsüber steuerte er große Einbaumkanus, transportierte Holz, Kopra; ich hatte ihn beim Verladen an den Fischkäfigen gesehen. Er war Muslim. Er verstand mehr von Akupressur als die diplomierte Therapeutin, die ich aus Düsseldorf kannte. Woher?

Er erzählte mir von einem japanischen Matrosen, der ihm, als er sein Interesse an Akupressur bemerkte, ein Lehrbuch dazu schenkte. Dreißig Jahre sei das her. Ibu Sulastri sagte, Om Hassan sei vertraut mit allen Heilkräutern der Gegend und würde oft zu Kranken gerufen.

Om Hassan und ich redeten nur vor der Behandlung miteinander. Für ihn war es die erste Unterhaltung mit einem *orang barat*, und selbstverständlich hatte er bisher keinen Menschen aus der Welt im Westen berührt. Ich saß dann im Bett, er an die gegenüberliegende Wand gelehnt auf dem Boden. Er war verheiratet, hatte Kinder; von mir dachte er das Gleiche, wie alle hier, bis auf Ibu Sulastri, ihr hatte ich die Wahrheit erzählt.

Er wohnte in einer Hütte auf der anderen Seite von Samas. Wir waren gleich alt. Während der Akupressur schwiegen wir, spürten jeder für sich den Druck seiner Hände. Aufmerksam und ernst verbargen wir unsere Wünsche. Manchmal kam Ibu Sulastri. In der Ruhe einer mondlosen Nacht blies er die Kerosinlampe aus, und seine Hände hielten mich.

Meine Filme, seit Monaten ohne Kühlung, machen mir Sorgen, und auch ich bin erschöpft. Ich beschließe, nach Singapur zu fliegen, eine Woche oder zwei zu bleiben und zurückzukommen, denn bevor ich nach Europa fliege, möchte ich noch einmal Ibu Pilo, Pak Lopang und Ulo sehen und vielleicht doch noch Om Lahali treffen.

Die beschwerliche Reise nach Singapur. An der Anlegestelle eines winzigen Hafens wartet ein junger Mann auf Touristen, Sonnenbrille, Pomade im Haar, halb so alt wie ich. Er geht mir nach.

»Kann ich dich küssen? Irgendwelche Einwände?«, fragt er geschäftsmäßig auf Englisch.

»Ja, mein Sohn.«

Touristen lassen junge Indonesier, die sich als »Guide« anbieten, zum Spaß (für wen?) Sätze wie diese auswendig lernen. »I love you« ist der, den man am häufigsten hört.

Zwei Tage sitze ich fest im Gasthaus eines Dorfes, mit Wänden so dünn, dass die Straße, die Moschee, das gesamte Dorfleben in meinem Zimmer stattfinden. Die Liebenswürdigkeit der Menschen, ihr Wunsch, der Fremden nah zu sein, mit ihr das Frage-Antwort-Spiel zu spielen – ich kann es kaum ertragen.

Die Welt ist klein. Ein Mann, den ich bei Pak Ino gesehen habe, lädt mich ein, seine Familie kennen zu lernen und einen Tee mit ihnen zu trinken. Ich nehme die Einladung an.

Seine Töchter kommen aus der Koranschule, alle drei von Kopf bis Fuß in weißen Satin gehüllt. Nur die hübschen Gesichter sind zu sehen, nicht ein einziges Haar. Sie gewinnen mit ihrer natürlichen

Ausstrahlung, wie sie nur Menschen haben, die nicht beeindrucken wollen.

Etwas erschöpft sitze ich da, nicke zustimmend zu allem, auf das sie zeigen: das Radio, die Kalenderbilder aus Mekka an allen Wänden, künstliche Blumen, bunte Flitterbänder, die wie Lametta unter der Decke hängen. Einen Moment lang verschwinden die drei in einem Nebenraum, kommen wieder mit hochgezogenen Schultern, tuscheln; zwischen den Händen des Mädchens in der Mitte verbergen sie etwas, tauschen Blicke mit den Eltern aus, geben sich einen gemeinsamen Ruck und strecken mir ein Dreierpack »Underberg« hin: »Für dich!«

Ein Reisender hatte es vor zehn Jahren der Familie geschenkt für den Fall, dass sich jemand mal schlecht fühle.

Das Komischste für mich ist daran: Das Haus, in dem ich in Deutschland lebe, gehört der Familie Underberg.

Am Flughafen von Singapur passe ich mich leicht an die veränderte Umgebung an. Eine Verwandlung. Während ich gehe, werde ich wieder zu dem Menschen, der es gewohnt ist, in der Stadt zu leben.

Die Augen registrieren vertraute Zeichen; die Füße folgen automatisch. Entschlosseneres Auftreten in Schuhen und auf festem Boden, sicheres, zielstrebiges Gehen. Veränderte Kleidung, Taschen in den Händen bewirken eine andere Haltung als auf dem Meer. Das Gefühl, weniger verwundbar zu sein. Wohltuende Anonymität. In dieser Welt kenne ich mich aus. Auf einmal denke ich einen irritierenden Gedanken: Ich fühle mich sicherer und zu Hause in einer Welt, die der Natur entfremdet ist.

»See you at Raffles«, verabredeten sich damals die Reisenden, Anfang des 20. Jahrhunderts, in dem legendären Hotel und kamen nicht per Flugzeug, sondern mit dem Schiff in Singapur an. Jetzt ist es mehr als perfekt renoviert und hat die touristische Atmosphäre von Disneyland. Als Somerset Maugham monatelang die Suite 78 belegt und Skandale der kolonialen Gesellschaft zu seinen berühmten Kurzgeschichten verarbeitet hat, als Rudyard Kipling, Joseph Conrad und Hermann Hesse an diesem Ort genächtigt und »Singapur Sling« an der Bar getrunken haben, gab es hier sicher ein Flair. Das neue »Raffles« blendet mit makellosem Weiß.

Ich wohnte in einem kleinen Hotel, in derselben Straße wie das »Raffles« gelegen, und ging, getrieben vom Heißhunger auf vertraute Speisen, nachmittags zum »High Tea« dorthin. Weiße Teetassen aus dünnem Porzellan, Löffelklappern, allerlei gedämpfte, gefüllte köstliche Teigtaschen, die eigentlich zu einem chinesischen Frühstück gehören, und Kunstwerke kleiner Torten, Früchte und Eis im Überfluss und Sahne, schön wie eine Wolke. Ich habe eine Schwäche für schöne Dinge, lächelte in mich hinein und erinnerte mich an meine Segelzeit.

Weil ich mir damals nicht vorstellen konnte, Tee über Jahre aus Plastikbechern zu trinken, verkaufte ich mein englisches Teegeschirr nicht und nahm es mit an Bord. Waren wir unterwegs auf dem Meer, lag es gut verstaut in Watte verpackt. Auf Ankerplätzen benutzte ich es, und besonders die Segler, die ihre Witzchen darüber rissen, kamen gern und genossen es, aus den fragilen Tassen zu trinken. Erst im Roten Meer, als wir die Welt schon fast umrundet hatten, sprangen Risse in die Tassen in einer einzigen Nacht, während der wir Stunde um Stunde gegen die Wellen knallten und das Schiff bockte wie ein sich verweigerndes Pferd.

Jetzt nehme ich mir Zeit, esse langsam, Kellner räumen Teller ab, bringen neue und frischen Tee; meine Hände streichen über weißen Damast. Ich denke an die Seenomaden, an ihr auszehrendes Leben. Wie sehr ich auch bereit bin, mich darauf einzulassen – ich kann jederzeit in mein eigenes zurückgehen, essen, trinken, wonach mir der Sinn steht, in bequemen Betten schlafen. Diese Gewissheit ist unterschwellig immer vorhanden, ein Polster, auf dem ich dem Selbstverständnis der Bajos nicht näher komme.

Nur ein Schritt aus dem tiefgekühlten »Raffles«, und massive Hitze schlug mir entgegen. In meinem Hotel kam ich wieder zur Besinnung auf dem Boden des Badezimmers, fing an zu begreifen, dass ich es war, die da saß, und dass etwas nicht stimmte. In das Schwarz um mich herum sickerte Licht. Zähneklappernd und bedeckt mit kaltem Schweiß legte ich mich aufs Bett.

Am nächsten Morgen rief ich P. C. Yeo an, den Geschäftsfreund eines Freundes aus Düsseldorf, mit der Bitte, mir einen Arzt zu empfehlen.

»Bleiben Sie, wo Sie sind«, sagt er, und: »Ich arrangiere einen Arzttermin. Mein Chauffeur wird Sie abholen, zu einem Arzt fahren und wohin Sie sonst möchten, bestimmt haben Sie einiges zu erledigen. Er kann Sie den ganzen Tag begleiten.«

Ich war dankbar, auch dem Freund in Düsseldorf, und dachte, wie schon so oft, dass ich Glück habe im Leben.

Der Klinikchef, ein Freund von P. C. Yeo, strahlte optimistische Ruhe aus.

Mein Kreislauf und kleine Mangelerscheinungen waren bald ausreichend besprochen. Jetzt interessierte er sich für die Seenomaden.

Zwei Tage später luden mich P. C. Yeo und sein Freund Dr. Wong nach Chinatown zum Essen ein. Sie aßen Seegurken, die in feinen Scheibchen in ihrer Suppe schwammen, wunderten sich selbst, dass sie nichts über die Herkunft dieser von ihnen hoch geschätzten Delikatesse wussten, und staunten, als ich ihnen erzählte, von wem und wie sie gefangen werden. Beide konnten nicht genug hören von den Bajos. Ich versprach, ihnen auf meiner Rückreise nach Europa Seegurken mitzubringen.

Bald fühle ich mich nicht mehr geborgen in der Stadt ohne asiatische Identität. Seit ich mich erholt habe, stören Asphalt, Beton, Konsumtempel und Autos immer häufiger, auch die überall gegenwärtigen Verbotsschilder, von denen mir besonders eines missfällt: auf weißem Grund zwei schwarze Gestalten. Die eine hält ein Gewehr, die andere, angeschossen, Arme in der Luft, ist dabei, nach hinten zu fallen. So weiß ich, dass ich durch diese Tür im Zaun nicht gehen darf.

Ich bin bereit, zu den Seenomaden zurückzureisen. In meiner letzten Nacht in Singapur werde ich durch Stimmen wach, die von draußen kommen. Über einer großen, unbebauten Fläche scheint der volle Mond. Vier Stockwerke unter mir haben acht Männer auf dem Asphalt eine Decke ausgebreitet. Darauf sitzen sie und reden miteinander, eine Wasserkaraffe und Gläser in ihrer Mitte. Einer verteilt Zigaretten.

Irgendwo bellt ein Hund. Seit ich hier bin, habe ich kein Tier gesehen.

Am Tag meiner Abreise lädt P. C. Yeo mich in den Yachtclub ein, das letzte Essen nach meinem Geschmack für lange Zeit. Im Auto, auf dem Weg zum Flughafen, frage ich ihn, wie er es macht, als Firmeninhaber so gelassen, so selbstverständlich für ein paar Stunden seine Aufgaben warten zu lassen.

»Ach«, sagt er mit seiner wohltuenden Ruhe, »wofür das Ganze, wenn wir uns nicht Zeit für Freunde nehmen.«

Ich denke lange über ihn nach und darüber, dass ich, wohin ich auch gehe, immer Menschen treffe, die bereit sind, mir zu helfen.

In der Abflughalle geht ein älteres Paar in Kleidern von erlesener Qualität an mir vorbei. Sandfarbene Stoffe aus Kaschmir und Seide. Das westlich geschnittene Sakko des Mannes über einer weiten asiatischen Hose. Sein Turban. Die Frau eingehüllt in fließendes Tuch. Zwei rätselhafte Gestalten aus einem orientalischen Märchen.

Langsam, in würdevollem Ernst, durchqueren sie die Halle, als sei es die Leere der Wüste, die sie durchschreiten. Sie bleiben stehen, breiten eine Decke, sandfarben, die sie einer eleganten Ledertasche entnommen haben, auf dem Boden aus, lassen sich nieder. Sie sind ganz bei sich. Wickeln Silberbecher, weiße Teller und gefüllte Teigtaschen aus. Wasser. Sie essen schweigend, trinken mit Ruhe.

Eine Oase.

Eilige Menschen laufen vorbei. Wirre Stimmen füllen die Halle.

Sorgfältig packt das Paar die Reste seiner Mahlzeit ein, sie richten sich auf, falten die Decke, streichen über ihre Kleider – pilgern weiter. In welche Welt? Oder gibt es für sie nur eine?

In Indonesien versuchte ich wieder, für einen Teil der entnervenden Weiterreise nach Samas ein Flugzeug zu finden. Hatte man eines gefunden, hieß das noch nicht, dass es wie geplant oder überhaupt flog. Der Mann in dem Häuschen, das Ankunfts- und Abflughalle ist, erinnerte sich an mich. Er stellte einen Stuhl vor seinen Schreibtisch, schob ein paar Sachen zur Seite, lehnte sich mir freundlich entgegen und erkundigte sich, ob ich Cola trinke; er verließ den Raum. Ich sah die anderen Fluggäste, die mit mir auf den verspäteten Abflug gewartet hatten, über das Rollfeld zum Flugzeug gehen. Der leutselige Beamte kam zurück mit Cola und Keksen, setzte sich und wollte hören, wie es sich in Deutschland lebe. Er nahm sich Zeit. Erst als ich, mich entschuldigend, auf die in der Hitze flirrende Maschine wies, erinnerte er sich daran, wo wir waren. Er bestand darauf, mein Gepäck persönlich zu tragen, verstaute es, scherzte mit dem Flugkapitän, wünschte mir das Beste und gab das Rollfeld frei. Freundliche Gesichter lächelten mir entgegen. Wir starteten mit zwei Stunden Verspätung. Hatten sie nie schlechte Laune?

Wie viel schwieriger wäre meine Reise ohne die Hilfe von Ibu Sulastri und Pak Ino. Lan steuert mich in einem ihrer Kanus über das Meer. Ibu Pilo und Pak Lopang segeln längst irgendwo dort draußen, und ich hoffe inniglich, sie wiederzusehen. Von Om Lahali wusste Ibu Sulastri nichts zu berichten. Ich hoffe, Pak Bimbu und seine Familie über dem Riff zu treffen. Am Horizont sehe ich die Hütten schon in Himmel und Wolken ragen. Bald werden die Regenfälle aufhören. Wie gut es sich anfühlt, wieder auf dem Meer zu sein.

Der Wind begrüßt mein Gesicht, die Gedanken verlieren sich in der Weite, in den weißen, blauen, silbernen Farben, im Grenzenlosen. Warum fühle ich mich so wohl auf dem Meer? Nicht am Strand, von wo aus ich es nur sehen kann, nein, nur wenn ich mich im Boot auf dem Meer bewege.

Ich mache mir nicht vor, dazuzugehören, dennoch habe ich das Gefühl, nach Hause zu kommen, als ich in die Hütte von Pak Bimbu und Ibu Hadija klettere. Bei den Bajos gibt es keine Berührungen, keine Umarmungen zur Begrüßung. Und da wir uns nicht berühren, wird mir umso bewusster, wie sehr ich ihnen zugeneigt bin und dass dieses Gefühl mir auch von ihnen entgegenkommt.

Ellis bewegt mich mit ihrem Lächeln, der wachen Freude in ihren Augen, als sie in meine Richtung zeigt und sagt: »Nenek putih«, weiße Großmutter.

Durch ihre Geste fühle ich mich völlig ungeschützt und wahrhaftig. Schon mehrmals, seit ich bei den Seenomaden bin, habe ich diesen stillen Ernst gespürt, der mich so warm durchströmt. Will ich ihn benennen, kommt mir – obwohl ich gerne ein anderes, weniger strapaziertes Wort finden würde – Liebe in den Sinn. Eine, die nichts wünscht, die kein Ziel verfolgt, nichts erwartet. Diese Umschreibungen leisten nichts. Was ich meine, muss man mit dem Herzen denken und im Kopf fühlen.

Die Sicherheitsnadeln in Ellis' Ohren stehen ab wie immer, Muschelkalk ist, um vor Sonne zu schützen, auf ihrem Gesicht verteilt. Sie ist ein Kind, dennoch ist sie der klarste Mensch, der mir je begegnet ist.

In dieses Gefühl hinein sagt Ibu Hadija etwas Unerwartetes: »Wir entschuldigen uns für unser armes Haus.«

»Ich verstehe nicht, was du meinst.«

»Wir sind arm und können dir nicht geben, was du gewohnt bist.«

»Ich fühle mich reich beschenkt von euch an jedem Tag, den ich mit euch verbracht habe, und verstehe noch immer nicht, was du meinst.«

»Wir haben in einem Video gesehen, wie die Menschen aus dem Westen wohnen.«

»Video? Wo habt ihr ein Video gesehen?«

»Bei Om Hamma. Pak Ino hat ihm ein Gerät für Videos gegeben und einen Generator.«

Wie soll ich diesen Eindruck ausräumen? Ich erzähle ihnen, warum im Klima meiner Heimat die Häuser anders gebaut werden müssen. Aber sie berichten mir von den Dingen in den Häusern, von Kleidung und Schuhen, von Autos auf der Straße.

Ich sage ihnen die Wahrheit, sage ihnen, dass ich nie empfunden, nie gedacht habe, sie seien arm oder ich lebte bei ihnen unter ärmlichen Verhältnissen, weil alles da sei, was man brauche, um sich menschenwürdig zu fühlen, und dass dies nichts mit dem Besitz von den Dingen zu tun habe, die sie in dem Videofilm gesehen hätten.

Glauben sie mir? Ich weiß es nicht. Aber ihre Verlegenheit vergeht, sie scheinen wieder unbefangen.

Ich segle mit Pak Bimbu Wasser holen, und wir machen einen Abstecher ins Wasserdorf. Es ist Nachmittag. Der Generator läuft. In Om Hammas geräumiger Hütte hocken etwa vierzig Menschen dicht beieinander und sehen einen Videofilm: hellhäutige, wohlhabende Inder in europäischer Kleidung, die in Büros und zu Hause im Streit miteinander liegen. Dinge fliegen durch die Luft, zerbrechen; Menschen auch.

Om Hamma nimmt Eintritt, etwa einen Pfennig pro Person, für den Diesel, der den Generator antreibt.

So fragwürdig dieser Fernseher hier ist und so sehr ich wünsche, er wäre nicht in dieser Hütte, bemühe ich mich, daran zu denken, dass es mir nicht zusteht, den Bajos Entwicklungen und Erfahrungen vorenthalten zu wollen, die ich für mich jederzeit in Anspruch nehme und deren Folgen für sie ich bereits zu kennen glaube.

Ich gebe es zu, ich wünsche mir, die Seenomaden blieben unberührt von tief greifenden fremden Einflüssen. Gefühlsduselig bin ich davon überzeugt, es sei von Vorteil für sie, doch weiß ich, dass meine Motive auch egoistisch sind. Sollen sie nicht bewahren, was mir verloren gegangen ist, damit ich mich bei ihnen erinnern und etwas davon wieder finden kann?

Unter immer anderen Vorzeichen setzt sich Kolonialismus fort. Entdecker, Missionare, Forscher, Händler, Industrielle, Touristen, Sinnsucher. Ich befinde mich in ihrer Gesellschaft. In bester Absicht gekommen, muss ich mich gleichzeitig fragen: Was habe ich hier zu suchen?

Was interessiert heute die Menschen aus dem Westen der Welt an natürlich lebenden Völkern? Warum fesseln Dokumentarfilme im Fernsehen Massen von Zuschauern und die Leser von Magazinen? Könnte es, neben Wissensdurst, nicht die Sehnsucht nach uns selbst sein?

Zwölf

Pak Bimbu und ich segeln zurück. Das Meer beschwichtigt meine Gedanken. Vielleicht ist das eines seiner Geheimnisse. Sie verschwinden am Horizont; übrig bleibt ein mit sich ringendes Gefühl, und auch das löst sich auf. Oben, auf der Veranda, liegen die Kinder auf dem Bauch und schauen uns entgegen.

Ich schnorchle um die Hütte herum, überall im Sand verstreut leere Muscheln und Schnecken. Vergangene Mahlzeiten. Über das Riff strömt die Flut zurück, steigt langsam die Pfähle hinauf.

Als ich zurück zur Hütte komme, sehe ich in der Reuse darunter zwei Juwelenzackenbarsche sterben. Ich rufe Pak Bimbu, und der kommt, sammelt sie ein mit einem Kescher. Gemeinsam bringen wir sie auf die Veranda. Prächtige Fische. Alle sehen zu, wie er sie mit der Machete aufschneidet und aufklappt, ihr festes Fleisch mit grobem Meersalz einreibt. Ellis und Janna stehen neben ihm, jede an eine seiner Schultern gelehnt, Robin liegt vor ihm auf der Seite mit angezogenen Knien.

Die Eltern erzählen von einer entfernten Insel, vor der Verwandte in ihren Hütten leben, und dass sie dort hinsegeln möchten, wenn die Regenzeit aufhört. Nur können sie sich nicht mehr so uneingeschränkt und selbstverständlich bewegen wie zu Zeiten der Großeltern.

»Wir brauchen ein Papier mit der Erlaubnis«, sagt Pak Bimbu. »Trifft uns ein Regierungsboot außerhalb dieser Region ohne das Papier, kann uns der Beamte das Boot wegnehmen und in ein von der Regierung kontrolliertes Dorf bringen. Das ist weniger gut. Wir wollen nicht von Worten auf Papier abhängig sein. Das stört unser Gleichgewicht.«

Plötzlich lächelt Pak Bimbu mich an und sagt: »Om Lahali kommt.«

Ich drehe mich um und sehe einen Punkt am Horizont. Ungläubige Freude.

»Ja, Om Lahali kommt«, bestätigt Ibu Hadija. Freude klingt auch in ihrer Stimme, fliegt über ihr Gesicht, während sie die Fische zum Trocknen in die Sonne legt. Nachdem die Arbeit getan ist, sitzen wir an die Hüttenwand gelehnt und schauen Om Lahali entgegen. Janna nimmt einen Zug von Pak Bimbus Zigarette und pafft ein paar Rauchwölkchen in die heiße Luft.

»Sieh nur, der Wind ist tot«, sagt Pak Bimbu. »Om Lahali paddelt schon. Schade, schade. Aber macht nichts. Er hat Kraft. Trotzdem schade. Er ist schon alt.«

Wie alt, wissen meine Freunde nicht, doch kommen wir, schätzend, auf achtzig Jahre, denn seine Urenkel haben schon Kinder.

»Sie leben überall verstreut«, erzählt Pak Bimbu, »einer seiner Söhne ist sesshaft geworden in einer kleinen Stadt auf einer großen Insel.«

Ich erfahre, dass er zweimal verheiratet war. Seine erste Frau starb, und die zweite entschied sich nicht lange nach der Heirat für ein halb sesshaftes Leben in einem Wasserdorf. Seither schweift der Seenomade allein über das Meer. Seit über vierzig Jahren.

Ibu Hadija erzählt, er wurde auf einem Boot geboren, und sie kennt nur einen, ihn, der noch nie in einer Hütte geschlafen hat.

Zwischen uns und dem alten Seenomaden liegt vollkommene Ruhe. Kein Wind. Das Meer glatt wie Glas. Bis zur Riffkante schimmert es limonengrün, hinter dem weißen Saum aus Gischt dehnt es sich weit und blau und schaukelt die *sope* mit dem schlaffen Segel aus hellblauen und weißen Streifen auf seiner Dünung.

Vor dem Bootsdach, ganz vorn im Bug, hockt Om Lahali. Noch ist er nicht zu erkennen, es ist seine ausdauernde, immer gleiche, ruhige Paddelbewegung, die ihn sichtbar macht. Warmes Nachmittagslicht umfließt das Boot.

Pak Bimbu zündet sich eine weitere Zigarette an, lacht und behält die *sope* im Auge, als er sagt: »Om Lahali lässt sich nichts vorschreiben. Er macht, was er will, segelt, wohin er will. Du kennst die Delphine, so ist er, so frei, so vergnügt.«

Der, der an die Delphine erinnert, kommt näher. Ich denke an unsere erste Begegnung, als er mit seiner *sope* langsam an unserer Hütte vorbeiglitt und verschwand, ohne einen Moment zu verharren.

»Er muss sich an dich gewöhnen«, hatte Ibu Pilo damals gesagt. Wird er heute bleiben?

Mit jedem Schaukeln der *sope* zeichnet ihr Mast einen Bogen an den Himmel. Om Lahali singt.

»Kami pergi, kami pergi harus bagaimana …«, klingt es zu uns herüber.

Ein Lied vom Wegsegeln und wie sich Menschen dann fühlen.

»Er kommt doch gerade an«, sage ich.

»Er ist immer unterwegs«, sagt Pak Bimbu.

Om Lahali steht jetzt aufrecht in seiner *sope,* in der Hand eine lange Bambusstange, mit der er sein Boot durch das flache Riffwasser drückt. Zehn Meter vor uns bückt er sich nach einem Korallenblock im Bug, der an einem Tampen befestigt ist, und wirft ihn als Anker platschend in das grüne Wasser.

»Kami pergi, kami pergi harus bagaimana …«, singt er aus voller Kehle und zieht ein weißes Auslegerkanu, das hinten an der *sope* hängt, zu sich heran, klettert hinein, paddelt zu uns herüber.

Ich höre ihn auf der Leiter, dann steht er auf der Veranda; unter seinen Füßen knacken die losen Bambusrohrlatten.

Fröhliche, flinke Augen sehen an mir vorbei. Hohe Wangenknochen, ein glatter, dunkler Haarkranz. Im beinahe faltenlosen Gesicht stoppelt ein weißer Bart. Verblichen, brüchig der Sarong um seinen sehnigen Körper.

Ich denke an Weite, wenn ich ihn ansehe.

Die Bajos unterhalten sich lebhaft und lachend in ihrer mir nicht verständlichen Sprache. Ibu Hadija ruft Bemerkungen aus dem Innern der Hütte, wo sie Wasser für Kaffee heiß macht.

Om Lahali spricht schnell. Blitzende Augen. Voller Ernst schauen die Kinder ihn an. Er setzt sich an den äußersten Rand der Veranda, gleich neben der Leiter, deren eine Seite über die Plattform ragt, daran lehnt er sich und fragt, ob es Zigaretten gibt. Pak Bimbu reicht ihm eine.

Zusammen mit Ibu Hadija trage ich die Gläser mit Kaffee heraus, gebe Om Lahali eines und wünsche mir, wir würden ein paar Worte für uns finden, denn hier stellt man sich nicht gegenseitig vor. Solche, die bei uns ein Lächeln oder einen Blick hervorrufen können – »danke« und »bitte« – sagen die Bajos nicht. Zwecklos, ihn zu fragen, ob er Zucker nimmt, der ist längst mit dem einzig vorhandenen Löffel in den Kaffee gerührt. Kein Bajo würde ihn ungesüßt trinken.

So setze ich mich still und warte, erlebe, wie höflich Pak Bimbu und Ibu Hadija ihm begegnen. Mit »Pua« redet Pak Bimbu den Älteren respektvoll an, und wenn Om Lahali spricht, unterbricht ihn niemand.

Schon eine Weile liegen die Gläser leer zwischen den Bambusrohrhälften, als Om Lahali unvermittelt aufsteht und zurück zu seiner *sope* paddelt.

Man hört ihn unter seinem Dach hantieren.

Die Nacht kommt abrupt. Es ist, als hätte ich die Ankunft des so lange erwarteten Seenomaden nur geträumt.

»Warum spricht er nicht mit mir?«, frage ich, nachdem die Kerosinlampe gelöscht und wir uns auf den Matten ausgestreckt haben.

»Er ist scheu. Er muss sich an dich gewöhnen«, sagt Ibu Hadija. Ich kann das Lächeln in ihrer Stimme hören.

»Warum schaut er mich nicht an?«

»Er ist höflich.«

Unter mir, an den Pfählen, gluckst das Meer. Im Westen rauschen die Wellen über das Riff.

Er ist scheu, nicht schüchtern, das habe ich selbst erlebt. Er muss sich an mich gewöhnen. Wann erlaubt es ihm die Höflichkeit, mich wahrzunehmen?

Während des ganzen nächsten Tages sehe ich ihn nicht. Sein Auslegerkanu, das hinten an der *sope* hing, ist verschwunden.

Erst in der Nacht höre ich sein Paddel klappen.

Am Morgen kommt er über die Leiter zu uns hinauf, wählt wieder die äußerste Kante der Veranda, um sich zu setzen. Wir gehen hinaus zu ihm, Zigaretten werden angezündet. Noch hat er mich nicht angesehen. Ich wünschte, ich könnte die Sprache der Bajos verstehen, jetzt muss ich warten, bis Pak Bimbu ins Indonesische wechselt und sagt: »Pua, Mississ lebt schon lange wie die Bajos. Wenn du es erlaubst, möchte sie dich begleiten.«

»Hm hm hm hm.«

Zum ersten Mal blickt Om Lahali mich an. Seine Augen leuchten freundlich verschmitzt, die Haut spannt sich über den hohen Wangen.

»Ich habe noch nie mit einem Menschen gesprochen, der durch die Luft geflogen ist. Du bist doch durch die Luft geflogen?«

»Ja.«

»Warum hast du das gemacht?«

»Um die Menschen zu treffen, die immer auf dem Meer leben.«

»Hast du keine Angst vor dem Wasser?«

»Nein.«

»Mississ ist früher mal um die Welt gesegelt«, wirft Ibu Hadija ein.

Om Lahali ist irritiert: »Hm, da habe ich sie aber nie getroffen.« Ungläubig schaut er Pak Bimbu an.

»Mississ hat keine Angst vor Wasser«, sagt der und spuckt zwischen die Bodenritzen ins Meer.

»Kannst du schwimmen?«, fragt Om Lahali weiter.

»Ja.«

»Isst du Fisch?«

»Ja.«

»Sago?«

»Ja.«

»Ich bin überrascht, dass ein Landmensch von so weit herkommt, um zu leben wie ein Bajo.«

Er lacht vergnügt. Er hat drei Zähne im Mund. Wenn er einen längeren Satz spricht, habe ich etwas Mühe, ihn zu verstehen, so rasch purzeln ihm die Worte von der Zunge.

»Wenn wir unterwegs sind, bringe ich dich zu einer Stelle im Meer, wo der Motorfisch wohnt. Kennst du den Motorfisch?«

»Nein. Warum heißt der so?«

»Er hat die Stimme des Motors! Pt pt pt.«

Alle lachen und amüsieren sich. Ich freue mich. Hatte er nicht gesagt: Wenn wir unterwegs sind …?

»Pt pt pt, so groß ist er«, sagt Om Lahali und zeigt zwanzig Zentimeter Luft zwischen seinen Händen. »Unter Wasser hörst du sofort, wenn er kommt«, begeistert er sich, trinkt seinen Kaffee und paddelt zurück zur *sope*.

Am nächsten Morgen ist er weg.

Enttäuscht sitze ich auf der Veranda und versuche, es zu verstehen. Noch hat sich das »Auge des Tages« nicht geöffnet, nur sein Licht ist schon allgegenwärtig. Eine Brise rippelt kleine Wellen in das glänzende Meer. Zwei fliegende Fische gleiten durch die klare Luft. Sonst gibt es nichts zu sehen bis zum Horizont. Von dort bleibt eine Antwort aus.

Auch meine Freunde, die bei mir hier sitzen und wie gewöhnlich um diese frühe Stunde schweigend auf das Meer hinausschauen, bleiben stumm. Ich entdecke keinen Hinweis auf ihren Gesichtern. Alles ist wie immer.

Erst gegen Mittag frage ich nach, doch sie wissen nicht, wo Om Lahali ist. Ich kann es nicht lassen, spreche weiter: »Ihr Bajos seid

252

zu höflich. Sicher konnte Om Lahali in meiner Gegenwart nicht einfach nein sagen.« Geduldig geht Ibu Hadija auf meine für sie ungewohnte Denkweise ein. »Mississ denkt zu viel. Er ist ein *orang bajo,* ein *orang bebas,* ein Mensch, der frei ist«, sagt sie sanft und lächelt mich nachsichtig an.

Ich kann meine Enttäuschung nicht verbergen. Warum bedeutet es mir so viel, Om Lahali zu begleiten?

Ibu Hadija sitzt entspannt in der Mitte der Hütte, schlingt einen Nylonfaden um ihren rechten großen Zeh, zieht, spannt ihn in Schulterhöhe und knotet einen Angelhaken ein. Bald wird sich ein Juwelenzackenbarsch an ihm verbeißen.

Vor der untergehenden Sonne verkeilen sich schwarze Wolken. Pak Bimbu schiebt das Bambusrohr, das den erwarteten Regen nach drinnen leiten soll, zwischen Hüttenwand und Dach. Trockene Palmblätter rieseln. Robin stellt Wok, Teller und Gläser bereit, dreht den Deckel des leeren Wasserkanisters ab.

Wir sind vorbereitet.

Doch die Geräusche, die jetzt von draußen kommen, hören sich nicht nach Wind und Regen an. Es ist der Korallenanker des alten Seenomaden, der ins Wasser fällt. So unerwartet, wie Om Lahali für mich verschwunden war, ist er wieder da.

Merkwürdig, wie er sich in die Türöffnung hockt, nicht hineinkommt in die Hütte. Wir Erwachsenen lagern auf den Matten. Die Kinder schwingen wild und so hoch, wie sie können, in den Sarongs unter dem Dach.

Übersüßer Kaffee. Meine ich es nur, oder schmunzelt Om Lahali über den Westmenschen, dem die Fragen, die er nicht ausspricht, ins Gesicht geschrieben stehen?

Der Regen kommt in der Nacht. Es braust und prasselt um die Hütte. Durch Ritzen in der Wand sehe ich die *sope,* wie sie sich duckt im Wind, und den Schein der Kerosinlampe unter dem schwankenden Dach. Mit dem Getöse der Böen dringen Bruchstücke einer Stimme zu mir. Om Lahali singt.

Morgengrauen. Noch ist das Licht ohne Strahlen, sind die Farben stumpf. Der alte Seenomade taucht unter seine *sope*, kratzt mit der Hälfte einer Muschelschale Algenbewuchs vom Unterwasserschiff. Sechs Meter lang ist sein Boot, das Dach aus Blättern der Nipapalme, der schräge Mast mit Tampen fest verstagt. Zerzaust sieht es aus, als hätte es einigen Stürmen getrotzt, ohne sich erholen zu dürfen.

Om Lahali: »Es ist schon alt.«

Unter dem Dach ist die *sope* fast leer. Ein Kissen und eine Matte liegen auf den Planken. Auf der Feuerstelle, den üblichen drei Korallenblöcken in sandgefüllter Emailleschale, steht ein rußschwarzer Wasserkessel. Ein Wok, ein großer Holzlöffel, ein kleiner aus Blech, ein Henkelglas, eine Machete. Ein Behälter mit Sago, eine Dose mit Zucker, eine mit Kaffee. Dünn gespaltene Holzscheite.

Das entspricht ungefähr dem Inventar, das ich mir als Kind ausgemalt habe für mein ebenfalls phantasiertes Baumhaus. Dort wohnte ich, wenn ich mich ungerecht behandelt fühlte.

Am Ende der *sope* hingen ganz außen zwei Kaurimuscheln, eine unbefleckt weiß, die andere mit braunen Sprenkeln.

»So bleiben die Geister draußen«, beantwortet Om Lahali meine Frage und betont, dass nur eine braune mit einer weißen kombiniert ihnen Einhalt gebieten könne.

Im angehängten Auslegerboot bewahrt der Seenomade Harpune und Speere auf.

Am Nachmittag, wir sind alle auf der Veranda versammelt, spreche ich Gedanken aus, die mir nicht aus dem Kopf gehen. Muss sich Om Lahali nicht beengt fühlen durch mich, nach vierzig einsamen Segeljahren? Gäbe es ein leichtes, offenes Auslegerkanu, könnte ich mich bei Bedarf darauf zurückziehen und es später wieder hinten festbinden und auf die *sope* gehen. Auch hätte ich so eine Chance, Om Lahali beim Segeln zu fotografieren.

Ibu Hadija segelt fort, um Feuerholz zu schlagen, und kommt zurück mit einem kleinen Auslegerboot aus dem Wasserdorf im Schlepptau.

Om Lahali macht bei schwachem Wind einen Probetörn mit mir, weist mich in die einfache Segelführung ein, und wie man mit dem Paddel steuert.

Mein Leben besteht aus Abschieden. Diesmal darf ich immerhin sicher sein, Ibu Hadija, Pak Bimbu und ihre Kinder wiederzusehen, denn zu ihnen komme ich nach meiner Reise mit Om Lahali zurück. So bin ich nicht traurig, als wir lossegeln, sondern spüre Freude und Aufregung. Es dauert eine Weile, bis ich wirklich begreife, wo ich bin, nachdem mein Segel steht und sich ein Gefühl für das Kurshalten mit einem Paddel einstellt. Dem blauen Himmel sei Dank für den wenigen Wind. Ich bin keine begnadete Seglerin. Habe ich auch keine Angst vor Sturm, so doch vor zwei linken Händen.

Vor mir segelt Om Lahali, ein *orang laut,* ein Mensch des Meeres.

Sein Heck ist doppelt so groß und tief wie das von Ibu Pilo und Pak Lopang. Der alte Seenomade hat es sich darin bequem gemacht. Vollkommen entspannt sitzt er angelehnt da und hält seine *sope* auf Kurs.

Dafür hängt sein rechtes Bein locker außerhalb des Bootes, das keine Ausleger hat, mit dem Fuß bedient er das rechte Seitenruder, das linke mit der linken Hand. Sein freies Bein ruht hochgelegt auf einem Balken vor dem Dach. Das Segel ist weit ausgeschwungen, wir segeln vor dem Wind, und ich staune, wie wenig die *sope* braucht, um in Fahrt zu kommen.

Blau. Überall Blau.

Die Farbe der Weite und die der Götter, denn die wohnen im Himmel, und der ist blau.

Wie das Meer.

Ich bin glücklich.

Auf dem Schoß Om Lahalis ein Transistorradio, an dem nur das Kassettenteil funktioniert. Die kehlige Männerstimme vom Band in der leeren Luft. Ihr Lied streicht mit dem Wind sanft über opales Blau, weht davon.

Woher kommt der Wunsch umherzuziehen?

Wie kommen die Bajos auf das Meer?

Waren sie immer dort, oder sind sie von Stämmen aus dem malaysischen Hinterland verdrängte Küstenbewohner? Bis heute gibt es Theorien, doch keine verlässliche Antwort darauf. Möglicherweise wird es die auch in Zukunft nicht geben; Spuren, aus denen sich etwas ableiten ließe, haben die Seenomaden naturgemäß nicht hinterlassen. Portugiesische Seefahrer im frühen 16. Jahrhundert waren die Ersten, die von Menschen auf Hausbooten in allen Archipelen Südostasiens berichteten.

Die stete Brise drückt in unsere Segel, blauweiße Flügel am Himmel. Kleine Wellen spritzen an den Rumpf. Zeit – ein Wort. Wieder spüre ich: Die Augen tauchen ein ins Meer, und es gibt Zeit nicht mehr.

Unter uns leuchten jetzt Korallen. Ich erinnere mich daran, wie sie für mich aus dem Flugzeug aussahen: riesige, leuchtende Meereswesen.

Om Lahali holt sein Segel ein. Ich hänge meinen Ausleger an seine *sope*, nehme mein Henkelglas und klettere mit lahmen Armen zu ihm ins Boot. Eine der Bodenplanken, unter denen die Wasserbehälter stehen, hat der Seenomade entfernt. Er ist dabei, Holzscheite zwischen den drei Korallenblöcken in der Feuerstelle zu arangieren, gießt Kerosin über die zusammenliegenden Enden, zündet sie an und bläst in die kleinen Flammen.

Ist ihm jemals das Dach über dem Kopf angebrannt?

»Nein«, lacht er, aber er hat gesehen, wie es anderen passiert ist.

Om Lahali ist der erste Bajo, der nicht versucht, mir Zucker in den Kaffee zu schmuggeln. Merkwürdig findet er es schon, dass ich keinen mag, doch lässt er mir diese Marotte.

Weiß er, wie die Seenomaden auf das Meer kommen?

Er strahlt, erzählt lebhaft von einem großen Schiff, das eines

Tages auf die malaysische Küste zusteuerte. Von Bord ging ein hoch gewachsener Mann an Land, erblickte die schöne Prinzessin, die dort lebte, nahm sie mit auf sein Schiff und verschwand. Der erzürnte König rief seine Untertanen auf, in ihre Boote zu springen und dem Schiff zu folgen, suchen sollten sie und nicht zurückkommen, ohne die Prinzessin gefunden zu haben.

»Wir haben sie nicht gefunden, deshalb suchen wir heute noch!« Om Lahali lacht. Wieder hat er schnell gesprochen, ich mühe mich, ihn zu verstehen.

Er hat mir eine Version der Herkunftslegende der Seenomaden erzählt, die ich noch nicht kannte. Aber alle, die ich kenne, fangen im Süden Malaysias an, das Gebiet, in dem einige Forscher den Ursprung der Seenomaden sehen.

In einer anderen Variante findet sich die Prinzessin als Frau eines Bugi-Prinzen von Bone wieder. Ihre Landsleute haben sich durch die lange Suche so an das Leben auf See gewöhnt, dass sie dort bleiben.

Om Lahali zieht die Holzscheite auseinander, bis sich die Enden nicht mehr berühren, sie verglimmen, die obere Seite kann noch einmal angezündet werden. Wir spülen unsere Tassen im Meer und räumen den spärlichen Hausrat an die Seite. Die Bodenplanken liegen vollkommen frei. Wir haben viel Platz, und das Dach ist hoch genug für mich.

Reden wir nicht miteinander, verhält sich Om Lahali, als sei ich nicht da. Das ist mir nicht unangenehm. Es gibt mir das Gefühl, ihn nicht einzuengen. Ich staune über seine Selbstverständlichkeit, sein unbefangenes Verhalten, nachdem ich ihn als so scheu kennen gelernt habe. Er lebt ohne Maske. Er ist, wie er ist. Wie das Meer ist, was es ist.

Als er sein kleines weißes Auslegerboot heranzieht, frage ich nicht, ob ich ihn begleiten kann. Nach der Hitze auf der Fahrt ohne schützendes Dach über dem Kopf habe ich nur einen Wunsch: eine halbe Hand voll süßem Wasser ins Gesicht und schlafen.

Das Tocken von Holz auf Holz weckt mich. Om Lahali bindet sein Arbeitsboot an die *sope*. Er hat einen großen, schlanken Fisch mitgebracht, silbern, einer, der wie ein Barrakuda aussieht, aber keiner ist. Jetzt liegt er auf dem Ruderblatt. Der Seenomade sitzt auf dem Dach und raucht. *Mata hari* rutscht unter den Horizont.

»Wenn du magst, kann ich das machen«, sage ich, als er den Fisch mit der Machete in Stücke schneidet.

»Sudah biasa«, ich bin daran gewöhnt, antwortet er, und ich sehe in sein freundliches Gesicht.

Vom Wok steigt Dampf auf. Rosafarbene Stücke Fisch schmurgeln darin. Wir essen sie mit Sago, mit den Händen, und ich probiere einmal, auch zu schmatzen. Ist die Behauptung berechtigt, dass es den Geschmack verstärkt?

Sie ist es. Das Aroma entfaltet sich intensiver, und wenn ich Speisen mit den Fingern esse, schmecken sie anders, besser.

Letzteres gelingt mir inzwischen, ohne dass dabei die Arme schmutzig werden, doch das Schmatzen fällt mir schwer.

Sollten gute Manieren auf Kosten des guten Geschmacks gehen?

Wie oft habe ich diese Worte gehört, und so stimme ich lachend ein, als Om Lahali sagt:

»Makan dulu,
habis makan: tidur,
habis tidur: kopi,
habis kopi: memancing.«

Wir werfen die Gräten ins Meer und lecken uns die Finger ab.

Wie meinen anderen Seenomadenfreunden bereitet es auch ihm sichtlich Vergnügen zu sagen:

»Zuerst essen,
Ende essen: schlafen,
Ende schlafen: Kaffee,
Ende Kaffee: fischen.«

Händewaschen im Meer. Aufräumen. Ich putze mir die Zähne. Wir rollen unsere Matten aus, stopfen uns unsere Kissen unter den

Kopf, Om Lahali am Bug, ich am Heck. Sein ruhiges Atmen. Ich schlafe lange nicht ein.

Sein Ausleger-Arbeitskanu ist schmal. Der Seenomade steht darauf. Mit einem langen Bambusstab drückt er uns bis über eine tiefere Stelle im Riff. Er setzt seine holzgerahmten Goggles auf, ich nehme Maske und Schnorchel.

»Gibt es hier den Motorfisch?«

»Nein, der wohnt hier nicht, aber unser Abendessen.«

Vom Bootsrand rutschen wir in das glatte, durchsichtige Wasser. Ein Schwarm Flötenfische zieht durch das Wasserblau an uns vorüber, blitzt silbern auf, wie überlange Stricknadeln im einfallenden Licht. Om Lahali hat seine Harpune dabei. Er ist nackt bis auf eine kleine, verblichene Unterhose.

Während wir schwimmen, schaut er sich unter Wasser um. Eine Hand liegt auf dem Bug des Arbeitskanus, er führt es mit bis zu einer sandigen Senke im Riff. Plötzlich lässt er es los. Der Jäger sieht seine Beute. Er taucht. Etwa eineinhalb Meter lang ist die selbst gemachte Harpune. Er taucht schnell und steil, dabei erinnern seine Beine an Paddelbewegungen von Hunden. Hände und Füße dreht er gelenkig, ähnlich wie Fische ihre Flossen; die vom Salzwasser verblichenen Fußsohlen leuchten hell auf. Er versinkt hinter einer Fächerkoralle, wartet, spannt das Gummi der Harpune: Ein grünblauer Papageifisch schwimmt erschrocken seinen letzten Haken.

Om Lahali taucht auf. Freude im Gesicht. Er löst den Fisch von der eisernen Speerspitze, wirft ihn ins Arbeitskanu und taucht erneut unter. Mehrere Male macht er das so, vertieft und mit seligem Vergnügen, wie es wohl sonst nur Kinder kennen.

Ich staune.

Fast wage ich nicht zu schreiben, dass er auf dem Weg zurück zur *sope* singt. Aber er singt.

Von Hajija. Ich habe ihn schon mehrmals von ihr singen hören. Dass Hajija eine Frau ist, weiß ich von Pak Bimbu.

Als er vom Arbeitskanu in die *sope* klettert, ritzt sich Om Lahali den Oberschenkel auf. Es blutet leicht. Hätte er mich nach Medikamenten gefragt, ich hätte keine für ihn gehabt. Aber er fragt nicht, sondern sagt: »Obat dukun orang bajo«, Medizin Schamane, und sieht – wie soll ich es nennen? – verschmitzt aus.

Er zerdrückt rote Zwiebeln mit weißem Zucker, streicht den Brei auf die verletzte Stelle, wickelt ein T-Shirt drum herum. Ich kann mit einer Sicherheitsnadel dienen.

Später hockt er im Arbeitskanu, die gefangenen Fische liegen vor ihm auf dem Ruderblatt. Er schuppt sie mit der Machete. Wie bunte Glassplitter fliegen die Schuppen durch die Luft, versinken im klaren Wasser. Wieder singt er von Hajija.

»Gibt es sie?«

»Ja, es gibt sie. In Aita.« Er schmunzelt. »Ich will sie heiraten, aber sie überlegt noch.«

»Wie alt ist sie?«

»Hm. Sie ist eine Witwe.«

»Wie lange wartest du schon?«

»Hm. Seit der Vulkan auf Lalalu ausgebrochen ist.«

»Das war 1981!«

»Schon möglich.«

Der Seenomade halbiert die Fische so, dass die Hälften am Rücken miteinander verbunden bleiben, und bringt sie mit in die *sope*. Auch ohne Schuppen leuchten sie immer noch farbig auf, während er sie ins Meer taucht und säubert. Einen neben den anderen legt er über die Seitenplanke der *sope,* wartet, bis sie abgetropft sind; dann sprenkelt er grobes Meersalz über ihr weißes Fleisch. Nur einen salzt er nicht. Den gibt es später zum Abendessen. Die anderen kommen zum Sonnentrocknen auf das Dach.

Müde, aufgelöste Farben am Abendhimmel. Wir schlafen früh ein.

Am Morgen weckt mich der nimmermüde Seenomade mit Henkelgläserklappern. Es ist hell, obwohl die Sonne noch nicht aufgegangen ist. Meine Lieblingsstunde. Am Himmel die Farben der Ferne. Durchsichtig. Blau und Rosa. Kein Wind.

Wir knien im Bug, paddeln, paddeln, paddeln, jeder an einer Seite. Nur ich lege Pausen ein. Wieso braucht er keine?

»Dich erschöpft das lange Paddeln gar nicht?«

»Sudah biasa«, schon gewohnt. Sein zufriedener Gesichtsausdruck. Eine Ader auf der Schläfe tritt scharf hervor. Eingefallene Wangen.

Meine Pausen werden immer länger.

Endlich, über einem Riff in der Nähe einer Insel, werfen wir den Korallenanker. Um uns die unbewegte See.

Wegen seiner Verletzung wird Om Lahali zwei Tage nicht ins Wasser gehen. Er hat es sich bequem gemacht im Heck, raucht und hört selbstvergessen der Stimme aus der Kassette zu. *Hiburan* nennt er das, Entspannen. Ich gehe schnorcheln.

Später, unter dem Dach nahe am Bug, denke ich an Flauten während meiner Weltumseglung, wie ausgeliefert wir dann der Willkür der Strömungen waren. Fische konnten wir nicht fangen mit unserer Schleppangel, die nur etwas einbrachte, wenn das Schiff in Fahrt war. Die Größe unserer Yacht, ihr Gewicht – leer dreizehn Tonnen, plus das Gewicht unserer Habe, unsere Lebensmittelvorräte für ein halbes Jahr – machten uns unbeweglich.

Weltumsegler sind keine Seenomaden.

Natürlich konnten wir nicht paddeln wie Om Lahali, auch nicht den Hilfsmotor anwerfen, eine Tankfüllung hätte uns nicht weit gebracht. Einmal, in einer mehrtägigen Flaute, lagen dreitausend Meilen Wasser bis zu den Marquesas vor uns.

Damals hatte ich während des Wartens auf Wind eine wundersame Begegnung. Jetzt, wo ich von der *sope* Om Lahalis auf die Flaute um uns sehe, kommen die Bilder zurück. Später habe ich sie aufgeschrieben für »mare«, die Zeitschrift der Meere, leicht gekürzt so:

Vor Tagen hat der Wind zu wehen aufgehört. Seither ist das Meer ein gläserner Zauber. In seinem Bann dümpelt einsam ein kleines Segelschiff. Eine Frau und ein Mann sind darauf zu Hause auf ihrer Reise um die Welt. Galapagos liegt schon hinter ihnen.

Wie an jedem dieser windstillen Tage ruhen sie träge auf den Bänken im Salon. Bewegung würde sie zu sehr erschöpfen in der feuchtheißen Schwüle. Sie warten. Auf den kühleren Abend. Auf den Wind.

Manchmal scheint es, als sei er gekommen. Die beiden springen hoffnungsvoll auf und hissen das weiße Segel. Aber immer ist es nur eine allein reisende Wolke mit dem ihr eigenen Wind im Gefolge. Kaum hat die Bö das Segel gebauscht, raschelt es schon wieder in sich zusammen. Der Schweif des Windes rippelt winzige Wellen hinter sich her. Ihre Bewegungen werden wieder langsam.

In der Ferne bricht lautlos Regen aus milchweißen Wolken. Daneben ist der Himmel blau. Regenbögen leuchten Brücken über das Meer.

Die Frau wünscht, der Wind möge kommen und bleiben. Aber heimlich wünscht sie auch, er möge nicht. Sie hat sich noch nicht satt gesehen am gläsernen Zauber, noch nicht satt gehört an der berauschenden Stille. Flaute. Bisher war das für sie nur ein Wort ohne Gestalt und Gefühl. Jetzt ist sie heimlich dankbar.

Im Morgengrauen geht die Frau leise und barfüßig über das Deck. Sie atmet tief ein und sieht sich langsam um. Das Meer ist eine endlos wogende Scheibe. In seiner Mitte hebt und senkt es die Frau und das Schiff. »Das ist das Atmen des Meeres«, denkt sie. Es ist ganz still.

Dann kommt die Sonne und macht alles durchsichtig. Den Himmel. Die Luft. Das Meer. Die Frau steht an der Reling und schaut hinunter auf das klare Wasser. Ihre Augen weiten sich. Für einen Augenblick vergisst sie zu atmen.

Ein Buckelwal hat sich neben den Rumpf des Schiffes gelegt, überragt seine Länge. Die ungeheure, die unglaubliche Begegnung verwandelt die Frau. »Wie bei Kafka«, denkt sie, »nur schöner.«

262

»Wal«, sagt sie verzaubert und legt sich mit pochenden Schläfen auf das Deck, um ihm näher zu sein. »Wal«, sagt sie wieder, und eineinhalb Meter unter ihr erwidert ein schwarzweißes Auge ihren Blick.

»Was machst du denn hier? Aber das könntest du wohl eher mich fragen. Bleib da! Schwimm nicht weg, bitte. Ich lade dich ein zum Tee, ja? Für dich packe ich extra mein dünnes englisches ·Porzellan aus der Watte. Aber nein, du trinkst keinen Tee. Ölsardinen? Möchtest du Ölsardinen aus der Dose? Wal, deine Nähe macht mich wirr.«

Der Wal sieht die Frau unverwandt an. Sie sieht wie von ganz oben sich, das Schiff und den Wal auf dem weiten Wasser. Sie fühlt ihr Blut rauschen.

»Bitte, Wal, erzähl mir von dir. Woher kommst du? Wohin willst du? Hast du meine Gedanken gelesen? Meinen Wunsch, Wale zu sehen?« Der Wal schaut die Frau aus klugem Auge ruhig an. Sie ist sicher, dass er alles versteht.

»Früher, als ich Kind war, haben mein Vater und meine Großmutter mir Geschichten vom Meer erzählt. Von Seejungfrauen mit langen, goldenen Haaren, zwischen denen bunte Fische spielen. Lass mich auf deinem Rücken liegen. Ich halte mich gut fest, und wir tauchen hinab in dieses Blau, das mich so sehr lockt. Lass uns Neptun besuchen, ja? Und könntest du singen für mich?«

Der Wal sieht wach in die Augen der Frau, weicht nie ihrem Blick aus. Neben seinem Auge wachsen Seepocken.

»Wenn du singst, was singst du, Wal? Und warum? Aus Freude am Leben? Oder erzählst du deine Geschichten, und die wandern dann durch alle Meere?«

Die Stimme der Frau wird leiser, klingt erschöpft. »Wal, ich kann jetzt nicht mehr reden. Deine Nähe nimmt mir die Kraft. Ich bin aufgeregt, verwirrt. Ich freue mich so. Ich kann es nicht fassen. Jetzt bin ich still.«

Für einen Moment noch halten Wal- und Menschenauge einander fest. Dann hebt der Wal seine Schwanzflosse behutsam aus dem

Wasser, als wolle er das kleine Schiff nicht gefährden. Dann taucht
er weg. »Es gibt einen Wal, der mich kennt«, flüstert die Frau und
legt ihr Gesicht auf das Deck. Sanfte Kreise und Strudel bewegen
das Meer.
   Am nächsten Tag weht der Wind.

Nicht da, wo ich mit Om Lahali bin; doch zwingt uns die anhaltende
Flaute nicht zum Warten, nicht zum Untätigsein und erst recht
nicht zum Hadern: Wir paddeln. Wir könnten auch bleiben. Auf
dem Dach liegen die Salzfische.
   »Om Lahali, erlaubst du mir die Frage, wie es kommt, dass du
schon so lange allein lebst?«
   »Hm. Es gefällt mir.«
   »Was, wenn Ibu Hadija sich entschließt, dich zu heiraten?«
   »Sie überlegt, aber sie tut es nicht. Deshalb denke ich gerne an
sie.«
   Er erzählt von seiner ersten Frau, seinen Kindern, von denen vier
starben. Krankheiten kann er nicht benennen. Geister seien in ihre
Körper eingedrungen, hätten sie geschwächt mit Erbrechen und Fieber. So, wie er es erzählt, gewinne ich den Eindruck, dass der Glaube
an die Geister das Tragische erträglich macht.
   Damals zogen er und seine Familie innerhalb dieser Region allein
von Insel zu Insel, Riff zu Riff. Sie folgten den Fischen, die durch
den wechselnden Einfluss der Monsune in unterschiedliche Gebiete
wandern.
   Wie die Familien auf anderen Hausbooten sammelten sie Seegurken, Schnecken, Muscheln, fingen Schildkröten. Manchmal trafen
sie sich, blieben kurze Zeit zusammen, um gemeinsam zu sammeln
oder zu fischen.
   Während viele Bajos seiner Gruppe die Regenzeit in Stelzenhütten über dem Meer verbrachten, zogen er und seine Familie es
vor, auf der *sope* zu bleiben, und hielten sich nahe der Mangrove auf.
   Plötzlich eine Brise. Wir sammeln die Salzfische vom Dach,

Om Lahali setzt das Segel, er bleibt im Heck, ich bin unter dem *sope*-Dach, sehe, wie er es genießt zu rauchen. Diese lebhaften Gesten. Nichts an seinem Verhalten lässt auf die Mühen des langen Paddelns schließen.

Nach dem Tod seiner ersten Frau heiratete Om Lahali noch einmal. Wenige Jahre später entschied sie sich für einen anderen Mann, einen, der ein halb sesshaftes Leben führte. Zwei gemeinsame Kinder blieben bei ihr.

Wir segeln langsam mit dem leichten Wind, der aufgekommen ist. Dann, auf einmal, beantwortet Om Lahali mir meine Frage: »Ich bin allein geblieben, weil es mir gefällt, nicht zu streiten. Es gefällt mir nicht, in Hütten zu schlafen. Ich fühle mich wohl auf der *sope*. Ich will spüren, wie das Meer sich bewegt. Es gefällt mir, umherzuschweifen oder Menschen zu begegnen, wenn ich es will. Es kommt vor, dass ich für Wochen allein bin: allein esse, allein schlafe, allein wasche. Dann werde ich traurig und gehe hin, wo Verwandte sind, und gebe meine Salzfische einem *toke*.«

Auch bei Seenomaden gibt es Einzelgänger.

Verliert er durch den Status des Außenseiters nicht die Einbindung in seine Gruppe?

Er verneint, weiß sich respektiert und und fühlt sich geborgen, denn er schließt sich ihr an nach Aufenthalten über den Riffen, ankert vor den Hütten von Verwandten in einem Wasserdorf, von denen sich niemand wundert, dass er nachts auf seiner *sope* schläft.

Ich erinnere mich, mit wie viel Respekt die Seenomaden um Pak Bimbu und Ibu Hadija von ihm gesprochen haben.

Om Lahali holt sein Segel ein. Der Anker fällt. Wir legen die Salzfische zurück auf das Dach. Kaffee. Jetzt sitzt er auf dem Dach seiner *sope*.

Plötzlich ruft er laut: »Ala ala ala ala ala ala!«

»Gott?«, frage ich.

»Nein, nicht Allah! Toll, toll, toll, toll, das Meer! Ich bin glücklich auf dem Meer!«

Schon sind wir mit dem Arbeitskanu wieder unterwegs.

»Gibt es hier den Motorfisch?«

»Nein, hier wohnt der nicht.«

Neben mir schwimmt der Seenomade, der Stahl seiner Harpune blinkt im Blau des Wassers. Ein sesshaft gewordener Sohn hat ihm den geschenkt, derselbe, von dem er das Radio hat.

Wenn er taucht, ist er auf der Pirsch, schleicht sich an, wartet hinter Korallenvorsprüngen. Bis auf etwa drei Meter muss er an seinen Fisch heran, bei größerer Entfernung droht die Bahn des abgeschossenen Speers ungenau zu werden. Om Lahali kennt die Gewohnheiten, die Winkelzüge seiner Beute, jede Art hat ihre eigenen. Er lauert ihr auf, als hätte er unbegrenzt Luft. Manchmal sehe ich ihn, wie er einem Fisch den Rücken zukehrt, um ihn in Sicherheit zu wiegen, bevor er zielt, manchmal taucht er wieder auf, ohne die Harpune angelegt zu haben.

»Ich wollte nur sehen, was sie machen.« Er lacht.

Nicht jedes Mal trifft der Speer.

Das Jagen macht ihm Spaß. Immer noch? Nach so vielen Jahren? Er schaut mich verständnislos an.

Taucht erneut. Vollkommen klares Wasser umschließt ihn. Harpune und er sind eins. Diese unglaublich weiß leuchtenden Fußsohlen. Die leicht drehenden Flossenbewegungen der freien Hand und der Füße. Ich kann nicht genug davon sehen.

Er ist in seinem Element.

Bei Bruce Chatwin, dessen großes Thema die nomadische Welt war, lese ich, das aus dem Griechischen stammende Wort »Nomade« leite sich von Wörtern ab, die »weiden« bedeuten. Aus seinen Aufzeichnungen geht nicht hervor, dass er von Seenomaden wusste. Hätte er sich gewundert zu hören, dass es Meeresweidegründe gibt?

Es knirscht. Ein großer Papageifisch beißt Stücke einer Koralle ab, zermalmt sie mit seinem schnabelartigen Gebiss, Wölkchen von pulverisiertem Korallensand hängen als Spur hinter ihm.

Später beim Essen erzählt Om Lahali von seinem Vergnügen an der Abwechslung.

Nachdem er allein auf seinem Boot lebte, lange bevor der Vulkan auf Lalalu ausbrach, kam es vor, dass er bei günstigen Winden Kopra von der Insel abholte, damit zwei oder drei Tage zu einer Ölmühle segelte und von dort zurück nach Lalalu, um neue Fracht zu laden. War ein bestimmtes Kontingent bei der Ölmühle abgeliefert, segelte er zurück mit dem Erlös für seine Auftraggeber: einem Sack voll Geld, Rupienscheine. Seine Fahrten wurden ihm einzeln entgolten mit Dingen, die er brauchte, wie Sago, Zigaretten, Öl, Zucker, Streichhölzer, Eisen für seine Speere, seine Harpune und Kleidung, alles Waren, mit denen seine Auftraggeber handelten. Doch bekam er, wenn er es wollte, auch Geld.

Unsere Mahlzeit ist beendet, neben uns versinken die Gräten im Meer.

Om Lahali sieht glücklich aus und sagt es: »Sudah makan, minum, kenyang. Tidak ingin sesuato, sudah senang.«

Ich habe gegessen, getrunken, ich bin satt. Etwas anderes wünsche ich mir nicht. Jetzt fühle ich mich wohl.

Inzwischen gibt es so viele getrocknete Fische auf der *sope*, dass sie nicht mehr unter die Bodenbretter passen. Seit zwei Nächten liegt, während wir schlafen, ein Stapel davon zwischen uns. Eine Brise drückt in Om Lahalis Segel. Wir steuern eine Insel an, auf der ein chinesischer Händler einen Laden unterhält. Noch sind ihre Konturen farblos und verschwommen.

»Schau sie dir an«, sagt Om Lahali. »Von hier aus gesehen, ist es eine schöne Insel, doch warte, bis wir näher kommen, dann ist sie hässlich und abstoßend.«

Ich staune über seine Intensität. Immer wieder macht er mich darauf aufmerksam.

»Siehst du, siehst du jetzt, wie hässlich sie ist!«

Für mich wird die Insel eindrucksvoller, je näher wir kommen, durch das leuchtende Grün des Regenwaldes, die mächtigen Bäume. Für ihn ist sie Land, das er mit dem Einfluss launiger Geister und Krankheit verbindet. Eine tobende See dagegen findet er schön. Nur auf dem Meer fühlt er sich sicher.

Im Windschatten der Insel paddeln wir wieder, gleiten über eine Bucht, an deren Ufer drei feste Holzhäuser stehen.

Plötzlich ist ein offenes Aluminiumboot erst hinter, dann neben uns. Zwei japanische Männer reden auf uns ein, weisen mit unmissverständlichen Gesten: weg von der Bucht!

Warum? Om Lahali paddelt einfach weiter. Ich versuche es mit Englisch, bekomme eine bruchstückhafte Antwort. Offensichtlich befinden wir uns über einer Perlenzucht. Was könnte der Perlenzucht geschehen, während wir über das Wasser gleiten? Man befürchtet, wir könnten zu fischen anfangen. Das sei nicht erlaubt. Gleich da vorne hingen Körbe mit Austern im Wasser. Ihre Firma habe einen Vertrag mit dem Staat, zahle für das Recht, die Bucht allein zu nutzen.

Sie versuchen uns vorsichtig abzudrängen, doch lässt Om Lahali sich nicht beirren. Ohne ein Wort zu sagen, sieht er die Männer freundlich an, paddelt unaufhaltsam seinen Kurs. Ratlosigkeit auf den japanischen Gesichtern. Mir scheint, dass sie dem so viel Älteren den Respekt nicht verwehren können. Sie lassen ab von uns, bleiben jedoch, wo sie sind, und schauen uns nach, bis wir die Bucht überquert haben.

»Warum?«, sagt Om Lahali. »Ich verstehe nicht, warum.«

Wir paddeln jetzt nahe am Ufer entlang. Unsere Stimmen, das Klappen der Paddel hallen wider von den hohen Bäumen. Seit die Perlenzucht hinter uns liegt, laufen, in etwa drei Meter Höhe, Rohre entlang des Inselrandes. Sie führen zu einem steilen, baumlosen Hang, enden in einer einfachen Konstruktion zum Umleiten von Wasser, das aus einem höher gelegenen Teil der Insel fließt.

»Früher haben hier viele Bajos Wasser geholt und ihre Wäsche gewaschen. Jetzt fließt es schon lange zur Perlenzucht«, sagt Om Lahali.

Wir füllen unsere Wasserkanister unter einem Rinnsal an einer undichten Stelle auf, sammeln Feuerholz.

Wieder fällt mir der leicht watschelnde Gang des Seenomaden auf. Vom lebenslangen Hocken sind die Muskeln seiner Oberschenkel verkürzt.

Das Dorf, in dem der chinesische Händler seinen Laden betreibt, erreichen wir am späten Nachmittag. Unter den neugierigen und befremdeten Blicken der Einwohner tragen wir drei mit Trockenfisch gefüllte Plastiktüten über einen Trampelpfad.

Er heißt Richard, scheint erfreut und enthält sich, was mich betrifft, jeder Frage; doch sehe ich ihn zu mir herüberschielen.

Om Lahali ist so, wie ich ihn kenne, freundlich, heiter, die beiden hatten schon oft miteinander zu tun. Für seinen Fisch lässt er sich Kaffee, Zucker, Streichhölzer und Kerosin geben, nicht viel für so viele Tauchgänge, so viel Arbeit. Ich kaufe Chili, Limonen, Ingwer, Zigaretten und Batterien für den Kassettenrekorder und eine Dose Sprite.

»Om Lahali, was möchtest du trinken?«

»Bier.«

»Bier?«

»Bier.«

Kaum haben wir die *sope* erreicht, lichten wir den Anker und paddeln in eine einsame Bucht. Ich erlaube mir eine neckende Frage: »Ich dachte, Muslime dürfen keinen Alkohol trinken?«

»Hm.« Er schmunzelt und trinkt; spült dann die leere Flasche aus, füllt sie mit Chilischoten und Salz.

»So bleiben sie frisch«, sagt er zufrieden und setzt Wasser für Kaffee auf.

»Om Lahali, wenn ich dich wieder einmal besuchen komme, gibt es etwas, was ich dir aus Deutschland mitbringen kann?«

Er antwortet nicht. So frage ich ihn noch einmal und sage, als er wieder zögert, ich hätte an eine Thermoskanne gedacht, damit er nicht für jeden Kaffee Feuer machen muss.

Er lacht und sagt: »Die sieht ja niemand. Ich würde mich freuen über etwas, das jeder sieht und keiner hat. Dann werden alle danach fragen, und ich kann erzählen, dass es aus Deutschland kommt.«

Wir lachen. Ich habe einen Kugelschreiber, an dem ich hänge, den gebe ich ihm. Gleich steckt er ihn an sein Unterhemd, sodass die goldene Klammer in der Sonne blinkt. Sie ist nicht zu übersehen. Auch seine Freude nicht.

Nachts werde ich wach. Om Lahali hört Lieder von einer Kassette.

Vor Tagesanbruch sind wir auf den Beinen. Nicht der Hauch einer Brise. Ich klettere in mein kleines Auslegerboot, Om Lahali reicht mir die Kameratasche.

Wir paddeln in den beginnenden Morgen. Kaum merklich die Wogen des glatten Meeres, sprottengold und rosa, treffen sie am Horizont auf Indigoblau. Aus Westen nähert sich ein Punkt.

Ich bin etwas zurückgeblieben, sehe aus der Distanz zwei Boote aufeinander zugleiten, Bug an Bug beieinander liegen, überströmt vom warmen Licht der Sonne. Das zweite ist ein Hausboot mit Auslegern, so wie das von Pilo und Lopang.

Beim Näherkommen sehe ich Om Lahali teilen: Kaffee, Zigaretten, Streichhölzer, Chili, Ingwer, Kerosin. Er öffnet durch einen geraden Schnitt der Machete die Plastiktüte mit Zucker, füllt die von einer Frau hingehaltene leere Zigarettenschachtel, verschließt die Plastiktüte, indem er ihre Ränder mit einem brennenden Streichholz verschmilzt.

Zwei Kinder, zwei Erwachsene schauen mich staunend und freudig zugleich an.

»Isst du Sago?«

»Ja.«

»Fisch?«

»Ja.«

»Kannst du schwimmen?«

270

»Ja.«

Es ist die Frau, die fragt. Es sind immer die Frauen, die weniger scheu sind. Zustimmendes Nicken bei allen. Ihre abgerissenen Kleider.

Wir paddeln langsam weiter. Das leere Meer. Tosende Stille. Es liegt etwas Erhabenes in der Einsamkeit.

Müsste nicht bald mein Geburtstag sein? Oder war er schon? Oder ist er heute? Da Uhr und Kalender in Samas bei Ibu Sulastri sind, kann ich es nicht sagen.

Was wäre denn, wenn er schon vorüber ist, wenn ich bereits ein Jahr älter bin?

Das Meer dehnt sich bis zum Horizont. Sprenkel von kleinen Inseln.

Zum ersten Mal im Leben weiß ich nicht sicher, wie alt ich bin. Woran merke ich, ob der Geburtstag schon war oder noch kommt? Hatten Pilo und Lopang mich nicht gefragt, woran man merkt, wenn ein neues Jahr beginnt?

Ich spüre in mich hinein. Ich sehe mich um.

Ein zeitloses Lebendigsein.

Die Einteilung der Zeit – eine hilfreiche Erfindung von und für Menschen, die mit Terminen, Maschinen, Computern leben wollen.

Ohne Kalender erkenne ich meinen Geburtstag nicht. Ohne Kalender teile ich mein Alter nicht in Jahre. Wie ich mich sehe und fühle, ist dann nicht abhängig vom Wert einer Zahl, sondern von einem Zustand, einem, der, wie ich gerade erfahre, zeitlos lebendig ist.

Ich betrachte Om Lahali.

Ist er so lebensbejahend, so gesund, weil er nicht erwartet, von einer bestimmten Zahl von Jahren an naturgemäß krank und gebrechlich zu sein?

Was mir nicht gefällt, kann ich ändern. Wenn es sich nicht ändern lässt wie das Altern, muss ich meine Ansicht darüber ändern.

Ich beschließe, es ist mir egal, wie viele Jahre ich zähle.

Om Lahali lebt ausschließlich in der natürlichen Zeit von Tag und Nacht, Ebbe und Flut, Regen- und Trockenperioden, denke ich, bis er mir von einem Termin erzählt, den er zuverlässig einhält. Immer richte er es ein, zu *Id el-fitr*, dem Tag, an dem der islamische Fastenmonat Ramadan endet, bei seinen Verwandten zu sein, um mit ihnen das Fastenbrechen zu feiern – obwohl sie alle nicht gefastet hätten. Weil der Koran – neben Schwangeren, stillenden Müttern und Kranken – auch Reisende vom Fasten ausnimmt?

»Nein«, Om Lahali schüttelt den Kopf, davon wisse er nichts. Am Himmel eine geschlossene Wolkendecke. Regentropfen drücken zarte Kreise auf das hellgraue Meer; der Seenomade pirscht sich an unser Abendessen, das Gesicht im Wasser, der Harpunengriff ragt schräg heraus. Kleine, von der Stirn verdrängte Wellen. Von Zeit zu Zeit hebt er den Kopf, atmet, rückt die Brille zurecht.

Ich paddle im Arbeitskanu neben ihm, denke: »Er ist ein Wassermensch.«

Auch nachdem die zwei oder drei Fische für unser Essen gefangen sind, taucht er mit der Harpune und gebärdet sich so, als sei er weiterhin auf Jagd, allerdings ohne den Speer abzuschießen. Es macht ihm einfach Spaß. Wenn wir nicht paddeln oder segeln, ist er täglich mehrere Stunden unter Wasser, unterbrochen von einer Pause, wenn die Sonne am höchsten steht. Das ist die Zeit für *hiburan*, die Zeit zum Entspannen.

Wind kommt auf. Wir halten zu auf eine Insel. Der Wind nimmt zu. Om Lahali stemmt seinen Fuß auf das rechte Seitenruder. Gleichzeitig steuert er mit dem Paddel, hält es mit beiden Händen; es klemmt fest zwischen Arm und Körper.

In einer Bö reißt das alte Segel.

»Sprich meinen Namen nicht aus«, ruft er mir zu, »sonst wird der Wind zum Sturm!«

Es ist nur eine schwarze Wolke gewesen. Schon flaut der Wind ab. Om Lahali lässt das zerrissene Segel stehen, beugt sich weit vor, um das Paddel ins Meer zu tauchen.

»Kami pergi, kami harus bagaimana...«, wenn er singt, singt er mit dem ganzen Körper.

Später, vor Anker, erzählt er von einem Sturm, in dem seine *sope* kenterte, davon, wie er sie schwimmend, an einem Tampen hinter sich her ziehend, bis zu einer schützenden Insel brachte.

Manchmal denke ich, er freut sich, seine Erlebnisse einer Fremden erzählen zu können. Es macht ihm auch Spaß, wenn ich ihn fotografiere, dann ruft er: »Ala, ala, ala, ala!«

Jetzt liegt er auf dem Rücken und singt. Für sich. Er singt immer für sich. Mir scheint, für ihn ist es notwendig wie Atmen, oder so natürlich. Seine Lieder handeln vom Paddeln, vom Fischen, von der Liebe, den Ahnen, allen Bereichen des Lebens. Ich wünschte, ich könnte sie besser verstehen.

An einem unwirklich erscheinenden Nachmittag paddeln Om Lahali und ich Seite an Seite im Bug seiner *sope* durch reine Stille.

Es gibt keinen Horizont. Wolken und Meer sind verschmolzen zu einem einzigen Violett. In diese entrückte Welt ragen die Reste einer einsamen Stelzenhütte. Sie sieht aus, als wolle sie in diesem Augenblick in sich zusammenbrechen. Die Pfähle, die sie tragen – wie Stäbe eines Mikadospiels im Fall. Giebelbalken und Wände liegen frei, hier und da zerfledderte Reste Palmblätter auf ihrem Gerippe. Der schiefe Boden wirft einen schwarzen Schatten auf das Meer. Wie ein großer, auf dem Wasser landender Vogel.

»Hier wohnt der Motorfisch«, sagt Om Lahali.

Er steht jetzt, drückt die *sope* mit seinem langen Bambusstab vorwärts; fünfzig, sechzig Meter gleiten wir über eine flach unter dem Wasser liegende Korallenbank der Hütte entgegen. Das Staunen verdrängt alle Gedanken.

Ich liebe diesen Zustand, in dem man sich selbst vergisst, ohne verloren zu gehen.

Hier werden wir eine Weile bleiben. Om Lahali will sein Segel reparieren.

Direkt neben der verfallenen Hütte hat jemand mit Hilfe der noch stehenden Pfähle begonnen, eine neue zu bauen. Ohne einen Hinweis Om Lahalis hätte ich es nicht erkannt. Nur nackte Pfähle ragen in den Himmel und der Boden – die geeignete Fläche zum Auslegen des zerrissenen Segels.

Om Lahali bindet seine *sope* an die bedenklich schräg stehende Leiter. Behände klettert er hinauf.

»Sei nicht ängstlich!«, ruft er. »Tritt immer dahin, wo du meine Füße siehst.«

Ich vertraue ihm.

Wir befinden uns in einem windzerzausten, verlassenen Nest unter freiem Himmel in atemberaubender Schieflage. Zwischen der alten Hütte und den Anfängen der neuen ragen hier und da Latten, die ich nicht betreten soll. Auf ihnen liegt ein verwittertes Einbaumkanu, das Holz furchig wie die Haut eines alten Elefanten. Das Meer, die Höhe ist überall gegenwärtig.

Wir hangeln uns über die zwei Meter breite Kluft zwischen den Hütten auf die losen, aber gerade liegenden Bretter des neuen Bodens. Hierhin schaffen wir das Segel, nehmen auch mein Kissen und meine Matte mit und hängen darüber eine Plane gegen Regen auf. Leben zwischen Himmel und Meer.

Ich ziehe dorthin in der Absicht, Om Lahali mehr Raum zu geben.

Er scheint zu denken, dass ich mehr Platz für mich brauche. »Damit du dich beim Schlafen besser umdrehen kannst«, sagt er, als wir die Sachen ausbreiten.

Drei Meter über dem Meer legen wir das weißblaue Kunststoffsegel aus. Die Risse sind erheblich. Om Lahali zündet die Fasern einer Kokosschale an, führt sie an den zerrissenen Kanten des Segels entlang, während er sich darüber beugt, in die Glut bläst, und herausstehende Fäden wegbrennt.

Er lässt sich Zeit. Die Arbeit zieht sich über einige Tage. Der Seenomade fertigt sich eine Nadel aus Holz, führt einen Nylonfaden durch das Öhr und näht mit gleichmäßigen Stichen Stoffbahnen aneinander. Seinen rechten großen und den daneben liegenden Zeh benutzt er wie Daumen und Zeigefinger einer dritten Hand. Mit ihnen hält er das Material auf Spannung, aus dem lockeren Knie heraus bewegt er den Unterschenkel wie einen Arm, wenn er Stoff nachschiebt.

Zwei Tage haben wir nur Sago gegessen, waren nicht im Meer, um ein Abendessen zu fangen. Jetzt jagen wir wieder, jedenfalls Om Lahali, ich schwebe schnorchelnd im durchsichtigen Meer über ihm.

Unter Wasser spitzen wir die Ohren. Aber der Motorfisch ist nicht zu hören und nicht zu sehen.

»Er ist verzogen«, sagt Om Lahali und lacht.

Ich sehe ihm zu, wie er zwischen Korallen versinkt. Die Schönheit eines alten Körpers.

Der Seenomade probiert meine Maske auf, genau wie Pak Bimbu will er den Schnorchel nicht. Er sinkt in die Tiefe. Er taucht auf, holt Luft und ruft: »Terang!«, hell!, und gibt sie mir wieder.

Ich beschließe, sie ihm zu schenken, wenn ich gehe.

Ein Flughahn, der seine Flossen wie Schwingen entfalten kann, segelt an uns vorbei. Clownfische spielen über den Tentakeln von Seeanemonen.

Wir sind noch immer bei der fragilen Hütte. Die Reparatur des Segels erfordert viele Handgriffe. Das Riff versorgt uns mit Nahrung.

Eines Morgens ist Om Lahali weg, seine *sope*, auch das Arbeitskanu, nur mein Auslegerboot hängt an der Leiter. Ich bin schockiert. Verstehe es nicht.

Womit bin ich ihm zu nahe getreten? Ich gehe unsere Gespräche durch, finde nichts.

In meinem Kanu sind ein Kanister Wasser, ein Salzfisch, Sago. Damit würde ich nicht weit kommen.

Ich gehe schnorcheln, vergesse für eine Weile meine drückenden Fragen.

Um die Hütte herum ein gesundes Riff voller sich bewegender, geheimnisvoller Wesen.

Was soll ich tun? Zurücksegeln? Wovon soll ich mich ernähren? Mit bloßen Händen kann ich keine Fische fangen.

Ich beschließe, bis zum nächsten Morgen zu warten. Esse, trinke, schlafe in der Mittagshitze, schreibe. Mir fällt ein, was Ibu Pilo gesagt hat: »Wir helfen einander und teilen, aber wir machen uns nicht abhängig von Menschen und Dingen.«

Spät am Nachmittag sehe ich ein Segel. Es ist Om Lahali. Geduldig warte ich, bis der schwache Wind ihn zur Hütte gebracht hat. Im Arbeitskanu liegen eine Menge Holzscheite. Alle Wasserkanister sind gefüllt. Ich schäme mich.

Während unseres Abendessens erzähle ich ihm von meinen Sorgen.

Er lacht und antwortet: »Manchmal denke ich, du denkst zu viel. Warum machst du dir Sorgen? Wir leben in einer Unterwasser- und einer Überwasserwelt. Zeit und Welt sind ein großes Kreisen.«

Ich berichte ihm von Pak Taris, davon, wie dieser mich ohne ein erklärendes Wort bei Pak Udin und Ibu Nisa in deren Stelzenhütte über dem Meer abgesetzt habe, erzähle ihm auch von Ibu Sulastris Meinung, ich hätte Glück gehabt, nicht auf der nächstbesten Insel abgesetzt worden zu sein.

»Hm. Hm«, äußert sich Om Lahali.

»Ich kenne die Bajos nur bemerkenswert friedlich, höflich und ohne Aggressionen. Was könnte Pak Taris zu diesem ungewöhnlichen Verhalten veranlasst haben?«, möchte ich wissen.

Doch der alte Seenomade schweigt. Erst als ich ihm erkläre, wie nachhaltig mich diese Angelegenheit beschäftige, antwortet er: »Ein *orang bajo* fühlt sich tief beleidigt, wenn ein Landmensch ihn zurechtweist. Ein *orang bajo* will dann nur fort von dem Landmenschen. Ein *orang bajo* ist ein *orang bebas* (ein freier Mensch). Du hast Glück gehabt.«

Immer ist es Om Lahali, der kocht. Weil er es so gewohnt ist und weil er meint, jeder sollte tun, was ihm Spaß macht. Ihm bereite es Vergnügen zu kochen und mir, das könne er sehen, zu fotografieren.

»Weißt du, worüber ich nachdenke?«, sagt er auf einmal. »Wenn ich sterbe, weiß bald niemand mehr, wie ich aussehe. Jetzt kann ich meiner Familie die Fotos hinterlassen, die du aufnimmst. Die sehen dann alle, die mich nicht mehr kennen können, und sagen: Das war Om Lahali. So sah er aus. Eines Tages hat er eine Frau getroffen, die war durch die Luft geflogen und hat ihn fotografiert. Beim Segeln, mit der Harpune, sogar, wenn er lacht.«

Dann kommt dem Seenomaden noch ein Gedanke: »Bevor ich sterbe, baue ich noch ein neues Boot. Dieses ist alt. Es leckt schon.«

»Fürchtest du dich davor, zu sterben?«

»Wir kommen. Wir gehen.«

Wenn er spricht, schiebt er oft ein »Hm« zwischen seine Sätze.

Er ist ein guter Koch. Heute gibt es Pfannkuchen aus Sago und rotem Zucker, Palmzucker. Was immer er macht, er legt sein ganzes Wesen hinein.

»Om Lahali, was tust du eigentlich, wenn ich nicht da bin?«

»Was ich jetzt tue. Vielleicht würde ich mehr Salzfische fangen und wäre schon zu meinen Verwandten gesegelt.«

Darf ich daraus schließen, dass er sich wohl fühlt mit mir?

Zum ersten Mal denke ich an Abschied.

Wir steigen ins Arbeitskanu, als Om Lahali freudig sagt: »Oktopus.«

Ich sehe ihn erst, als er darauf deutet. Rotbraun liegt der Kopffüßer zwischen Korallen mit ähnlicher Farbe. Om Lahali nimmt seinen Speer, stupst das Tier an. Es zuckt, verharrt regungslos und wechselt seine Farbe zu einem Pfefferminzgrün.

»Ist er nicht schön?«, fragt er und stößt den dreizackigen Speer in den weichen Körper. Sogleich schießen acht rote Arme die Bambusstange hinauf. Etwa fünfzig Zentimeter lang sind sie. Om Lahali lässt einen davon sich um seinen Arm bis zur Schulter schlingen, damit ich sehen kann, wie die Saugnäpfe funktionieren. Mir ist schlecht.

Ich schaue erst wieder hin, nachdem der Oktopus schon lange in Salzwasser gekocht hat und Om Lahali ihn halbiert: Zwei Hälften mit je vier Armen liegen jetzt da, doppelt so lang, wie ich gedacht habe; der Seenomade gießt süßes Wasser über sie, kocht sie noch einmal.

Das macht er oben auf der Hütte; da, wo der Boden sich am tiefsten gesenkt hat, ist noch die komplette Feuerstelle. Dort unten weiß nur Om Lahali, wohin man treten darf; das Gewicht von zwei Personen könnte den endgültigen Zusammenbruch bedeuten.

»Ala, ala, ala«, ruft Om Lahali, »da kommt mein Bruder!«

Der Mann im offenen Auslegerkanu paddelt langsam auf uns zu. Er trägt einen hellen Krempenhut und sieht jünger aus als Om Lahali.

Bambuslatten zwischen seinen Auslegern sind dicht belegt mit Fischen, darunter zwei kleine Haie. Gesalzen trocknen sie in der Sonne.

Auf einer Astgabel hängen Wasserkessel und Kochtopf an ihren Drahtbügeln. Eingerollt neben Speeren und Harpune ein Segel, ein Kissen, eine Matte.

Der Mann wirft seinen Anker. Die Brüder haben sich seit der letzten Regenzeit nicht gesehen. Eine Begrüßung, wie ich sie kenne, gibt es nicht. Ruhig werden einige Worte gewechselt. Nicht mit mir.

Oben in der Hütte nimmt Om Lahali den Oktopus vom Feuer, setzt stattdessen einen Topf mit Wasser auf.

Im Kanu kniet der Bruder vor seiner Feuerstelle, einem flachen Eisentopf in einer Emailleschüssel. Er ordnet Holzscheite an, um eine riesige Seegurke zu kochen, die er bei der Harpunenjagd gefunden hat.

Bis zur Brust reicht Om Lahali das Wasser, als er über das grün funkelnde Riff zu seinem Bruder watet und ihm einen Becher Kaffee bringt.

Kein Zeichen verrät mir, dass der Bruder mich wahrnimmt. Ich habe mich daran gewöhnt, nicht vorgestellt zu werden. Anfangs verunsichert, gefällt mir jetzt der Raum, der so entsteht; in seiner Ruhe kann ich mich ohne Zwang dem Fremden innerlich zuwenden, der Fremde sich mir. Ich bin schüchtern, die Bajos sind scheu und höflich.

Gegen Mittag sitzen wir im Boot Om Lahalis zusammen. Genussvoll rauchen die Männer ihre Zigarette.

Jetzt sieht der Bruder mich neugierig an. »Isst du Sago?«

»Ja.«

»Fisch?«

»Ja.«

»Kannst du schwimmen?«

»Ja.«

Er nickt.

Ich frage die Männer, wie sie es finden, mich bei sich zu sehen.

Om Lahali antwortet: »Wir sehen dich und sind überrascht, weil du von weit her gekommen bist. Wir staunen, weil du bei uns sein möchtest und isst, was wir essen. Wir sehen, dass du höflich bist, dich respektvoll kleidest. Wir fühlen, dass wir dich ehren. Alle freuen sich, wenn sie dich sehen.«

Ein Geschenk der Bajos.

Eine solche Antwort habe ich nicht erwartet. Sie berührt mich tief.

Schuldbewusst denke ich an die Zeit, als ich, hungrig und durstig, anders als die anderen manchmal gereizt war, spreche es aus.

»Jangan khawatir«, mach dir keine Sorgen, sagt Om Lahali.

Jetzt erzählt der Bruder von Pak Linki, der seit einiger Zeit für japanische Perlenzüchter arbeitet.

Om Lahali sagt: »Er hat jetzt einen Boss. Er muss jetzt jeden Tag arbeiten, auch wenn er es gar nicht möchte. Dafür bekommt er Geld und kauft sich Sachen, die nicht mehr auf sein Boot passen. Das macht ihn unbeweglich. Er ist kein freier Mensch mehr. Ich wäre nicht glücklich mit einem Boss.«

Er spricht oft davon, wie viel ihm daran liegt, frei zu sein, auch aus heiterem Himmel davon, dass er sich frei fühlt. Auch die Bajos um Pak Bimbu haben immer wieder erwähnt, wie viel besser es sei, keinen Boss zu haben, wie wichtig sie es fänden, selbst zu bestimmen, wann und welche Menge Fisch sie einem Händler brächten.

Schmunzelnd sagt Om Lahali: »Ich habe gehört, die Menschen aus Japan essen mit Stöcken. Kannst du mit Stöcken essen?«

»Ja.«

»Ich werde welche machen, ich will es auch versuchen.«

Gemeinsam gehen wir später auf die Jagd – sie aktiv mit ihren Harpunen, ich schaue zu. Noch einmal kommt Om Lahali auf den Motorfisch zu sprechen. Aufmerksam lauschen wir in die Unterwasserwelt. Nichts.

»Er ist verzogen«, lachen sie beide.

Ich werde ihm nie begegnen.

Wir nähern uns der Riffkante. Ich sehe die Körper der Männer, das Arbeitskanu im durchsichtig grünen Blau des Wassers. Ihre Welt.

Dort, wo das Riff endet, ist sie aquamarin und bodenlos. Wir bleiben über den Korallen.

Ich fühle mich vollkommen sicher an der Seite Om Lahalis und seines Bruders, erinnere mich an ein Erlebnis in den Gewässern von Tonga. Damals löste der Blick in den blauen Abgrund des Meeres Panik in mir aus.

Vor einem von Seglern wegen seiner Schönheit gerühmten Riff fehlte die Möglichkeit zu ankern. Der Ozean ist dort dreitausend Meter tief. Deshalb einigten sich befreundete Segler auf ein Schiff, auf dem sie sich gemeinsam der steilen Korallenwand näherten. Abwechselnd blieb einer von uns an Bord und fuhr Kreise, während die anderen das Riff betrachten konnten. Zwischen Yacht und Ziel lagen etwa achtzig Meter. Lange bevor ich es erreichte, setzte ich

Maske und Schnorchel auf. Gerade noch orientierten sich meine Augen an der welligen Oberfläche des Meeres, am Horizont, im nächsten Moment sah ich hinab in unergründlich blaue Tiefe. Sogleich schüttelte mich eine unbekannte Kraft, nahm mir den Atem, die Stimme, die Kontrolle über mich selbst. Die Freunde bemerkten es, hakten sich bei mir ein und schleppten mich bis an unser Ziel. Im selben Moment, in dem ich die Korallen sah, war die Panik vorbei.

Da, wo ich jetzt schwimme, sehe ich unter mir das Riff. Das Unendliche kann mir nicht gefährlich werden.

Der Bruder bleibt nicht lange. Er hat genügend Fische und will sie zu einem Händler bringen. Während er wochenlang mit seinem Boot über Riffe schweift und Fische mit der Harpune erlegt, lebt seine Frau in einem Wasserdorf.

Seinen Katinting-Motor wirft er nur selten an: »Er ist laut und immer durstig.«

Zum Abschied schenkt Om Lahali ihm den Oktopus.

Wir bleiben, wo wir sind.

Wenige Tage später sehe ich Om Lahali weinen. Er sitzt entspannt in seinem »Cockpit«, das Radiogerät im Schoß, hört er die kehlige Männerstimme vom Band, während ihm Tränen über die Wangen laufen.

Was soll ich tun? Ehe ich mich zu etwas entschlossen habe, hört er auf.

Ich schweige.

Wir gehen auf die Jagd für unser Abendessen. Der alte Seenomade ist wieder fröhlich, oder sieht es nur so aus? Ich höre auf, mich zu befragen, als er mit einem prächtigen Papageifisch auftaucht und strahlt. Er wirft ihn in das Arbeitskanu, und wir schwimmen weiter.

Plötzlich, über einer sandigen Senke im Riff, nimmt er mein Handgelenk.

Das ist außergewöhnlich. Ich folge seinem Blick und sehe dicht über dem Boden einen großen, utopisch anmutenden Fisch in unsere Richtung schwimmen. Der vordere, flache Teil seines Körpers erinnert mich an ein Raumschiff, der hintere, schlanke, mit zwei Rückenflossen, sieht aus wie ein Hai. Gleich ist er unter uns, so nah, dass jetzt ich den Arm von Om Lahali ergreife und fest drücke. Dann ist das seltsame Wesen einen Meter unter uns hindurchgeschwommen, ohne Notiz von uns zu nehmen.

»Meistens liegt er im Sand vergraben und wartet auf Beute«, erzählt Om Lahali.

Jahre später, in Papua-Neuguinea, habe ich ein solches Exemplar noch einmal gesehen und erfahren, dass es ein Engelhai ist. Zu dieser Ordnung der Squatinoidei gehört nur eine Familie, die der Meerengel. Dreizehn Arten leben in allen Ozeanen und sind nur selten zu sehen.

Om Lahali entdeckt eine Languste und bekommt sie aus ihrem Versteck unter einem Korallenstock heraus. Abends essen wir sie auf der schaukelnden *sope*, dazu einen Blaumasken-Kaiserfisch. Im Meer spiegeln sich die Sterne. In der Feuerstelle glimmt noch ein Holzscheit. Laue Wärme.

Lange geht jeder seinen Gedanken nach, dann sagt Om Lahali etwas, das Pak Bimbu mir als »Hinweis« angekündigt hatte: »Siehst du den Stern dort? Das ist der Stern, der über Pak Bimbus Hütte steht.«

Ich habe verstanden, er will wieder allein segeln.

»Die Lieder, die ich höre, hat mein Sohn in die Kassette gesungen. Ich sehne mich danach, ihn wiederzusehen.«

Darum also hat er geweint.

Eine Weile bleiben wir noch still sitzen. Dann waschen wir die Teller, die Hände im Meer, lachen über den verzogenen Motorfisch, gehen schlafen.

Morgens sehe ich ihn tauchen und staune wieder, wie natürlich er sich dort unten bewegt. Unvergleichlich. Anders als jeder Taucher, den ich gesehen habe. Kein Schutzanzug, kein technisches Gerät machen ihn zum neugierigen Besucher aus einer anderen Welt. Er ist zu Hause in ihrem versunkenen Teil.

Ich sage Om Lahali, dass ich noch einmal über das Riff schnorcheln möchte, und entferne mich langsam. Gedanken, Trauer versinken hinter Kelchkorallen, zwischen einem riesigen Schwarm winziger blauer Fische, die alle in eine Richtung schauen. Mördermuscheln mit ihren farbenprächtigen Wellenlippen, Seesterne. Weichkorallen bewegen sich in der Strömung wie Büsche im Wind, die wehenden Arme der Seeanemonen, Fahnenbarsche umspielen Baumkorallen. Ich halte inne. Weiter vor mir stößt ein Weißspitzen-Riffhai wieder und wieder seine Schnauze in eine Spalte. Sein Körper, fast senkrecht und biegsam im Wasser, blitzt auf vom einfallenden Licht. Dann schwimmt er weg. Ich schnorchle weiter, nehme manchmal den Kopf aus dem Wasser, sehe mich um nach Om Lahali, der Hütte; sie sind klein und beruhigend an ihrem Ort.

Ich erreiche die Riffkante, bleibe über den Korallen, sehe hinüber in das endlose Blau, drehe ihm den Rücken zu, löse mich von der Kante, sehe die Riffwand in der Tiefe unscharf werden, spüre die ungeheure Ruhe, die mich umgibt, eine Ruhe der Farben, des Lichts, der Lebewesen. Eine Ruhe, die in jede Pore dringt. Es gibt so viel zum Staunen.

Ich fühle mich sicher, drehe mich um. Keine Panik. Nur dieses alles umfassende, bodenlose Blau. So klar, so dicht. Entfernte Schatten bewegen sich langsam. Unerkannte Fische. Ein Blick zurück zum nahen Riff. Ich schwebe im All. Keine Panik. Berauscht vom Glück. Ich bleibe, bleibe. Die Gedanken gehen zu Om Lahali, von dem ich bald Abschied nehme. Ein Mensch, dem ich etwas zu verdanken habe, der mich mit seiner Freude an dem, was er hat, berührt. Er ist einfach er selbst. Wie sehr ich mir wünsche, das zu sein. Ohne es zu wissen, hat er mich, haben die Seenomaden, hat das Meer mich daran erinnert. Das Wesen des *Seins* ist, nichts anderes sein zu wollen.

Ich weiß nicht, was mich bewegt, zurück zur Hütte zu schnorcheln. Plötzlich bin ich unterwegs. Das Wasser über dem Riff ist flach geworden. Die Ebbe hat einen niedrigen Stand erreicht. Ich streiche im Tiefflug über die Korallen, so dicht unter mir sind sie.

Nur ein Gedanke beunruhigt: anstoßen zu können. Ich will sie auf keinen Fall berühren, keine Muräne, die ihren Kopf aus einem Spalt steckt, keinen Steinfisch, keinen Seeigel – gar nichts, auch nichts, was harmlos ist.

Om Lahali hockt auf seinem Arbeitskanu und schuppt einen Fisch.

»Wenig Gräten!« Er lacht und freut sich.

Kein Vorwurf, kein besorgter Blick, weil ich so lange allein im Riff gewesen bin. Kein schlechtes Gewissen bei mir. Merkwürdig.

Wie oft habe ich, vermeintlich kompetent, über Freiheit geredet. Jetzt zum ersten Mal, begreife ich sie, da ich sie spüre. Und durch sie die eigene und Om Lahalis Würde.

Wir säubern das Kanu, die *sope*, er dichtet eine Ritze mit Rohkautschuk ab. Sonne strömt heiß. Im Westen zieht eine dunkelblaue Wolkenwand.

Unter uns glasklares Wasser, ein Teppich aus Korallen.

Nachts sitzen wir noch einmal da und betrachten die Stille, den weiten Bogen des Himmels, den die Sterne im Weltenraum zeichnen. Über dem Meer hüllt uns Schwärze ein. Auf einmal wird mir bewusst, sehe ich uns, wie wir auf einem von vielen Planeten im Universum kreisen. Sternschnuppen fallen, manche mit langem Schweif. Ich habe keine Wünsche.

Om Lahali sagt: »Ich stelle mir vor, dass alle Leute sich freuen, wenn ich dich in Deutschland besuche. Ich stelle mir vor, dass sie lachen und rufen: Om Lahali, wir sind glücklich, dass du von so weit her kommst, nur um uns zu sehen!«

Er klingt begeistert.

»Meine Freunde würden dich so begrüßen«, antworte ich ihm nachdenklich und ehrlich.

Einmal hat er mir erzählt, er glaube an das Gute im Menschen, selbst die Beamten, die ihn manchmal belästigten, hätten auch eine freundliche Seite: »Ich zeige ihnen meine zuerst.«

In der letzten Nacht auf der knisternden Hütte werde ich wach.

Auf der *sope* flackert ein Feuerchen. Geräusche. Kaffee wird zubereitet. Der alte Seenomade singt. Seine Stimme hört sich glücklich an. Selbstvergessen. Eine lange Dünung wiegt sacht die *sope*.

Das Atmen des Meeres. Das Atmen der Welt.

Ende 1998 ein Brief ohne Absender, ohne Unterschrift:
Herzliche Grüße an Misis Milda von Pak Bimbu, Robi, Janna und
Ellis.
Wir schicken diesen Brief an Misis Milda, wir, Pak Bimbu, Robi,
Janna und Ellis.
Heute sind wir sehr traurig, weil Ibu Hadija die Welt verlassen hat.
Pak Bimbu ist traurig, weil er nachdenken muss, was er mit Robi,
Janna und Ellis machen soll, weil Pak Bimbu nur weinen kann,
wenn Robi, Janna und Ellis fragen, wohin Mama gegangen ist. Pak
Bimbu kann nur antworten: Ibu hat uns überholt.
Ibu Hadija hat die Erde verlassen, nachdem sie ein Mädchen gebo-
ren hat.
Das Baby ist gesund. Ibu Hadija hat die Erde verlassen.

Anfang 1999 ein Brief von Ibu Sulastri:
… Schon lange ist Om Lahali tot …

Januar 2000:
… Pak Bimbu ist vor Gram gestorben …

Die Gabe der Seenomaden durfte ich erfahren.
Ebenso die Hilfe einer chinesischen Familie.
Ihre Namen und die der Orte habe ich verändert.

Dank

Ich fühle mich zutiefst in der Schuld der Seenomaden, die mich aufgenommen haben und mein Leben nachhaltig beeinflussen. Ihnen gilt meine Liebe und mein Dank.

Ebenso Ibu Sulastri und ihrer Familie für ihre Hilfe und Freundschaft, Anna Grosch, die mir während des Schreibens über zahlreiche Hürden und Zweifel geholfen hat. Heinrich und Johanna Drüke, Sabine und Thomas Reimann, Sabine von Keudell, Helmut und Vera Rottke, Renate Esser, den Menschen, die meine Reisen und mein Schreiben möglich gemacht haben durch ihre Freundschaft, Unterstützung und ihren unerschütterlichen Glauben an mich. Ein besonderer Dank geht an Jens Petersen, meinen Lektor, der mich gefunden und ermutigt hat, dieses Buch zu schreiben.

Und an einen Ethnologen, der ungenannt bleiben möchte.

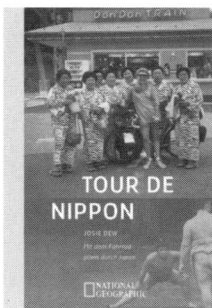